Adoção de Embriões Excedentários à Luz do Direito Brasileiro

O GEN | Grupo Editorial Nacional, a maior plataforma editorial no segmento CTP (científico, técnico e profissional), publica nas áreas de saúde, ciências exatas, jurídicas, sociais aplicadas, humanas e de concursos, além de prover serviços direcionados a educação, capacitação médica continuada e preparação para concursos. Conheça nosso catálogo, composto por mais de cinco mil obras e três mil e-books, em www.grupogen.com.br.

As editoras que integram o GEN, respeitadas no mercado editorial, construíram catálogos inigualáveis, com obras decisivas na formação acadêmica e no aperfeiçoamento de várias gerações de profissionais e de estudantes de Administração, Direito, Engenharia, Enfermagem, Fisioterapia, Medicina, Odontologia, Educação Física e muitas outras ciências, tendo se tornado sinônimo de seriedade e respeito.

Nossa missão é prover o melhor conteúdo científico e distribuí-lo de maneira flexível e conveniente, a preços justos, gerando benefícios e servindo a autores, docentes, livreiros, funcionários, colaboradores e acionistas.

Nosso comportamento ético incondicional e nossa responsabilidade social e ambiental são reforçados pela natureza educacional de nossa atividade, sem comprometer o crescimento contínuo e a rentabilidade do grupo.

ADRIANA AUGUSTA TELLES DE MIRANDA

Adoção de Embriões Excedentários à Luz do Direito Brasileiro

- A EDITORA FORENSE se responsabiliza pelos vícios do produto no que concerne à sua edição (impressão e apresentação a fim de possibilitar ao consumidor bem manuseá-lo e lê-lo). Nem a editora nem o autor assumem qualquer responsabilidade por eventuais danos ou perdas a pessoa ou bens, decorrentes do uso da presente obra.

  Todos os direitos reservados. Nos termos da Lei que resguarda os direitos autorais, é proibida a reprodução total ou parcial de qualquer forma ou por qualquer meio, eletrônico ou mecânico, inclusive através de processos xerográficos, fotocópia e gravação, sem permissão por escrito do autor e do editor.

  Impresso no Brasil – *Printed in Brazil*

- Direitos exclusivos para o Brasil na língua portuguesa
  Copyright © 2015 by
  EDITORA FORENSE LTDA.
  Uma editora integrante do GEN | Grupo Editorial Nacional
  Rua Dona Brígida, 701, Vila Mariana – 04111-081 – São Paulo – SP
  Tel.: (11) 5080-0770 / (21) 3543-0770 – Fax: (11) 5080-0714
  metodo@grupogen.com.br | www.editorametodo.com.br

- O titular cuja obra seja fraudulentamente reproduzida, divulgada ou de qualquer forma utilizada poderá requerer a apreensão dos exemplares reproduzidos ou a suspensão da divulgação, sem prejuízo da indenização cabível (art. 102 da Lei n. 9.610, de 19.02.1998). Quem vender, expuser à venda, ocultar, adquirir, distribuir, tiver em depósito ou utilizar obra ou fonograma reproduzidos com fraude, com a finalidade de vender, obter ganho, vantagem, proveito, lucro direto ou indireto, para si ou para outrem, será solidariamente responsável com o contrafator, nos termos dos artigos precedentes, respondendo como contrafatores o importador e o distribuidor em caso de reprodução no exterior (art. 104 da Lei n. 9.610/98).

- Capa: Danilo Oliveira

- Fechamento desta edição: 15.10.2015

- CIP – Brasil. Catalogação na fonte.
  Sindicato Nacional dos Editores de Livros, RJ.

  Miranda, Adriana Augusta Telles de

  Adoção de embriões excedentários à luz do direito brasileiro / Adriana Augusta Telles de Miranda; coordenação Giselda Maria Fernandes Novaes Hironaka, Flávio Tartuce. - 1. ed. - São Paulo: Método, 2016.

  ISBN: 978-85-309-6783-3

  1. Processo civil - Brasil. 2. Direito processual civil - Brasil. 3. Direito de família - Brasil. I. Hironaka, Giselda Maria Fernandes Novaes. II. Tartuce, Flávio. III. Título. IV. Série.

  12-7696.   CDU: 349.3(81)

COLEÇÃO professor RUBENS LIMONGI FRANÇA

Coordenação

Giselda Maria Fernandes Novaes Hironaka
Flávio Tartuce

Títulos

- **Adoção de Embriões Excedentários à Luz do Direito Brasileiro**
  Adriana Augusta Telles de Miranda

- **Direito sucessório do cônjuge e do companheiro**
  Inacio de Carvalho Neto

- **Função social dos contratos – do CDC ao Código Civil de 2002**
  Flávio Tartuce

- **Revisão judicial dos contratos – do CDC ao Código Civil de 2002**
  Wladimir Alcibíades Marinho Falcão Cunha

- **Danos morais e a pessoa jurídica**
  Pablo Malheiros da Cunha Frota

- **Direito contratual contemporâneo – a liberdade contratual e sua fragmentação**
  Cristiano de Sousa Zanetti

- **Direitos da personalidade e clonagem humana**
  Rita Kelch

- **Responsabilidade civil objetiva pelo risco da atividade – uma perspectiva civil-constitucional**
  Ney Stany Morais Maranhão

- **Regime de bens e pacto antenupcial**
  Fabiana Domingues Cardoso

- **Obrigações de meios e de resultado – análise crítica**
  Pablo Rentería

- **Responsabilidade civil objetiva e risco – a teoria do risco concorrente**
  Flávio Tartuce

- **Da responsabilidade civil do condutor de veículo automotor – uma abordagem sob as perspectivas da teoria do risco**
  Marcelo Marques Cabral

- **Responsabilidade civil dos prestadores de serviços no Código Civil e no Código de Defesa do Consumidor**
  Silvano Andrade do Bomfim

- **Responsabilidade civil pela perda de uma chance: a álea e a técnica**
  Daniel Amaral Carnaúba

- **Negócio fundacional: criação de fundações privadas**
  Daniel Pires Novais Dias

À minha filha Anaclara, luz do meu
amanhecer, força para meu viver.
Ao meu filho Augusto, *in memoriam.*

NOTA DOS COORDENADORES

De nossa parte, temos a ponderar que, considerados especialmente os têrmos do preceito em vigor sôbre a matéria [...], a tese positivista não encontra nenhum alicerce. Na verdade, o nosso legislador, invocando os Princípios Gerais do Direito, quando a lei fôr omissa, está em tudo e por tudo confessando a omissão, isto é, a imprecisão, a insuficiência da Lei. Como, pois, apelar para a mesma Lei, na pesquisa dos princípios em aprêço? Por outro lado, a atitude positivista implica uma orientação reacionária, pois, se aplicada – e, na verdade, povo culto nenhum jamais a aplicou restritivamente –, tolheria a natural evolução do Direito, gradativamente levada a cabo pela Doutrina e pela Jurisprudência, no seu cotidiano afã de adaptar as normas gerais do Sistema à multifária casuística das relações da vida (LIMONGI FRANÇA, Rubens. *Princípios gerais do direito*. 2. ed. São Paulo: RT, p. 160).

A crítica formulada por Rubens Limongi França ao positivismo, no texto acima, reflete o tom crítico e a inegável atualidade de suas obras.

Limongi França foi um revolucionário e estaria muito feliz se estivesse entre nós, vivificando a verdadeira revolução pela qual passa o Direito Civil brasileiro. Estaria feliz com o surgimento do sistema de cláusulas gerais, que confere maior efetividade ao sistema jurídico. Estaria feliz com o diálogo interdisciplinar, com o diálogo das fontes, com a análise do Direito Privado a partir da Constituição Federal. Estaria feliz com esse Direito Civil que mais se preocupa com a pessoa humana, relegando o aspecto patrimonial das relações a um posterior plano.

Como Limongi França infelizmente não está mais entre nós, coube a esses coordenadores, e ao selo Método, a ideia de lançar uma série editorial monográfica com o seu nome, trazendo trabalhos e estudos de novos e já consagrados juristas sobre esta nova face do Direito Privado.

Muito nos honra esta coordenação, e trabalharemos no sentido e em razão de honrar o nome desse grande jurista, para que se perpetue ainda mais no meio jurídico nacional.

Assim, esperamos, e desejamos, que a presente coleção reflita, consagre e encaminhe para o futuro toda a magnitude da obra de Limongi França, bem como todo o anseio pela mudança e pelo avanço que eram difundidos e esperados pelo saudoso Mestre.

Boa leitura a todos.

São Paulo, dezembro de 2006.

PREFÁCIO

Muito me honra o convite formulado pela Professora Adriana Telles para prefaciar sua primeira obra individual, que trata da *Adoção de Embriões Excedentários*. O livro é originário de sua tese de doutorado, defendida dentro do programa de pós-graduação *stricto sensu* da Faculdade Autônoma de Direito (FADISP), sob minha orientação. Participaram da banca os Professores Erik Fredrico Gramstrup, Fernanda Tartuce, João Ricardo Brandão Aguirre e Mário Luiz Delgado. Foram cerca de cinco horas de arguição sobre esse tema tão polêmico.

O trabalho da autora procurou abordar os principais questionamentos sobre os direitos dos embriões e a possibilidade da gestação de mulheres inférteis. Com base na teoria concepcionista, conclui a autora que o direito à vida do embrião está fundamentado nos direitos da personalidade; ao passo que o direito de a mulher gestar uma criança é corolário do regramento constitucional superior da dignidade da pessoa humana. Para chegar a tais afirmações, o livro é dividido em cinco capítulos, conforme a tese original.

No primeiro deles, os direitos da pessoa humana são abordados na sua evolução histórica, com o estudo do passado grego e romano, chegando até o período moderno e à construção kantiana de dignidade humana.

No segundo capítulo, a dignidade humana é inserida no contexto da visão civil constitucional do ordenamento jurídico, marco teórico utilizado pela autora. Em tal tópico, são analisados o conceito de princípios – dos clássicos aos contemporâneos –, a diferenciação entre princípios e normas e a concepção dos princípios como fontes do Direito, até se chegar à ideia de dignidade humana e suas aplicações às relações privadas como verdadeiro princípio do Direito Privado.

Em continuidade ao desenvolvido no tópico anterior, o Capítulo 3 é intitulado "A Dignidade no Direito da Pessoa", abordando a pessoa natural e os direitos da personalidade, as teorias relativas à personalidade civil do nascituro, os direitos dos embriões e o tratamento semelhante ao do nascituro, o direito à vida e à filiação do embrião.

No Capítulo 4, a Professora Adriana Telles demonstra a polêmica sobre a existência de uma *adoção* ou de uma *doação* de embriões excedentários, concluindo pela plena possibilidade da primeira. Nesse contexto, faz uma proposta de inclusão legislativa no Código Civil e enfrenta o problema relativo à viabilidade de escolha do que denomina como *pré-embrião*. Penso que a proposta de inserção de um parágrafo único no art. 1.618 do Código Civil é a essência de sua tese, passando o comando a ter a seguinte redação: "A adoção de crianças e adolescentes será deferida na forma prevista pela Lei n. 8.069, de 13 de julho de 1990 – Estatuto da Criança e do Adolescente. Parágrafo único. A adoção de nascituro poderá ser efetivada, nos termos do parágrafo único do artigo 13 do Estatuto da Criança e do Adolescente (Lei n. 8.069/1990). A adoção de embrião excedentário dar-se-á na forma da lei".

O último capítulo traz como conteúdo as consequências pontuais da adoção de embriões, como a possibilidade de o filho conhecer os pais biológicos, a viabilidade jurídica ou não de pleito alimentar em relação aos pais genéticos e o direito sucessório do embrião em casos relativos à adoção.

Esse é o panorama geral da presente obra, que tive a honra de orientar. Espero que ela possa esclarecer alguns aspectos desse intricado tema e que, no futuro, como propõe a autora, seja viável, no sistema legal brasileiro, a adoção de embriões e de nascituros.

Uma boa leitura a todos. E boas reflexões.

Vila Mariana, São Paulo, outubro de 2015.

Flávio Tartuce

Doutor em Direito Civil pela USP. Professor Titular permanente do programa de mestrado e doutorado da FADISP. Coordenador e professor da Escola Paulista de Direito. Advogado, consultor jurídico e parecerista. Autor de obras jurídicas.

NOTA DA AUTORA

O presente trabalho resulta de um antigo sonho, a obtenção do título de Doutora em Direito Civil. Como docente na disciplina de Direito Civil há mais de quinze anos, a busca por esse importante título se tornou essencial para a renovação das forças para seguir na carreira do magistério. Para mim, ser professora é uma dádiva, especialmente por poder colaborar para a formação intelectual de outras pessoas. Além disso, a contínua troca de experiências entre professor e aluno sempre nos instiga pela busca por mais conhecimento.

Assumindo outro papel, como aluna, é necessário agradecer àqueles que me auxiliaram na árdua jornada que gerou a elaboração deste livro. Assim, agradeço ao meu orientador, Prof. Dr. Flávio Murilo Tartuce Silva, pela consideração, pela amizade e pela competência com que conduziu meu processo de pesquisa, o que foi um grande privilégio para mim. Também agradeço aos meus professores no curso de doutoramento da FADISP, que contribuíram para o aperfeiçoamento de meu aprendizado: Prof. Dr. Tércio Sampaio Ferraz Junior, Prof. Dr. Ricardo dos Santos Castilho, Prof.ª Dra. Vera Helena de Mello Franco (*in memoriam*) e Prof. Dr. Márcio Anatole de Sousa Romeiro. Agradeço, ainda, aos professores que compuseram a minha banca de doutorado e que me incentivaram para a publicação deste trabalho: Prof. Dr. Erik Fredrico Gramstrup, Prof.ª Dra. Fernanda Tartuce, Prof. Dr. Mário Luiz Delgado e Prof. Dr. João Ricardo Brandão Aguirre.

Não posso deixar de lado os meus agradecimentos aos amigos da pós-graduação, com os quais dividi, ao longo dos últimos anos, todas as ansiedades, dúvidas, alegrias e o empenho para alcançar os objetivos comuns. Cumprimento a todos nas pessoas dos colegas Fernanda Bonalda e Luiz Carlos Correa.

Notadamente, não chegaria até aqui se não fosse o SER MAIOR, a quem agradeço pela oportunidade de existência. Agradeço também ao apoio dos meus familiares, especialmente à minha mãe, Maria Adelina, pelo amor, incentivo, dedicação e compreensão incondicionais em toda a trajetória da minha vida. A você, meu companheiro Juliano César, que juntou ombros à minha vida e à minha árdua caminhada acadêmica, agradeço pela compreensão, pela perseverança, pela confiança e pelos incansáveis estímulos de apoio ao longo do período de elaboração deste trabalho. Gostaria também de agradecer à Prof.ª Dra. Patrícia Borba Marchetto, amiga-irmã, que foi quem fez a sugestão do tema desta pesquisa, acompanhando-me em momentos difíceis pelos quais passei. Cabe esclarecer que a fascinação pelo tema decorre de uma experiência vivida, daí a delimitação de alguns assuntos pertinentes a esta problemática, como o início da vida, a adoção de embrião, o direito à vida do embrião e o direito de a mulher gestar. Espero que o presente estudo possa trazer uma reflexão sobre dois direitos fundamentais, quais sejam, a vida e a gestação. O direito à vida do embrião e o direito de a mulher gestar uma criança por meio da adoção de embriões excedentários são fundamentados, aqui, nos direitos da personalidade e no princípio da dignidade da pessoa humana.

O propósito deste trabalho, em defesa da teoria concepcionista, é o de inserir o instituto da adoção dos embriões excedentários como uma solução ao não descarte de embriões criopreservados. E, ainda, fundamentar a proteção de mulheres inférteis na Constituição Federal, o que ocasiona o direito de gerar sua prole por meio da adoção de embriões excedentários.

Na esfera do Direito Civil, foram examinadas as consequências da adoção dos embriões excedentes, como a filiação unilateral e o princípio da paternidade responsável; a possibilidade ou não de se conhecer o doador do material genético; o direito ou não ao pleito alimentar; e, no âmbito sucessório, o direito à herança. O tema é investigado sob a égide do Direito Positivo Brasileiro e das decisões jurisprudenciais sobre a matéria, além da doutrina fundamental sobre o assunto.

Araraquara, outubro de 2015.

SUMÁRIO

Introdução 1

1 – Os direitos da pessoa na evolução histórica: breve escorço...... 5

    1.1   O Direito e a pessoa na Grécia 9

    1.2   O Direito e a pessoa em Roma 13

    1.3   O transcurso da história no direito da pessoa..................... 18

2 – A dignidade humana no Direito Civil Constitucional............. 29

    2.1   A Escola do Direito Civil Constitucional e a tutela da pessoa humana... 30

    2.2   Dos princípios e sua conceituação 40

        2.2.1   Princípios e norma 47

    2.3   Os princípios como fontes do Direito 49

    2.4   Do princípio da dignidade humana........................ 57

    2.5   O princípio da dignidade humana e suas aplicações nas relações privadas 63

3 – A dignidade no Direito da Pessoa 73

    3.1   A pessoa natural e os direitos da personalidade 75

    3.2   As teorias relativas à personalidade civil do nascituro e a tutela da sua vida 102

    3.3   Direito dos Embriões – Tratamento Semelhante ao do Nascituro 115

        3.3.1   O direito à vida do embrião 124

        3.3.2   O embrião e o direito à filiação.................... 128

XVI | ADOÇÃO DE EMBRIÕES EXCEDENTÁRIOS À LUZ DO DIREITO BRASILEIRO

4 – Da adoção ou doação de embriões excedentários 135

    4.1   Da possibilidade de adoção de nascituros e de embriões ... 138

    4.2   Da viabilidade de escolha do pré-embrião 160

5 – Das consequências da adoção de embriões excedentários 167

    5.1   Gestação unilateral e o princípio da paternidade responsável... 167

    5.2   Da possibilidade do filho conhecer os pais biológicos........ 174

    5.3   Das consequências para o direito de família 179

        5.3.1   Filiação *versus* investigação de paternidade........... 182

        5.3.2   Da possibilidade de pleito alimentar em relação aos pais genéticos.. 188

    5.4   Direito Sucessório: do reconhecimento como descendente.... 192

Conclusão 209

Referências 215

Nota da Editora: o Acordo Ortográfico foi aplicado integralmente nesta obra.

INTRODUÇÃO

O mundo contemporâneo, marcado pelo avanço constante da tecnologia, pela globalização e consequente mudança de comportamento da sociedade, traz às pessoas a possibilidade de concretizar sonhos, desejos, ter novas aspirações, e, por consequência, criam-se novos direitos.

É nesse contexto que o presente estudo se insere, pois se sabe que a maternidade é um sonho para muitas mulheres, as quais se dispõem a passar por experiências não naturais, como a fertilização *in vitro*. Trata-se de uma cessação da produção de hormônio natural somada a uma dosagem artificial de medicamentos, necessária para a produção excessiva de óvulos que, depois de fecundados, e de acordo com a mutação celular, são implantados no útero. Mas não é só. Sentir a transformação de um ser vivo no ventre é uma dádiva, cujo valor se enaltece para aquelas que passam por dificuldades em gerar.

De certa maneira, podem-se fazer algumas indagações, como o porquê de ir em busca de um embrião para implantá-lo no ventre, em vez de simplesmente adotar crianças que se encontram em abrigos aguardando uma família substituta.

A mulher tem o direito de escolher ser mãe, um direito personalíssimo resguardado pela máxima constitucional, qual seja, a dignidade da pessoa humana. Em contrapartida, os embriões excedentários têm o direito à vida. Com a possibilidade da adoção de embrião excedentário, objeto de estudo do presente trabalho, os dois direitos serão concretizados, o da mulher em ser mãe e o do embrião em viver.

A ideia de desenvolver esta obra deu-se pela experiência viva desta estudiosa em participar de procedimento biotecnológico, de uma fertilização *in vitro*, bem como tomar parte do grupo de apoio à adoção de Araraquara, com inscrição no Cadastro Nacional. Tudo teve início com o experimento de uma gestação com bolsa rota e nascimento prematuro, em que, infelizmente, o bebê teve vida por apenas seis dias. A vontade aguçada pela maternidade e o lapso temporal induziram à busca pela fertilização *in vitro*, que restou infrutífera e sem embrião criopreservado. A tentativa de maternidade por meio de adoção também não foi concretizada. Por fim, vieram uma gestação natural e uma maternidade abençoada.

Para atender aos objetivos estabelecidos, este estudo se propõe a apresentar uma reflexão sobre a possibilidade de a mulher adotar embriões excedentários. Colocam-se, de início, as seguintes indagações: Quem é o embrião? Embrião e nascituro são sinônimos? É possível adotar embrião? A lei prevê a doação de embrião? E de nascituro? Em sendo permitida a adoção de embrião, será possível escolher suas características? Quais as consequências dessa adoção? Será possível a criança nascida por meio da adoção de embrião excedentário buscar o reconhecimento do pai biológico, doador do material genético? O direito aos alimentos resguardados por lei pode ser exigido, pelo filho, dos pais doadores de sêmen ou embrião? No âmbito do Direito Sucessório, pode o filho proveniente da adoção de embrião pleitear a herança dos doadores do material genético?

Com base nessas indagações, será feita uma análise da tutela da pessoa sob a égide da Escola de Direito Civil Constitucional, como uma nova visão de Direito Civil, construído na perspectiva de um sistema aberto que permite a criação de um novo Direito. Serão então delineados a dignidade no direito da pessoa e os direitos da personalidade, a tutela do direito da vida, os direitos do nascituro e o direito da mulher gestar por meio da adoção de embrião.

As teorias relativas à personalidade civil, à tutela da vida e ao princípio da dignidade da pessoa humana fornecerão subsídios para responder às questões sobre a possibilidade de uma mulher adotar embriões excedentários. E, sendo afirmativa a resposta para adoção, as consequências que podem gerar sob uma análise no Direito de Família e no Direito Sucessório.

Este estudo está estruturado em cinco capítulos, cujas reflexões permitem algumas conclusões, sempre relacionadas ao tema central, qual seja, a adoção de embriões excedentários.

O Capítulo 1 apresenta algumas considerações dos direitos da pessoa na evolução histórica, abrangendo desde o período ágrafo, em que o Direito era oral e liderava o costume, até o período contemporâneo. Cabe ressaltar a Idade Média, pois é nessa fase que o conceito da dignidade humana ganha impulso com o Iluminismo, representado por Immanuel Kant.

O Capítulo 2 analisa o Princípio da Dignidade da Pessoa Humana no Direito Civil Constitucional. Para tanto, faz-se necessário entender a hermenêutica do atual Direito Civil, pois deve ser compreendida à luz de importantes princípios constitucionais. Parte-se da conceituação da ideia de princípio e sua atuação na órbita do ordenamento jurídico, para verificar o princípio como fonte do Direito e a eficácia horizontal dos direitos fundamentais. Discorre-se sobre a socialização do Direito Civil e o princípio da dignidade da pessoa humana.

O Capítulo 3 examina a dignidade no direito da pessoa, a pessoa civil e os direitos da personalidade, mediante as teorias relativas à personalidade civil do nascituro e à tutela da sua vida, com o propósito de averiguar se o nascituro e o embrião possuem tratamento semelhante perante a lei.

O Capítulo 4 explora o tema central do estudo, qual seja, a adoção de embrião excedentário. Assim, com base na legislação vigente, verifica-se a possibilidade da adoção de nascituro e de embriões, partindo de conteúdo histórico, doutrinário, jurisprudencial e legislativo. E, sendo permitido adotar, investiga-se a possibilidade de se escolherem as características do embrião.

O Capítulo 5 examina as consequências na hipótese de ocorrer a adoção de embriões excedentários. Analisa se há ou não conflito entre a gestação unilateral e o princípio da paternidade responsável; se é possível o filho conhecer os pais genéticos, uma vez inseridos em outra unidade familiar, bem como a viabilidade de esse filho buscar o reconhecimento parental por meio da ação de investigação de paternidade. Ainda na seara do Direito de Família, investiga-se a obrigatoriedade de o doador genético conceder alimentos ao filho adotado. Por fim, na questão de Direito Sucessório, aborda-se a legitimidade do filho adotado na vocação hereditária do doador, após a morte deste.

Delimita-se o tema do trabalho na possibilidade da adoção do embrião visando garantir direitos fundamentais como o direito à vida e à gestação.

OS DIREITOS DA PESSOA NA EVOLUÇÃO HISTÓRICA: BREVE ESCORÇO

O Direito visto como manifestação social é o mais importante dos instrumentos disciplinadores de toda atividade humana; sua elaboração tem origem no conhecimento do homem, daí por que basta um breve historiar pelo tempo para se dar a devida importância aos direitos da pessoa.

José Carlos Moreira Alves, ao expressar-se pela "razão de ser da ordem jurídica", assim se pronuncia a respeito da interpretação de Hermogeniano no *Digesto*: "*hominum causa omne ius constitutum est* – 'não existiria necessidade de ordem jurídica se não houvesse os homens'".[1]

O Direito hoje em vigor decorre da uma evolução histórica, isto é, dos acontecimentos do passado. A propósito, Carlos Maximiliano explica que "o Direito não se inventa; é produto lento da evolução, adaptado ao meio [...] o presente é um simples desdobramento do passado, o conhecer este parece indispensável para conhecer aquele".[2]

No período das culturas ágrafas, isto é, *antes do conhecimento da escrita*, o Direito já regulamentava as relações interpessoais nas sociedades primitivas. Não era uma norma escrita, mas se baseava em aspectos religiosos, em razão do grande temor que as pessoas tinham dos poderes sobrenaturais.[3]

Na época, o Direito, a religião e a moral se confundiam. Nesse período, o costume era a fonte do Direito; transmitido diretamente entre as pessoas do

---

[1] ALVES, José Carlos Moreira. *Direito romano*. Rio de Janeiro: Forense, 1998. p. 88.

[2] MAXIMILIANO, Carlos. *Hermenêutica e aplicação do direito*. Rio de Janeiro: Forense, 2003. p. 112-113.

[3] GILISSEN, John. *Introdução histórica ao direito*. Lisboa: Fundação Calouste Gulbenkian, 1995. p. 31.

grupo, passava de geração a geração. O chefe tribal estabelecia marco temporal para reunir os integrantes da tribo e transmitir as regras costumeiras da sociedade. É o que se depreende das lições de Renan Aguiar, assim descritas:[4]

> A obediência ao costume era assegurada pelo temor dos poderes sobrenaturais e pelo medo da opinião pública, especialmente o medo de ser desprezado pelo grupo em que se vivia. Naquela época, um homem fora do seu grupo, vivendo isoladamente, podia considerar-se fadado à morte.[5]

Não somente o costume era a fonte do Direito, mas também *o precedente*, pois "As pessoas que julgam (chefes ou anciãos) tendem a, voluntária ou involuntariamente, aplicar soluções já utilizadas".[6]

Fatores históricos como o surgimento das cidades – pólis –, a invenção e o domínio da escrita, além do advento do comércio, foram importantes para o desenvolvimento das civilizações e da escrita.[7]

A primeira forma de escrita do Direito deu-se por meio de gravações em placas de argila, denominadas técnica cuneiforme. O Direito, antes determinado pela simples transmissão oral da cultura e dos costumes, passou a ser escrito, não em forma de lei abstrata, mas como relatos das decisões tomadas pelo chefe da tribo ao solucionar um conflito.[8]

Foi na Mesopotâmia, por volta de XVIII a.C., que apareceram os mais antigos documentos escritos de natureza jurídica.[9]

Os códigos, legados do Direito cuneiforme, representavam as compilações de casos concretos e não possuíam as características de abstratividade e generalidade das leis, tão habituais aos sistemas jurídicos contemporâneos.[10]

As principais codificações foram o *Código de Ur-Nammu*, o *Código de Esnunna* e o *Código de Hammurabi*; este último continha a Lei de Talião.[11]

---

[4]   AGUIAR, Renan. *História do direito*. Coordenação de José Fabio Rodrigues Maciel. 4. ed. São Paulo: Saraiva, 2010. p. 39. (Coleção Roteiros jurídicos).

[5]   Ibidem, p. 39.

[6]   CASTRO, Flávia Lages de. *História do direito*: geral e Brasil. 5. ed. Rio de Janeiro: Lumen Juris, 2007. p. 8.

[7]   Ibidem, p. 46.

[8]   Ibidem, p. 40-43.

[9]   GILISSEN, John. *Introdução histórica ao direito*, p. 51.

[10]   AGUIAR, Renan. *História do direito*, p. 54.

[11]   O *Código de Ur-Nammu*, de cerca de 2040 a.C., surgiu na região da *Suméria* (Baixa Mesopotâmia), é atualmente "o documento legislativo escrito mais antigo da história do direito, sendo que há vestígios de textos anteriores, mas que ainda não foram

Nesse período, observando-se a relação entre as pessoas, percebe-se que o matrimônio se dava entre um homem e uma mulher, ou várias mulheres. A poligamia era permitida e frequente – o casamento de um homem com várias mulheres –, mas não a poliandria, isto é, o casamento de uma mulher com mais de um homem. Nesse contexto, também "O incesto era proibido, sendo tratado como verdadeiro tabu. Quem o praticasse poderia sofrer sérias sanções, inclusive a pena de morte", segundo Renan Aguiar.[12]

As bases familiares se sustentavam em dois tipos de estrutura: o Sistema Matrilinear e o Sistema Patrilinear. O autor belga John Gilissen assim os explica:

> Nas *sociedades matrilineares* a família está centrada sobre a linhagem mãe–filha–neta. Fazem parte da mesma família: a mãe, os seus filhos, os filhos das suas filhas, os filhos das netas das suas filhas etc. Os homens fazem parte da família da sua mãe; eles não entrarão, em geral, na família de sua mulher e não exercerão aí qualquer autoridade. Pelo contrário, é na família de sua mãe que um deles exercerá a autoridade de chefe; será muitas vezes o irmão da mãe, portanto o tio dos filhos da mãe.
>
> O *sistema patrilinear* está centrado sobre a linhagem pai–filho–neto. Fazem parte da família, o pai, os seus filhos, os filhos dos seus filhos, os filhos dos filhos dos seus filhos etc. As filhas e as netas fazem também parte dela enquanto não são casadas; pelo seu casamento, elas deixam (geralmente) o grupo familiar do seu pai para entrarem no do seu marido. O chefe

---

descobertos. Do mesmo período conservam-se milhares de atos e atas de julgamento. As normas ostentam o perfil de costumes reduzidos a escrito ou, então, de decisões anteriormente proferidas em algum caso concreto. Essa será a tônica de todos os códigos da Antiguidade". Por sua vez, o *Código de Esnunna*, de cerca de 1930 a.C., "continha cerca de 60 artigos, sendo uma mistura entre direito penal e civil, o que futuramente caracterizara o Código de Hammurabi". Como destaque podem-se mencionar "os institutos relacionados ao direito de família e principalmente a responsabilidade civil". Já o *Código de Hammurabi* (cerca de 1694 a.C.), do rei da Babilônia, possuía "282 artigos em 3.600 linhas de texto. O Código de Hammurabi e outros textos relacionados à prática jurídica que datam da mesma época indicam a existência de um *sistema jurídico extremamente desenvolvido*, sobretudo no domínio do Direito Privado, e mais particularmente quando se refere aos contratos. Uma punição que permeia o Código é a *lei de talião*, amplamente utilizada por todos os povos antigos. Consiste em uma *retaliação a algum ato praticado, onde a pena para o delito é equivalente ao dano causado*, ou seja, a punição é impor ao criminoso o mesmo sofrimento causado pelo crime. É o famoso 'olho por olho, dente por dente'" (ibidem, p. 54-56).

[12] AGUIAR, Renan. *História do direito*, p. 40.

de família é o pai; por exemplo, em direito romano, o *pater familias*; ele exerce aí a autoridade, geralmente um poder muito extenso, indo até ao direito de vida e de morte.[13]

Chama atenção a relação familiar existente em alguns povos da Antiguidade. No Egito, por exemplo, todos os habitantes são considerados iguais perante o Direito, sem privilégios, e "A célula social por excelência era a família em sentido restrito: pai, mãe e filhos menores".[14] Marido e mulher eram colocados em pé de igualdade, assim como todos os filhos, sem direito de primogenitura nem privilégio de masculinidade, e "Os filhos ganhavam a emancipação após atingirem determinada idade, o que os diferenciava dos romanos, sociedade na qual os filhos só ganhavam a emancipação se fosse ela concedida pelo patriarca, o *pater-familias*".[15]

Já entre os hebreus, a família possuía estrutura patriarcal. O pátrio poder era vitalício, e o pai respondia pelos atos ilícitos que porventura os filhos praticassem. Renan Aguiar lembra que "As filhas podiam ser vendidas como escravas pelos pais, havendo também a possibilidade de servidão por dívidas. Os filhos das escravas pertenciam ao dono destas".[16] Na relação matrimonial, as futuras esposas eram compradas, e o valor pago em dinheiro ou em serviços. Assim, "Caso a mulher fosse repudiada, voltava para a sua família. Já o homem não podia ser repudiado, havendo um único caso de punição, que era o adultério com mulher casada – nesse caso a ofensa era contra o marido desta", esclarece o autor.[17]

Na Mesopotâmia, "o sistema familiar era monogâmico e patriarcal, embora fosse admitido o concubinato". A mulher mantinha a propriedade do seu dote e podia administrar seus bens, mesmo depois do casamento, pois era dotada de personalidade jurídica. Vigorava o regime da comunhão de bens. Na hipótese de repúdio da mulher pelo marido e vice-versa, a mulher poderia retornar a sua família originária, levando de volta o seu patrimônio.[18]

Entretanto, conforme explica Tércio Sampaio Ferraz Júnior, o desenvolvimento do Direito não é linear, pois "ele se faz na forma de progressos

---

[13] GILISSEN, John. *Introdução histórica ao direito*, p. 39.
[14] AGUIAR, Renan. Op. cit., p. 50.
[15] Ibidem, loc. cit.
[16] Ibidem, p. 52.
[17] Ibidem, p. 52.
[18] Ibidem, p. 56.

e de recuos".[19] Dessa forma, serão registradas, aqui, algumas informações a respeito das civilizações grega e romana.

A referência às duas civilizações dá-se, em primeiro lugar, pelo fato de, no Brasil, o Direito aplicado e praticado ter sofrido, e ainda sofre, influência romanista, como relata Elder Lisbôa Ferreira da Costa.[20] Em segundo lugar, conforme preleciona José Carlos Moreira Alves, Roma, no ano de 450 a.C. e antes do surgimento da Lei das XII Tábuas, buscou na Grécia a legislação de Sólon para fundamentar a sua razão jurídica.[21]

1.1 O Direito e a pessoa na Grécia

Como assinalado, com o aparecimento da pólis e o domínio da escrita na Grécia, por volta dos séculos VIII e VII a.C., ocorreram alterações substanciais na vida social e nas relações humanas.

Os gregos foram os maiores pensadores políticos e filosóficos da Antiguidade, podendo ser citados Platão e Aristóteles. Os gregos fundaram a ciência política, ou seja, a ciência do governo, da pólis ou cidade, que é a base do Direito Público; mas não foram grandes juristas. Nesse sentido e segundo John Gilissen, os gregos "não souberam construir uma ciência do direito, nem sequer descrever de uma maneira sistemática as suas instituições de direito privado; neste domínio, continuaram sobretudo as tradições dos direitos cuneiformes e transmitiram-nas aos Romanos".[22]

As cidades-estados gregas eram numerosas, assim como seus legisladores, e em momentos históricos diferentes. As duas cidades mais relevantes no tocante ao Direito são Esparta e Atenas.[23]

Esparta possuía uma cultura marcante e absoluta no militarismo, e se em um processo de refreamento de qualquer tipo de evolução histórica. Essa

---

[19]   FERRAZ JUNIOR, Tércio Sampaio. *Introdução ao estudo do direito*: técnica, decisão, dominação. 4. ed. São Paulo: Atlas, 2003. p. 55.

[20]   COSTA, Elder Lisbôa Ferreira da. *História do direito*: de Roma à história do povo hebreu muçulmano: a evolução do direito antigo à compreensão do pensamento jurídico contemporâneo. Belém: Unama, 2007. p. 36.

[21]   Veja-se: "Em 454 a.C., segue para a Grécia uma embaixada, composta de três membros, para estudar a legislação de Sólon. Quando do seu retorno, em 452 a.C., são eleitos os decênviros, que durante o ano de 451 a.C., elaboram um código de dez tábuas. Mas como o trabalho estava incompleto, elegem-se um novo decenvirato [...], que, em 450 a.C., redigem mais duas tábuas, perfazendo, assim, o total de 12 (por isso: Lei das XII Tábuas)" (ALVES, José Carlos Moreira. *Direito romano*, p. 24).

[22]   GILISSEN, John. *Introdução histórica ao direito*, p. 73-75.

[23]   CASTRO, Flávia Lages de. *História do direito*:geral e Brasil, p. 65-71.

imobilidade se dava em razão de o Estado incentivar a xenofobia, a xenelasia e o laconismo. Flávia Lages de Castro[24] explica:

> A *xenofobia* é a aversão, desconfiança, temor ou antipatia por pessoas estranhas ou por tudo que venha de outro lugar. Desta forma os espartanos do antemão rejeitavam quaisquer ideias ou influências estrangeiras.
>
> *Xenelasia* é o banimento ou impedimento de estadia de estrangeiros. Assim, os espartanos não entravam em contato com ideias estranhas ao seu meio.
>
> O *Laconismo* existe quando se fala somente o mínimo necessário e, mesmo assim, utilizando-se do menor número de palavras possível. Esta é a característica que mais proporcionalmente pode causar um refreamento nas mudanças de uma sociedade, visto que, se levado ao extremo, diminui, inclusive, a atividade intelectual e criativa.[25]

Na sociedade espartana, as camadas sociais se dividiam em três: os *espartiatas*, guerreiros que recebiam educação militar; os *periecos*, que não possuíam direitos políticos, mas possuíam boa condição de vida; e, os escravos de propriedade do Estado, os *hilotas*, que não tinham proteção da lei e de sua condição humana.[26]

Em razão da mentalidade militarista da sociedade espartana, a educação era rígida e extrema. O espartiata, desde a infância, era educado para viver em função do Estado.[27]

Ao nascer, o bebê era avaliado por uma comissão de anciãos e, se considerado saudável, ficava sob supervisão pública. Os reprovados eram enjeitados pelo governo e acabavam morrendo ou sendo acolhidos por algum hilota de bom coração.[28]

O sexo da criança definia o tratamento que iria receber após os sete anos.

Todas as crianças com até essa idade recebiam cuidados da mãe e de amas especiais do governo; entretanto, após os sete anos, "os meninos eram afastados de suas famílias e ingressavam em um grupo militar comandado por um jovem espartiata, onde marchavam, faziam muita ginástica e aprendiam alguma coisa de música e leitura", conforme narra Flávia Lages de Castro.[29]

---

[24] CASTRO, Flávia Lages de. Op. cit., p. 65-71.
[25] Ibidem, p. 71.
[26] Ibidem, p. 65-71.
[27] GILISSEN, John. Op. cit., p. 73-75.
[28] Ibidem, p. 65-71.
[29] Idem.

As meninas, para que pudessem ser boas mães de espartiatas, recebiam treinamento físico praticamente igual ao dos meninos. Somente elas podiam enriquecer-se com o comércio e também recebiam herança.[30]

Os meninos, dos doze aos dezessete anos, eram obrigados a procurar o sustento próprio; buscavam os alimentos no campo e os preparavam. Eram incentivados a roubar, com o intuito de desenvolver sua própria independência; entretanto, não poderiam ser malsucedidos, pois seriam surrados impiedosamente, por terem sido pegos.[31]

Após os dezessete anos, para se tornar adulto, o adolescente tinha de passar por uma prova realizada na *Kriptia*, "que consistia em esconder-se pelo campo, munido de punhais e à noite degolar quantos escravos conseguisse apanhar".[32]

O casamento ou a coabitação dos espartiatas só aconteciam após os trinta anos. Nessa fase, adquiriam não só o poder de se casar e de deixar o cabelo crescer, como também de participar da Assembleia. "Aos sessenta, aposentavam-se do exército e podiam tomar parte do Conselho de Anciãos".[33]

Em Atenas, o Direito Privado foi conhecido como individualista, permitindo ao cidadão dispor livremente da sua pessoa e dos seus bens.[34]

A vida do homem nesse período teve influência de três legisladores: Drácon, Sólon e Clístenes.

Drácon (621 a.C.), o primeiro legislador, era conhecido por sua severidade. Para ele, qualquer erro caracterizava ofensa às divindades "e em toda ofensa as divindades um crime odioso. Assim, quase todos os crimes eram passíveis de pena de morte".[35]

Sólon (594 a.C.), o segundo legislador, reformou a lei draconiana, abolindo a escravidão por dívidas; criou a moeda para o desenvolvimento mercantil e o voto.

Por fim, Clístenes (510 a.C.), o terceiro legislador, impôs a igualdade jurídica entre os cidadãos.[36]

Na reforma da legislação por Clístenes, a democracia estabelecida foi como a "mutação do ideal político e uma concepção inovadora do poder", ou

---

[30]   CASTRO, Flávia Lages de. *História do direito*:geral e Brasil, p. 65-71.

[31]   Ibidem, loc. cit.

[32]   Ibidem, loc. cit.

[33]   Ibidem, loc. cit.

[34]   GILISSEN, John. *Introdução histórica ao direito*, p. 73-75.

[35]   CASTRO, Flávia Lages de. Op. cit., p. 74.

[36]   GILISSEN, John. Op. cit., p. 78.

seja, a expressão da individualidade por meio dos debates em praça pública libertou o indivíduo dos exclusivos desígnios divinos, e a autonomia da palavra humana fez nascer a política. No entanto, a maior parte da população se achava excluída do processo político.[37]

Com a reforma, a organização tribal foi abolida, e a administração deixou de ser do poder aristocrático das famílias, isto é, entre os consanguíneos, que era na forma de submissão e de domínio.[38]

Na época clássica, o estado de racionalidade consagra no sistema jurídico a estruturação e a sistematização do Direito. A personalidade jurídica, muito confundida com capacidade jurídica, era definida conforme o grau de liberdade da pessoa, isto é, livre ou não livre. Diante do sistema patronal, a pessoa poderia perder sua liberdade para se tornar *não livre*. O homem livre tinha personificação pessoal e jurídica (capacidade), e o escravo, por sua vez, sujeitava-se ao senhorio com a perda da autonomia de ação e de condução de sua vida.[39]

Leonardo Galvani afirma que nas culturas antigas a racionalidade era qualidade inerente ao homem, e a razão, o guia da vida para o bem. Explica que Platão propôs a doutrina definidora da tradição racional do homem, do ente que se *domina* por meio de uma ética da razão, na qual a pessoa humana desvelou-se como o animal racional.[40]

O referido autor diz, ainda, que, no Direito grego, apenas os cidadãos atenienses eram considerados pessoas com capacidade de direito, e o princípio da personalidade jurídica era aplicado nas relações jurídicas entre cidadãos e nas relações entre pessoas de outra cidade-estado, como um elemento qualificador que determinava quais homens eram pessoas de direito e aptas ao cenário jurídico. Na esfera do Direito Privado, de cunho individualista, o próprio homem poderia ser objeto da relação jurídica, portanto, coisa, permitindo a disposição da própria vida.[41]

---

[37] ARANHA, Maria Lúcia de Aranha; MARINS, Maria Helena Pires. *Filosofando*: introdução à filosofia. 4. ed. rev. São Paulo: Moderna, 2009. p. 82-83.

[38] Ibidem, loc. cit.

[39] Em paráfrase do capítulo Aspectos clássicos da personalidade jurídica e seus efeitos nas relações jurídicas hodiernas: do direito grego a Kelsen (GALVANI, Leonardo. *Personalidade jurídica da pessoa humana*: uma visão do conceito de pessoa no direito público e privado. Curitiba: Juruá, 2010. p. 19-29).

[40] Ibidem, p. 19-29.

[41] Ibidem, loc. cit.

1.2 O Direito e a pessoa em Roma

Na história do Direito, Roma não se afasta das outras civilizações quando se trata da origem da norma, pois também foi consuetudinária e jurisprudencial, tendo como fonte os costumes e as decisões dos pontífices, conforme anota Paulo Dourado de Gusmao.[42]

O Direito Romano se divide em três períodos: o Arcaico, o Clássico e o Pós-clássico.[43]

No *período Arcaico*, que vai da fundação de Roma, no século VIII a.C., até o século II a.C., a sociedade tinha a família como centro de tudo. Nesse contexto, explica Flávia Lages de Castro, "Os cidadãos romanos eram vistos como membros de uma unidade familiar antes mesmo do que como indivíduos. Mesmo a segurança dos cidadãos dependia muito mais do grupo a que pertenciam do que do Estado".[44]

No período em questão, conforme anota John Glissen, Roma é dominada pela organização clânica das grandes famílias, *as gentes*, ou seja, "A autoridade do chefe de família é quase ilimitada; uma solidariedade activa e passiva ligada entre si todos os membros da *gens*; a terra, embora objecto de apropriação, é inalienável".[45]

Com o crescimento da população, formada por plebeus, estrangeiros, comerciantes e agricultores, pessoas que viviam às margens da organização das *gentes*, surgiram os conflitos sociais. E a plebe, paulatinamente, obtém os mesmos direitos políticos, religiosos e sociais dos patrícios, passando a utilizar-se dos direitos privados dos patrícios.[46]

Para a solução dos conflitos entre patrícios e plebeus, criou-se a Lei das XII Tábuas, na configuração de fórmulas lapidares, reduzindo os costumes a escrito.

Nesse contexto, diz José Carlos Moreira Alves, "A Lei das XII tábuas resultou da luta entre a plebe e o patriciado. Um dos objetivos dos plebeus era o de acabar com a incerteza do direito por meio da elaboração de um código, o que viria refrear o arbítrio dos magistrados patrícios contra a plebe".[47]

---

[42] GUSMÃO, Paulo Dourado de. *Introdução ao estudo do direito*. 47. ed. Rio de Janeiro: Forense, 2014. p. 312.

[43] CASTRO, Flávia Lages de. *História do direito*: geral e Brasil, p. 84.

[44] Ibidem, loc. cit.

[45] GILISSEN, John. *Introdução histórica ao direito*, p. 78.

[46] Ibidem, loc. cit.

[47] ALVES, José Carlos Moreira. *Direito romano*, p. 24.

A Lei das XII Tábuas revela a evolução do Direito Público e do Direito Privado, conforme explica John Gilissen:

> A solidariedade familiar é abolida, mas a autoridade quase ilimitada do chefe de família é mantida; a igualdade jurídica é reconhecida teoricamente; são proibidas as guerras privadas e instituído um processo penal; a terra, mesmo a das *gentes*, tornou-se alienável; e reconhecido o direito de testar.[48]

O segundo período marcado na evolução do Direito em Roma denomina-se *período Clássico*. Nessa época, deu-se o ápice do desenvolvimento do Direito Romano, do século II a.C. até o século III d.C. O poder do Estado era centralizado e os pretores e jurisconsultos modificaram as regras existentes.[49]

No período em questão, a personalidade jurídica não decorria da lei, nem servia de substrato; bastava tão somente o nascimento para o ser humano adquirir personalidade, conforme se depreende dos dizeres de Vandick L. da Nóbrega:

> No direito romano o termo *persona* era usado como equivalente a *homo* e não como titular de direito. Por isso os escravos eram considerados ao mesmo tempo *personae* e *res*. Isto não significa que o escravo pudesse ser titular de direito [...] a noção de personalidade como capacidade jurídica abrange velhos e moços, doentes e sadios, homens e mulheres.[50]

O homem livre era chamado de *caput liberum*, e o escravo, de *caput servile*.[51]

No entanto, a personalidade não se confundia com a pessoa. O homem, para ser pessoa, precisava ter forma humana e não estar na condição de escravo, como explica José Cretella Junior:[52]

> *Pessoa* e *homem* são conceitos diversos para o romano. Só o *homem* que reúne certos requisitos é *pessoa*. *Pessoa* é *ser humano acompanhado de*

---

48 GILISSEN, John. *Introdução histórica ao direito*, p. 87.

49 CASTRO, Flávia Lages de. *História do direito*: geral e Brasil, p. 85.

50 NÓBREGA, Vandick L. *Compêndio de direito romano*. 5. ed. São Paulo: Freitas Bastos, 1969. v. I, p. 294.

51 CORREIA, Alexandre; SCIASCIA, Gaetano. *Manual de direito romano*. 5. ed. Rio de Janeiro: Sadegra/Livros Cadernos, 1996. p. 35-45.

52 O autor ainda diz: "O ser humano disforme é monstro ou prodígio e, pois, excluído da relação jurídica" (CRETELLA JUNIOR, José. *Curso de direito romano*. Rio de Janeiro: Forense, 2000. p. 84).

atributos. Pessoa é o sujeito de direitos e de obrigações [...] Em outras palavras, pessoa é noção eminentemente jurídica, que não se confunde com homem.[53]

Assim, para ser pessoa no Direito Romano, o ser humano, além da condição natural de nascer perfeito, deveria preencher o requisito civil criado pela doutrina romana, o *status*.[54] Nesse contexto, segundo José Cretella Junior:

> *Status* é a qualidade em virtude da qual o romano tem direitos: é a condição civil de capacidade [...] Os elementos do *status civilis* são a liberdade, a cidade e a família ("libertas, civitas, familiae"). Quem reúne estes três elementos tem a plena capacidade de direito.[55]

O homem como sujeito de direitos tinha posição distinta em se tratando de membro da comunidade dos homens livres ou dos cidadãos, bem como em razão da sua origem familiar, como explicam Alexandre Correia e Gaetano Sciascia.[56]

No Direito Romano, a personalidade derivava da posição (*status*) que ocupava o indivíduo no seio dos diferentes grupos a que pertencia. Assim, no que toca à capacidade jurídica existiam três pressupostos, quais sejam: o *status libertatis*, o *status civitatis* e o *status familiae*.[57]

Em explicação sintética dos elementos do *status civilis*, José Cretella Junior esclarece que a) a *liberdade* era atributo do ser homem e não do escravo, inicialmente considerado "coisa", mas, com o decorrer do tempo e o advento do cristianismo, foi-lhe sendo permitido representar seu senhor em certos atos jurídicos, e até mesmo na gestão da propriedade; b) só possuía a cidadania ou *civitas* quem fosse livre, o cidadão romano por nascimento, ou seja, o filho seguia a condição materna (filho de mãe romana), ou, posterior ao nascimento, na hipótese de transferência de domicílio, por prestação de

---

[53] CRETELLA JUNIOR, José. *Curso de direito romano*, p. 84

[54] A propósito, "*Nascimento perfeito* é o nascimento idôneo para gerar consequências jurídicas, devendo para isso reunir três requisitos: nascimento com vida, revestir forma humana e apresentar viabilidade fetal, isto é, perfeição orgânica suficiente para continuar a viver" (CRETELLA JUNIOR, José. *Curso de direito romano*, p. 85). "O parto deve ser perfeito (*partus perfectus*), i.e., verificar-se pelo menos dentro do sétimo mês após a concepção. Deve ter forma humana, i.e., não ser *monstrum* nem *prodigium*. É necessário, além disso, o homem nascer vivo" (ibidem, p. 37).

[55] Ibidem, p. 85.

[56] CORREIA, Alexandre; SCIASCIA, Gaetano. *Manual de direito romano*, p. 36.

[57] Ibidem, loc. cit.

serviço militar, por lei; e c) por último, havia o *status familiae*, "conjunto de pessoas colocadas sob o poder de um *chefe* – o *pater familias*".[58]

Sob a ótica do Direito de Família, em Roma, no período clássico, a família tinha dois sentidos: um, estritamente jurídico, chamado *agnatio*, que englobava todos sob o poder do *pater familias*; e o outro, basicamente biológico, relativo ao parentesco por consanguinidade, a *cognatio*.[59]

O pátrio poder (*patria potestas*) era exclusivo do *pater familias*. Um poder absoluto e amplo sobre a família, que englobava vários poderes, "a *patria potestas* – sobre os filhos, a *manus* – sobre a esposa, a *dominica potestas* –sobre os escravos e o *mancipium* – sobre pessoas livres *alien iuris* que passaram de um *pater familias* a outro pela venda", segundo narrativa de Flávia Lages de Castro.[60]

O poder absoluto do *pater familias* permitia que os filhos recém-nascidos fossem deixados para morrer, ou, em qualquer idade, ser vendidos.[61]

Os filhos legítimos eram os procriados em um matrimônio legítimo. Os filhos havidos fora do casamento e não reconhecidos não ficavam sob o pátrio poder.[62]

A extinção do pátrio poder dava-se pela morte do *pater familias*, a morte do *alien iuris*, a perda de cidadania ou liberdade *do pater familias* – o que se equiparava à morte –, a adoção por outro do *alien iuris*, a emancipação do filho *alien iuris* ou o casamento "*cum manu* da filha", conforme esclarece Flávia Lages de Castro.[63]

No mesmo sentido, e sobre o *pater famílias*, Vandick L. da Nóbrega diz que a família romana estava sujeita ao *pater familias*, pessoa que exercia todos os poderes de magistrado doméstico, o sacerdote. Esse *pater familias* aplicava penas de qualquer natureza, podendo dispor livremente dos membros de sua família, pois tinha sobre eles o direito de vida e de morte. Até mesmo o

---

[58] A explicação dos elementos do *status civilis* tem como interpretação e entendimento da leitura extraída de CRETELLA JUNIOR, José. Op. cit., p. 81-135. "O *pater familias* tem o *dominium in domo*, a *potestas*. É o *dominus*, o senhor, a quem está confiada a *domus*, ou *grupo doméstico*. A *domus* tem tríplice aspecto: é grupo religioso (*pater* é o sacerdote), econômico (*pater* é o dirigente) e jurídico-político (*pater* é o magistrado)" (ibidem, p. 106-107).

[59] CASTRO, Flávia Lages de. *História do direito*: geral e Brasil, p. 97-98.

[60] CASTRO, Flávia Lages de. *História do direito*: geral e Brasil, p. 97-98.

[61] Idem.

[62] Idem.

[63] Ibidem, p. 99.

patrimônio adquirido por qualquer *filius familia* pertencia ao *pater familias*, assim como os dotes da mulher ao se casar.[64] Os filhos, a mulher e os escravos eram pessoas de direito com capacidade reduzida, como ensinam Alexandre Correia e Gaetano Sciascia.[65]

A mulher era considerada como se fosse a filha do marido e, entre filhos e filhas não havia privilégio de masculinidade. Os filhos deixavam de pertencer ao domínio do *pater familias* pela emancipação; e a filha, pelo casamento.[66]

Cabe mencionar que, no Direito Romano, o casamento podia ser de duas formas: a) *cum manu*; e b) *sine manu*. No casamento *cum manu* a mulher saía da dependência do seu próprio *pater familias* para entrar na dependência do marido e do *pater familias* da família do marido;[67] já no casamento *sine manu* a mulher não ficava sob a sujeição do marido, pois podia continuar sob o poder de seu próprio *pater familias*, conservando, portanto, os direitos sucessórios de sua família de origem.[68]

Os romanos consideravam o casamento um ato consensual de contínua convivência. Podiam casar-se os rapazes a partir dos quatorze anos e as moças a partir dos doze anos, e a coabitação acontecia no noivado. Também havia impedimentos para o casamento, como a consanguinidade e a adoção. Ao casar-se, o dote da mulher ficava sob a responsabilidade do marido.[69]

---

[64] A propósito, "O *pater familias* podia ser uma criança ou um adulto, cidadão casado ou solteiro, sendo apenas necessário que não dependessem de ninguém. Todo cidadão romano era *filius familias* ou *pater familias*, conforme fosse ou não submetido ao poder de outra pessoa. Os *filius famílias*, também cidadãos romanos, eram filho ou filha, tio ou tia, ou escravos" (NÓBREGA, Vandick L. *Compêndio de direito romano*, p. 336-338).

[65] Veja-se: "A capacidade reduzida era associada ao termo *ingênuos*. Os homens podem ser livres ou escravos. Os homens livres se distinguiam em *ingenui*, se, nascidos de livre estirpe, jamais foram escravos: e *liberti*, se, nascidos ou caídos no estado de escravidão, depois foram libertados. É ingênuo quem nasce de mulher livre no momento do parto. Além disso, é ingênuo o concebido em justas núpcias, mesmo que a mãe depois, no momento do parto, tenha-se tornado escrava. Aos ingênuos importava alta situação social, e no ponto de vista estritamente jurídico determina os mais amplos direitos, a exclusão dos deveres próprios a outra categoria de pessoas livres, os libertos. Posteriormente, Justiniano, tutelando os interesses dos ingênuos, concedeu todos como libertos, desaparecendo, assim, a distinção entre ingênuos e libertos" (CORREIA, Alexandre; SCIASCIA, Gaetano. *Manual de direito romano*, p. 38).

[66] CRETELLA JUNIOR, José. *Curso de direito romano*, p. 100-105.

[67] CASTRO, Flávia Lages de. *História do direito*: geral e Brasil, p. 100.

[68] Ibidem, p. 99-100.

[69] Ibidem, p. 99-101.

O instituto da adoção era aceito em Roma e constituía um ato legal que imitava a natureza, por isso, aquele que pretendia adotar tinha de ser mais velho que o adotado. A mulher só podia adotar quando perdia os próprios filhos.[70]

Outros direitos também eram regulamentados no Direito Romano, como a tutela, a curatela, a herança, as regras para o testamento, mas o objetivo aqui é tão somente transcursar sobre alguns direitos da pessoa.

O último período do Direito Romano é o *Pós-clássico*, abrangendo o período que vai do século III d.C. até o século VI d.C. Esse período não teve grandes inovações, pois os romanos viviam do legado da fase áurea; entretanto, nele deu-se a codificação do Direito. A forma escrita e relevante foi escrita pelo Imperador do Oriente, Justiniano, após a queda do Império no Ocidente, chamada de *Corpus Iuris Civilis*.[71]

José Carlos Moreira Alves ensina que o *Corpus Iuris Civilis* é composto por quatro obras: as *Institutas* (manual escolar), o *Digesto* (também chamado de Pandectas, compilação dos *iura*), o *Codex* (Código, compilação das *leges*) e as *Novelas* (reunião das constituições promulgadas, posteriormente, por Justiniano). Essa reunião é conhecida universalmente como Corpo do Direito Civil.[72]

1.3 O transcurso da história no direito da pessoa

Os direitos da pessoa segundo cada marco histórico encontram-se evidente, conforme visto no período ágrafo, nas primeiras civilizações com a escrita e o direito consuetudinário, na Grécia e em Roma.

Norberto Bobbio retrata os direitos do homem considerando como primeiro documento o da Pontifícia Comissão e, posteriormente, a história profética de Kant. A propósito, o autor disserta:

> Em um dos meus escritos sobre os direitos do homem, eu havia exumado a ideia da história profética de Kant para indicar, com relação à importância que os direitos do homem assumiram no debate atual, um sinal dos tempos. [...] Quando escrevi essas palavras, não conhecia o texto do primeiro documento da Pontifícia Comissão "Justitia et Pax", com o título *A Igreja e os Direitos do Homem*, que começa assim: "O dinamismo da fé impele continuamente o povo de Deus à leitura atenta e eficaz dos *sinais dos tempos*. Na era contemporânea, entre os vários sinais dos tempos, não

---

[70] CASTRO, Flávia Lages de. *História do direito*: geral e Brasil. p. 101-102.
[71] Ibidem, p. 86.
[72] ALVES, José Carlos Moreira. *Direito romano*, p. 48.

pode passar para o segundo plano a crescente atenção que em todas as partes do mundo se dá aos direitos do homem, seja devido à consciência cada vez mais sensível e profunda que se forma nos indivíduos e na comunidade em torno a tais direitos ou a contínua e dolorosa multiplicação das violações desses direitos".[73]

Norberto Bobbio ainda relata que a importância dos direitos do homem depende do fato de ele estar extremamente ligado aos dois problemas fundamentais da contemporaneidade, quais sejam, a democracia e a paz: "O reconhecimento e a proteção dos direitos do homem são a base das constituições democráticas, e, ao mesmo tempo, a paz e o pressuposto necessário para a proteção efetiva dos direitos do homem em cada Estado e no sistema internacional".[74] O autor prossegue com suas ponderações:

> Vale sempre o velho ditado – e recentemente tivemos uma nova experiência – que diz *inter arma silent leges*. Hoje, estamos cada vez mais convencidos de que o ideal da paz perpétua só pode ser perseguido através de uma democratização progressiva do sistema internacional e que essa democratização não pode estar separada da gradual e cada vez mais efetiva proteção dos direitos do homem acima de cada um dos Estados. Direitos do homem, democracia e paz são três momentos necessários do mesmo movimento histórico: sem direitos do homem reconhecidos e efetivamente protegidos não existe democracia, sem democracia não existem as condições mínimas para a solução pacífica dos conflitos que surgem entre os indivíduos, entre grupos e entre as grandes coletividades tradicionalmente indóceis e tendencialmente autocráticas que são os Estados, apesar de serem democráticas com os próprios cidadãos.[75]

Por fim, Norberto Bobbio assim resume a trajetória dos direitos do homem:

> É verdade que a ideia da universalidade da natureza humana é antiga, apesar de ter surgido na história do Ocidente com o cristianismo. Mas a transformação dessa ideia filosófica da universalidade da natureza humana em instituição política (e nesse sentido podemos falar de "invenção"), ou seja, em um modo diferente e de certa maneira revolucionário de regular as relações entre governantes e governados, acontece somente

---

[73] BOBBIO, Norberto. *A era dos direitos*. Trad. Carlos Nelson Coutinho. 9. ed. Rio de Janeiro: Elsevier, 2004. p. 201.

[74] Ibidem, p. 203.

[75] Ibidem, p. 204.

na Idade Moderna através do jusnaturalismo, e encontra a sua primeira expressão politicamente relevante nas declarações de direitos do fim do século XVIII.[76]

Na mesma linha de Norberto Bobbio, tem-se a narrativa de Luís Roberto Barroso. A compreensão contemporânea de dignidade humana, segundo este jurista, iniciou-se "com o pensamento clássico e tem como marcos a tradição judaico-cristã, o Iluminismo e o período imediatamente posterior ao fim da Segunda Guerra Mundial".[77]

O pensamento clássico "é atribuído ao estadista e filósofo romano Marco Túlio Cícero, no seu tratado *De Officis* ('Sobre os deveres'), de 44 a.C., em uma passagem na qual ele distingue a natureza dos homens da dos animais (XXX.105-107)".[78]

Em relação às origens filosóficas, a dignidade humana esteve entrelaçada, ao longo da Idade Média, com a religião. Somente no ano de 1486, já no limiar da Idade Moderna, Giovanni Picco, Conde de Mirandola, "justifica a importância da busca humana pelo conhecimento, trazendo o homem e a razão para o centro do mundo".[79]

---

[76] BOBBIO, Norberto. *A era dos direitos*. p. 204.

[77] BARROSO, Luís Roberto. *A dignidade da pessoa humana no direito constitucional contemporâneo*: a construção de um conceito jurídico à luz da jurisprudência mundial. 2. ed. Belo Horizonte: Fórum, 2013. p. 14.

[78] Ibidem, loc. cit. O autor faz explicação em nota de rodapé, a qual se transporta para o presente trabalho: "'Mas é essencial a todas as investigações sobre o dever, que nós mantenhamos diante de nossos olhos o quão superior o homem é, por natureza, do gado e de outros animais: eles não têm pensamento, exceto para o prazer carnal, e à procura disso eles são impelidos por cada instinto, mas a mente do homem é alimentada pelo estudo e pela meditação; ele está sempre investigando ou agindo, e é cativado pelo prazer de ver e ouvir [...]. Disso nós vemos que o prazer carnal não está à altura da dignidade do homem e que devemos desprezá-lo e afastá-lo de nós; mas, caso se encontre alguém que atribui algum valor para a gratificação carnal, ele deve se manter estritamente dentro dos limites da indulgência moderada. Os desejos e satisfações físicas de alguém devem, portanto, ser orientados de acordo com a exigências da saúde e da força, não obedecendo aos chamados do prazer. E se tivermos em mente a superioridade e a dignidade da nossa natureza, devemos perceber quão errado é abandonar-nos ao excesso e viver na luxúria, voluptuosamente, e quão correto é viver de forma parcimoniosa, com autonegação, simplicidade e sobriedade'. V. texto integral em inglês (Walter Miller, 1913) em: <http://www.constitution.org./rom/de_officiis.htm>" (ibidem, p. 14-15).

[79] BARROSO, Luís Roberto. *A dignidade da pessoa humana no direito constitucional contemporâneo*: a construção de um conceito jurídico à luz da jurisprudência mundial, p. 16-17.

Luís Roberto Barroso acrescenta outros pensadores que contribuíram para o delineamento da ideia moderna de dignidade humana:

> [...] o teólogo espanhol Francisco de Vitória, conhecido pela defesa firme dos direitos dos indígenas contra a ação dos colonizadores do Novo Mundo; e o filósofo alemão Samuel Pufendorf, um precursor do Iluminismo e um pioneiro na concepção secular de dignidade humana, a qual ele fundou sobre a liberdade moral.[80]

O conceito de dignidade humana começou a ganhar impulso com o Iluminismo, representado por Immanuel Kant, embora, segundo Luís Roberto Barroso, não se ignoram as "contribuições dos teóricos contratualistas como Thomas Hobbes, John Locke e Jean-Jacques Rousseau – com suas importantes ideias de direito natural, liberdade e democracia, respectivamente".[81]

O filósofo prussiano Immanuel Kant teve grande preocupação com os problemas atinentes à ação humana, como, por exemplo, sobre o que o homem deve fazer, como deve agir em relação a seus semelhantes e como deve proceder para obter a felicidade ou alcançar o bem supremo, segundo explana Fábio Valenti Possami.[82]

Immanuel Kant é adepto incondicional do "Estado de Direito" e contrário a todas as formas de alteração da vida constitucional e jurídica com base em procedimentos violentos ou revolucionários, conforme ensina Cláudio de Cicco.[83]

Observador dos acontecimentos da época, o filósofo prussiano, ao mesmo tempo em que analisa o Direito sob o ponto de vista da filosofia crítica, opina de modo imparcial, ora a favor, ora contra o que se fazia na França

---

[80]   BARROSO, Luís Roberto. *A dignidade da pessoa humana no direito constitucional contemporâneo*: a construção de um conceito jurídico à luz da jurisprudência mundial. p. 17.

[81]   Ibidem, p. 18.

[82]   POSSAMAI, Fábio Valenti. Autonomia e dignidade em Kant e a eutanásia voluntária. *Kínesis, Revista de Estudos dos Pós-Graduandos em Filosofia*, v. I, n. 2, p. 64-72, 2009, p. 67.

[83]   A propósito, Claudio de Cicco diz: "Kant conhecido por suas obras Crítica da Razão Pura (1781) e Crítica da Razão Prática e Crítica do Juízo (1788-91) escreveu em 1785, entre a primeira e a segunda crítica, Fundamentos da Metafísica dos Costumes, em que coloca as bases de uma Ética em consonância com a metodologia crítica, abrindo caminho para um estudo do Direito e da Moral segundo novas bases de apreciação e análise rigorosa, que em 1797, veio a lume como Doutrina do Direito" (CICCO, Claudio de. Introdução à "doutrina do direito" de Immanuel Kant. In: KANT, Immanuel. *Doutrina de direito*. Trad. Edson Bini. 4. ed. rev. e atual. São Paulo: Ícone, 2013. p. 5).

em nome dos "imortais princípios de 1789",[84] pois era um reformista aberto a todas as conquistas da dignidade humana, mas desconfiado de todos os regimes de exceção, sejam eles apresentados como "democráticos" ou "bem-intencionados", "populares", dentre outros.[85]

Jeremy Waldron, por sua vez, sustenta que Immanuel Kant é um dos defensores da dignidade da legislação humana. Isso porque, na transição da filosofia moral para a filosofia política, o filósofo prussiano insiste em dizer:

> [...] agora nós demos conta do fato de que há outros no mundo além de nós, e ainda, que devemos ver os outros não apenas como objetos de interesse ou respeito moral, mas como outras mentes, outros intelectos, outros agentes de pensamento moral, coordenados e em competições com os nossos.[86]

Com as orientações filosóficas de Immanuel Kant, evidenciou-se a expressão *dignidade da pessoa humana*. Nesse sentido, segundo Leonardo Galvani, em interpretação à obra de Kant:

> A tutela da pessoa humana por sua dignidade está situada, no paradigma do Estado liberal, conforme a obra Kantiana, no reino da ética, ou da moral, de forma que não havia uma força externa, que pudesse coagir as pessoas a agirem conforme uma máxima encerrada em uma regra positiva jurídica, que sequer existia. Dessa maneira, apenas a consciência de cada um guiaria as ações ou feitos dos homens no sentido de promover e tutelar a dignidade própria ou alheia.[87]

---

[84] É preciso ter presente o marco histórico na evolução do pensamento jurídico e político do Ocidente europeu e latino-americano para melhor entender o comportamento e interpretar Kant, como: a Revolução Francesa; a Declaração dos Direitos do Homem e do Cidadão (1789), a Proclamação da República (1792); a condenação do rei Luís XVI (1793), o Terror de Robespierre (1794); o regime do diretório (1795-97), sem falar nas primeiras vitórias de Napoleão sobre os austríacos (1796-1797), representando avanço das ideias iluministas e rousseaunianas sobre o velho regime da monarquia absoluta (CICCO, Claudio de. Introdução à "doutrina do direito" de Immanuel Kant. In: KANT, Immanuel. *Doutrina de direito*, p. 5-6).

[85] Ibidem, p. 6.

[86] Conforme interpreta WALDRON, Jeremy. *A dignidade da legislação*. Trad. Luis Carlos Borges. São Paulo: Martins Fontes, 2003. p. 43-76. Capítulo: O positivismo de Kant.

[87] GALVANI, Leonardo. *Personalidade jurídica da pessoa humana*: uma visão do conceito de pessoa no direito público e privado, p. 40.

Assim, após a doutrina kantiana, o homem, como ser consciente, deve pensar que existem maneiras de determinar o que é justo, não apenas por igualdade, autonomia ou respeito, mas porque cada um é um ser individual e moral.

O filósofo prussiano "parte da ideia de que os seres humanos são racionais, merecedores de dignidade e respeito", segundo Michael Sandel.[88] E, refletindo sobre a conduta do ser humano e no fazer o que é certo, tem--se, nas bases o referido filósofo, o princípio supremo da moralidade ou como o princípio universal do Direito, pelo qual "é justa toda a ação que por si, ou por sua máxima, não constitui um obstáculo à conformidade da liberdade do arbítrio de todos com a liberdade de cada um segundo leis universais".[89]

Michael J. Sandel afirma que o princípio supremo da moralidade implica a compreensão da "liberdade" e como ela é possível. A percepção da liberdade, como autonomia, tem concepção existente na moralidade, de agir livremente, não para escolher os melhores meios para determinado fim, mas para escolher o próprio fim em si mesmo. A capacidade do ser racional de agir livremente é a verdadeira razão de se respeitar a dignidade das pessoas e defender seus direitos.[90]

Michael Sandel explica também a liberdade como autonomia, conceito que está conectado à ideia de moralidade, vale dizer, uma ação realmente digna tem a ver com o motivo. É esse motivo que confere o valor moral de uma ação, importando a pessoa fazer a coisa certa, pela razão certa, e não por desejos ou inclinações.[91]

Então, definir o princípio supremo da moralidade em Kant é entender os três contrastes, quais sejam, a moralidade, a liberdade e a razão, cujos conceitos se dão por meio de antagonismos ou dualismos.[92] De tal modo,

---

[88] SANDEL, Michael J. *Justiça* – o que é fazer a coisa certa. Trad. Heloisa Matias e Maria Alice Máximo. 10. ed. Rio de Janeiro: Civilização Brasileira, 2013. p. 136.

[89] KANT, Immanuel. *Doutrina de direito*. Trad. Edson Bini. São Paulo: Ícone, 1993. p. 56. (Fundamentos de Direito).

[90] SANDEL, Michael J. *Justiça* – o que é fazer a coisa certa, p. 137 (Capítulo 5 – O que importa é o motivo/Immanuel Kant).

[91] Veja-se: "Liberdade como ausência de obstáculo para que possamos fazer o que quisermos" (ibidem, p. 140).

[92] Norberto Bobbio explica os três contrates como atributos do cidadão: liberdade, igualdade e independência. Isso significa que, para ser cidadão, é preciso ser livre, igual a todos e independente (BOBBIO, Norberto. *Direito e estado no pensamento de Emanuel Kant*. Trad. Alfredo Fait. 4. ed. Brasília: Editora Universidade de Brasília,

Michael Sandel expressa os contrastes que se devem ter em mente, conforme quadro elucidativo apresentado a seguir:[93]

1.º contraste: Moralidade = dever *versus* inclinação

2.º contraste: Liberdade = autonomia *versus* heteronomia

3.º contraste: Razão = imperativos categóricos *versus* imperativos hipotéticos

De acordo com a noção rigorosa de Kant, no primeiro contraste, uma ação tem valor moral se realizada em prol do dever, não por inclinação. Norberto Bobbio explica que, "para que uma ação seja moral não é suficiente, segundo Kant, que seja coerente com o dever; é necessário que seja também cumprida pelo dever".[94]

A moralidade tem conexão com a liberdade, o segundo contraste. A dependência entre liberdade e moralidade leva a observar as duas maneiras de determinação da vontade, quais sejam, a autonomia e a heteronomia.[95]

Immanuel Kant diz que o ser só está livre quando a vontade é autônoma, conforme uma lei da própria pessoa, e não por lei imposta.[96] Norberto Bobbio assim se pronuncia a respeito:

> Na fundamentação Kant diz: "A autonomia da vontade é a qualidade que a vontade tem de ser lei por si mesma (independentemente de uma qualidade qualquer dos objetivos do dever)".
>
> Esta definição é pó si mesma muito clara: se por autonomia entende a faculdade de dar leis a si mesmo, é certo que a vontade moral é por excelência uma vontade autônoma; porque, [...] a vontade moral é aquela, segundo Kant, que não obedece a outra lei a não ser a lei moral e não se deixa determinar por inclinações ou cálculos interessados.[97]

1997. p. 121). "A liberdade (independência do arbítrio de outro), na medida em que possa subsistir com a liberdade de todos, segundo uma lei universal, é esse direito único, primitivo, próprio de cada homem, pelo simples fato de ser homem" (KANT, Immanuel. Op. cit., p. 55).

[93] Quadro extraído de SANDEL, Michael J. Op. cit., p. 149.

[94] BOBBIO, Norberto. *Direito e estado no pensamento de Emanuel Kant*, p. 54.

[95] SANDEL, Michael J. *Justiça* – o que é fazer a coisa certa, p. 149.

[96] BOBBIO, Norberto. Op. cit., p. 62.

[97] Ibidem, loc. cit.

Por sua vez, a heteronomia consiste na antítese da autonomia. A heteronomia é uma vontade determinada pela coação, que, segundo Immanuel Kant, "a vontade moral ou é autônoma ou não é moral: qualquer objeto que determine a vontade de maneira heterônoma, tira à vontade e à ação que deriva disso a qualidade de moral"[98]

Essa lei pessoal, liberdade autônoma, vincula ao terceiro contraste, que é a razão.

A razão determina a vontade da pessoa, que só é livre, autônoma, quando age no sentido imperativo categórico e incondicional, e não na forma do imperativo hipotético.[99]

Norberto Bobbio explica que, segundo Immanuel Kant, o imperativo categórico domina a fórmula da lei universal; o ser humano só deve agir de acordo com os princípios que permitem universalização, sem contradição. Conduz o ser humano ao questionamento moral, no sentido de verificar se sua atitude está acima e em condições especiais dos interesses de outras pessoas.[100]

Para Kant, a concepção da humanidade como um fim é a segunda versão do imperativo categórico; o que tem valor absoluto em si é a humanidade. O filósofo argumenta:

> Eu digo que o homem, e em geral todo ser racional, existe como um fim em si mesmo, e não meramente como um meio que possa ser usado de forma arbitrária por essa ou aquela vontade [...] Aja de forma a tratar a humanidade, seja na sua pessoa seja na pessoa de outrem, nunca como um simples meio, mas sempre ao mesmo tempo como um fim.[101]

---

[98] BOBBIO, Norberto. *Direito e estado no pensamento de Emanuel Kant*. p. 65.

[99] Veja-se: "Imperativos hipotéticos são aqueles que prescrevem uma ação boa para atingir um fim, isto é, uma ação que não é boa em sentido absoluto, mas boa somente quando se deseja, ou se deve, atingir um fim determinado e, assim, é cumprida condicionalmente para a obtenção de um fim. É um imperativo hipotético o seguinte: 'Se você quiser sarar do resfriado, deve tomar aspirina'. Os imperativos categóricos seriam próprios, segundo Kant, da legislação moral, e podem, portanto, ser chamados de normas éticas" (BOBBIO, Norberto. *Teoria da norma jurídica*. Trad. Fernando Pavan Baptista e Ariani Bueno Sudatti. 3. ed. rev. Bauru: Edipro, 2005. p. 93).

[100] A propósito, "Imperativos categóricos são aqueles que prescrevem uma ação boa em si mesma, isto é, uma ação boa em sentido absoluto, que deve ser cumprida incondicionalmente, ou com nenhum outro fim a não ser o seu cumprimento enquanto ação devida. É um imperativo categórico o seguinte: 'Não se deve mentir'" (ibidem, p. 92).

[101] KANT, Immanuel. *Fundamentação da metafísica dos costumes*. Lisboa: Cambridge University Press, 1997. p. 428.

A humanidade do homem não mais se exprime segundo uma essência da metafísica, mas no reconhecimento da dignidade de seus membros. Todos os homens possuem dignidade, um fim em si mesmo, afirma José Maurício Carvalho.[102]

Trata-se da teoria transcendental de Immanuel Kant na esfera do Direito Natural. O valor primordial é o da pessoa humana, cujo significado transcende o processo histórico, por meio do qual a espécie toma ciência de sua dignidade ética, conforme pontua Fernando Lang da Silveira.[103] Essa teoria também pode ser extraída da obra de Miguel Reale.[104] O autor pondera:

> Transcendental, porque admite que, antes de captarmos os dados da experiência, já existem em nosso espírito certas formas que condicionam a captação do fenômeno mesmo. O transcendental põe-se, pois, antes da experiência, como condição lógica de sua compreensão, muito embora só nós possamos dar conta dessa verdade no decorrer da experiência.[105]

A teoria transcendental assenta-se na experiência histórica, a qual demonstra haver determinados *valores* que, uma vez trazidos à consciência histórica, revelam-se serem *constantes éticas* inamovíveis que, embora ainda não percebidas pelo intelecto, já condicionavam e davam sentido à *práxis* humana. São as constantes ou invariantes axiológicas que formam o cerne do Direito Natural, delas se originando os Princípios Gerais do Direito, comuns a todos os ordenamentos jurídicos.[106]

---

[102] CARVALHO, José Maurício. *O homem e a filosofia*: pequenas meditações sobre existência e cultura. Porto Alegre: EDIPUCRS, 1998. p. 91. (Coleção Filosofia).

[103] Fernando Lang da Silveira resume que a filosofia transcendental ou idealismo transcendental de Kant reflete a teoria do conhecimento, cujo objetivo era justificar a possibilidade do conhecimento científico do século XVIII. Para Kant, apesar de o conhecimento se fundamentar na experiência, esta nunca se dá de maneira neutra, pois a ela são impostas as formas *a priori* da sensibilidade e do entendimento, características da cognição humana (SILVEIRA, Fernando Lang da. A teoria do conhecimento de Kant: o idealismo transcendental. *Cad. Cat. Ens. Fís.*, v. 19, n. especial, p. 28-51, mar. 2002. Disponível em: <https://periodicos.ufsc.br/index.php/fisica/article/view/10053/0>. Acesso em: 8 nov. 2013).

[104] REALE, Miguel. *Lições preliminares de direito*. 24. ed. São Paulo: Saraiva, 1999. p. 314-315.

[105] REALE, Miguel. *Introdução à filosofia*. São Paulo: Saraiva, 2002. p. 103.

[106] REALE, Miguel. *Lições preliminares de direito*, p. 314-316.

Ingo Wolfgang Sarlet sustenta que Immanuel Kant sinaliza ser a autonomia da vontade, entendida como a faculdade de determinar em si mesmo e agir em conformidade com a representação de certas leis, um atributo apenas encontrado em seres racionais, constituindo-se no fundamento da dignidade humana.[107]

O autor acrescenta que o pensamento de Kant ocupa lugar central no pensamento filosófico, político e jurídico, sendo, portanto, um valor fundamental da ordem jurídica. A dignidade da pessoa humana parte do pressuposto de que o homem é titular de direitos que devem ser reconhecidos e respeitados pelo Estado.[108]

Nessa linha, Luís Roberto Barroso assenta que "todo homem é um fim em si mesmo, e não deve ser instrumentalizado por projetos alheios; os seres humanos não têm preço nem podem ser substituídos, pois eles são dotados de um valor intrínseco absoluto, ao qual se dá o nome de dignidade".[109]

É o que retrata Paulo Gustavo Gonet Branco, ao dissertar sobre a dignidade humana e os aspectos de teoria geral dos direitos fundamentais:

> Embora haja direitos formalmente consagrados como fundamentais que não apresentam ligação direta com o princípio da dignidade humana, é esse princípio que inspira os típicos direitos fundamentais, atendendo à exigência de respeito à vida, à integridade física e íntima de cada ser humano e à segurança. [...] Os direitos e garantias fundamentais, em sentido material, são, pois, pretensões que, em cada momento histórico, se descobrem a partir do valor da dignidade humana.[110]

Desse modo, percebe-se, que o imperativo categórico kantiano, de ordem moral e no contexto da teoria transcendental, contribuiu para o constituinte brasileiro incluir o princípio da dignidade da pessoa humana como um dos

---

[107] SARLET, Ingo Wolfgang. *Dignidade da pessoa humana e direitos fundamentais*. Porto Alegre: Livraria do Advogado, 2012. p. 40.

[108] Ibidem, p. 48.

[109] BARROSO, Luís Roberto. *A dignidade da pessoa humana no direito constitucional contemporâneo*: a construção de um conceito jurídico à luz da jurisprudência mundial, p. 72.

[110] BRANCO, Paulo Gustavo Gonet Branco. Aspectos de teoria geral dos direitos fundamentais. In: MENDES, Gilmar Ferreira; COELHO, Inocêncio Mártires; BRANCO, Paulo Gustavo Gonet. *Hermenêutica constitucional e direitos fundamentais*. Brasília: Brasília Jurídica, 2000. p. 116.

fundamentos do Estado Democrático de Direito, conforme inciso III do art. 1.º da Constituição Federal de 1988.[111]

---

[111] Entende-se necessário, para concluir sobre a herança kantiana, apresentar algumas considerações de Maria Lúcia de Arruda Aranha e Maria Helena Pires Martins: "O pensamento kantiano é conhecido como *idealismo transcendental*. A expressão 'transcendental' em Kant significa aquilo que dá a condição de possibilidade da experiência. [...] Pelo imperativo categórico, o agir moralmente funda-se exclusivamente na razão. Mais ainda, a lei moral que a razão descobre é universal, pois não se trata de descoberta subjetiva, mas da pessoa como ser racional, e que é necessária, pois é ela que preserva a dignidade humana. [...] a autonomia da razão para legislar supõe a liberdade e o dever. Todo imperativo impõe-se como dever, mas essa exigência não é heterônoma – exterior e cega – e sim livremente assumida pelo sujeito que se autodetermina. [...] A ideia de autonomia e de universalidade da lei moral leva a um outro conceito: o da dignidade humana, e, portanto, do ser humano como fim e não como meio para o que quer que seja. Para tanto, Kant distingue as coisas que têm preço e as que têm dignidade. As que têm preço podem ser trocadas por um valor equivalente, mas as que têm dignidade valem por si mesmas e estão acima de qualquer preço. Isso significa que a moralidade por excelência é a que respeita qualquer ser humano como fim em si mesmo e não meio para o que quer que seja. Portanto, apenas os seres humanos – e qualquer um deles – têm dignidade" (ARANHA, Maria Lúcia de Arruda; MARINS, Maria Helena Pires. *Filosofando*: introdução à filosofia, p. 182, 253-255).

2

A DIGNIDADE HUMANA NO DIREITO CIVIL CONSTITUCIONAL

Com a Constituição Federal de 1988 e a proliferação dos chamados microssistemas,[1] o Código Civil deixou de se encontrar no centro das relações de Direito Privado, deslocando-se, "a partir da consciência da unidade do sistema e do respeito à hierarquia das fontes normativas, para a Constituição, base única dos princípios fundamentais do ordenamento", conforme explica Maria Celina Bodin de Moraes. Princípios e valores constitucionais devem estender-se a todas as normas do ordenamento jurídico, de modo a acolher uma construção da unidade hierarquicamente sistematizada.[2]

Nesse diapasão, Flávio Tartuce assenta:

> Com o novo Código Civil brasileiro, os princípios ganham fundamental importância, eis que a atual codificação utiliza tais regramentos como linhas mestres do Direito Privado. Muitos desses princípios são cláusulas gerais, janelas abertas deixadas pelo legislador para nosso preenchimento, para complementação pelo aplicador do Direito. Em outras palavras, o próprio legislador, por meio desse novo sistema aberto, delegou-nos parte de suas atribuições, para que possamos, praticamente, *criar o Direito.*[3]

---

[1] São microssistemas, por exemplo, a Lei de Direitos Autorais, o Estatuto da Criança e do Adolescente, o Código de Defesa do Consumidor e a Lei das Locações.

[2] MORAES, Maria Celina Bodin de. A caminho do direito civil constitucional. *Revista Estado, Direito e Sociedade*, Departamento de Ciências Jurídicas da PUC-Rio, Rio de Janeiro, v. I, 1991. Disponível em: <http://egov.ufsc.br/portal/sites/default/files/anexos/15528-15529-1-PB.pdf>. Acesso em: 3 nov. 2013.

[3] TARTUCE, Flávio. *Novos princípios do direito de família brasileiro.* Disponível em: <http://www.flaviotartuce.adv.br/artigos/Tartuce_princfam.doc>. Acesso em: 24 fev. 2014.

Daí por que é necessário delinear a dignidade humana no Direito Civil Constitucional, discorrendo sobre a socialização do Direito Civil e o princípio da dignidade da pessoa humana. Aqui, cabe expor a conceituação da ideia de *princípio*, no que tange a alcançar a força e o modo como ocorre sua atuação na órbita do ordenamento jurídico. Cabe verificar o princípio como fonte do Direito e a eficácia horizontal dos direitos fundamentais.

2.1 A Escola do Direito Civil Constitucional e a tutela da pessoa humana

O novo Código Civil de 2002 fez que o Direito Civil ganhasse nova estrutura, motivo pelo qual a sua fundamentação refoge à codificação privada de outrora, pois, hoje, compreendida à luz de importantes princípios, interage com o Texto Maior, daí a denominação Direito Civil Constitucional.[4]

No universo jurídico, o Direito Civil anterior, como ramo do Direito Privado, apresentava-se bem definido em relação aos limites do Direito Público. Maria Celina Bodin de Moraes ensina:

> O direito privado insere-se no âmbito dos direitos naturais e inatos dos indivíduos. O direito público é aquele emanado pelo Estado para a tutela de interesses gerais. As duas esferas são quase impermeáveis atribuindo-se ao Estado o poder de impor limites aos direitos dos indivíduos somente em razão de exigências dos próprios indivíduos.[5]

É evidente que o Direito Civil contemporâneo sofreu mutações. Sua estrutura e hermenêutica diferem daquela extraída do Código Civil de 1916, o qual nasceu sob influência do liberalismo, tendo, portanto, natureza individualista.

A relação entre indivíduo e propriedade, no momento histórico do Código Civil de 1916, era o centro do universo do Direito Privado, tido como um estatuto único e monopolizador das relações privadas, sem a ingerência do Poder Público. A propósito, Flávio Tartuce pondera:

> [...] essa relevância preponderante do individualismo fez com que fosse dado extremo valor à garantia do livre desenvolvimento da atividade eco-

---

[4]   Os principais precursores da Escola de Direito Civil Constitucional são Pietro Perlingieri e Gustavo Tepedino, segundo entendimento de Flávio Tartuce expresso durante orientação deste trabalho.

[5]   MORAES, Maria Celina Bodin de. A caminho do direito civil constitucional. *Revista Estado, Direito e Sociedade*, v. I. Disponível em: <http://egov.ufsc.br/portal/sites/default/files/anexos/15528-15529-1-PB.pdf>. Acesso em: 3 nov. 2013.

nômica privada e ao conceito de propriedade [...] o Direito Civil Brasileiro ficou *impopular*, pois distante do cidadão comum.[6]

Hodiernamente, segundo Gustavo Tepedino, o Direito Civil Constitucional é adjetivado como *constitucionalizado*, *socializado* e *despatrimonializado*, pois serve para demonstrar a necessidade de sua inserção no tecido normativo constitucional e na ordem pública, preservando-se, evidentemente, sua autonomia dogmática e conceitual.[7]

Trata-se não de superposição de elementos exógenos do Direito Público sobre o Direito Privado, mas da tarefa de estabelecer novos parâmetros para a definição da ordem pública, relendo o Direito Civil sob a égide da Constituição Federal. Dessa maneira, o Direito Civil Constitucional privilegia

> [...] os valores não patrimoniais e, em particular a dignidade da pessoa humana, o desenvolvimento da sua personalidade, os direitos sociais e a justiça distributiva, para cujo atendimento deve se voltar à iniciativa econômica privada e às situações jurídicas patrimoniais.[8]

Sobre a locução *constitucionalização do Direito Civil*, Gustavo Tepedino aponta três significados para a eficácia horizontal dos direitos e das garantias individuais. O primeiro pauta-se pelo limite para a reserva legal, pois cabe ao legislador ordinário a produção legislativa compatível com o programa constitucional.[9] O segundo diz respeito à interpretação da lei, ou seja, o Direito Civil é analisado em conformidade com o texto constitucional. E, como os dois sentidos não esgotam, no plano da eficácia social, o impacto do Texto Maior nas relações de Direito Civil, no delineamento de uma legalidade civil-constitucional, Gustavo Tepedino aponta o terceiro significado, qual seja, o da valoração da dignidade da pessoa humana.[10]

Da mesma forma, e em relação ao Direito Civil inserido na legalidade constitucional, Pietro Perlingieri leciona:

> A tarefa de hoje é contribuir para realizar, mediante uma renovada teoria da interpretação, axiologicamente orientada, uma justiça civil na legali-

---

[6] TARTUCE, Flávio. *Manual de direito civil*. 3. ed. rev., atual. e ampl. Rio de Janeiro: Forense; São Paulo: Método, 2013. p. 94.

[7] TEPEDINO, Gustavo. *Temas de direito civil*. 4. ed. rev. e atual. Rio de Janeiro: Renovar, 2008. p. 22-23.

[8] Idem.

[9] TEPEDINO, Gustavo. *Normas constitucionais e relações de direito civil na experiência brasileira*. Disponível em: <http://www.iad-df.com.br/artigos/especificacao-do--artigo.php?acao=leia-mais&publicacao_artigo=5>. Acesso em: 2 abr. 2014.

[10] Ibidem.

dade constitucional e comunitária, utilizando os conteúdos e os valores característicos de tal legalidade não apenas na "releitura" de velhas e novas normas em nível ordinário, mas também na aplicação direta dos enunciados constitucionais.[11]

A par dessas ideias, não apenas em uma releitura das normas de Direito Civil, mas de toda e qualquer norma, devem-se colocar os princípios constitucionais como nortes orientadores. Nesse contexto, são precisas as palavras de Bruno Lewicki ao afirmar que, quando se tem:

> [...] princípios constitucionais no ápice do sistema – e a necessidade de proteção da dignidade da pessoa humana no degrau mais pontiagudo – somos, de imediato, levados a uma conclusão bastante lógica: a de que há uma hierarquia entre as normas, ou, nas palavras de Pietro Perlingieri, "nem todas as normas têm hoje a mesma força". Esta hierarquia é particularmente visível na separação das normas em constitucionais e infraconstitucionais. As primeiras, de hierarquia superior, representam o pacto de convivência entre os indivíduos em sociedade; e, por isso, elas e os valores fundamentais que elas representam devem guiar a aplicação de toda e qualquer norma inferior.[12]

Reitera-se, assim, que todas as normas do ordenamento jurídico, e não só as normas de Direito Civil, devem receber leitura constitucionalizada, como também expressa César Fiuza, ao asseverar:

> Este é um ditame do chamado Estado Democrático de Direito, que tem na Constituição da República sua base hermenêutica, o que equivale a dizer que a interpretação de qualquer norma deverá buscar adequá-la aos princípios e valores constitucionais, uma vez que esses mesmos princípios e valores foram eleitos por todos nós, por meio de nossos representantes, como pilares da sociedade e, consequentemente, do Direito.[13]

Nessa mesma linha caminha a importante opinião de Francisco Amaral. Para o autor, a influência da Constituição Federal no Direito Civil deu-se por

---

[11] PERLINGIERI, Pietro. *O direito civil na legalidade constitucional*. Trad. Maria Cristina de Cicco. Rio de Janeiro: Renovar, 2008. p. 35.

[12] LEWICKI, Bruno. *O direito civil-constitucional e as convergências no estudo do direito privado brasileiro*. Disponível em: <http://www.iad-df.com.br/artigos/especificacao--do-artigo.php?acao=leia-mais&publicacao_ artigo=3>. Acesso em: 14 abr. 2014.

[13] FIUZA, César. *Direito civil*: curso completo. 12. ed. rev. e ampl. Belo Horizonte: Del Rey, 2008. p. 120.

força das transformações políticas, jurídicas e sociais ocorridas no curso do século XX e que marcaram a sociedade brasileira. Nessa realidade, a Constituição da República passou a ser fonte suprema do processo de cognição jurídica. Sobre essas deduções, Francisco Amaral expõe:

> A Constituição incorporou ao seu texto, para protegê-lo, valores, princípios e institutos básicos do direito civil, como a liberdade, a segurança, a igualdade (no Preâmbulo), a dignidade humana e a livre iniciativa (no art. 1.º), os direitos da personalidade (art. 5.º, X, XI, XII, XIIX), o direito de propriedade (art. 5.º, XXII), o direito de herança (art. 5.º, XXX), a proteção à família (arts. 203 e 226), dotados, não obstante o seu caráter programático, própria de sua natureza constitucional, de eficácia imediata e direta (art. 5.º, § 1.º).[14]

Caio Mário da Silva Pereira também reconhece no Código Civil não mais o valor de direito comum, apontando ser favorável a uma visão do Direito Civil preenchido pelas normas constitucionais, especialmente pelos direitos fundamentais, os quais se impõem às relações interprivadas, aos interesses particulares, de modo a fazer prevalecer uma verdadeira "constitucionalização" do Direito Privado.[15] O jurista assim esclarece:

> O Direito deve buscar, também em outras ciências, sobretudo, sociais e humanas, apoio e parceria para afirmar seus princípios, reorganizando, metodologicamente, estudos e pesquisas. As relações humanas não podem ser tratadas pelo sistema jurídico como se elas fossem apenas determinadas pelo mundo da objetividade.[16]

Compreende-se, com base nos doutrinadores mencionados, um Direito Civil humanizado, com ênfase no princípio da dignidade da pessoa humana.

Orlando Gomes, por sua vez, aclara que essa transformação concilia a liberdade do indivíduo com a justiça social; porém, no movimento revisionista não se pode definir com segurança o sentido dessa mudança. Será, para alguns, o de simples humanização do Direito, o de sua democratização ou de sua socialização? O pensamento jurídico evoluiu no sentido de consagrar

---

[14]   AMARAL, Francisco. *Direito civil* – introdução. 5. ed. Rio de Janeiro: Renovar, 2003. p. 86.

[15]   PEREIRA, Caio Mário da Silva. *Instituições de direito civil*. Rio de Janeiro: Forense, 2004. p. 22-23.

[16]   Ibidem, loc. cit.

a supremacia dos interesses coletivos sobre os individuais, ou seja, coloca o interesse geral da coletividade acima dos interesses individuais.[17]

Orlando Gomes[18] ainda ensina que a primazia do interesse geral não significa o sacrifício dos interesses individuais. Assim, afigura-se necessária a conciliação entre as duas ordens de interesses, para que seja preservada a dignidade da pessoa humana, no sentido de tutela da liberdade. Na busca de um ponto de equilíbrio, ou da desejada *justiça social*, resultou a incorporação de princípios, por permitirem a acomodação das regras às circunstâncias, consubstanciadas em *conceitos amortecedores* ou princípios *supereminentes*.[19]

Admite-se que a hermenêutica do Direito Civil deva pautar-se pela *legalidade constitucional* e pelos princípios fundadores de direitos humanos, que concretizam a importância da dignidade da pessoa humana. O Direito Civil não pode ser mais tido como um ramo puramente privado que dispõe das normas nas relações entre particulares.

Desse modo, verificar-se-á, com base nas doutrinas constitucionais, que a tutela da pessoa humana e o Direito Civil têm embasamento na Constituição da República Federativa do Brasil, a qual se constitui em um Estado Democrático de Direito.

Uadi Lammêgo Bulos explica que a Constituição reconhece a República Federativa do Brasil como uma ordenação estatal justa que garante os direitos individuais e metaindividuais, os direitos adquiridos, a independência e a imparcialidade dos juízes e tribunais, dentre outros.[20]

A expressão Estado Democrático de Direito, diz ainda Uadi Lammêgo Bulos, abrange os valores que informam a República Federativa do Brasil, dentre os quais se destacam a liberdade pessoal, a liberdade de consciência, a liberdade de pensamento em toda sua extensão, a inviolabilidade da vida, a igualdade de todos perante a lei, os direitos econômicos.[21] O Estado Democrático de Direito visa, assim, realizar o princípio democrático como garantia geral dos direitos fundamentais da pessoa humana, segundo José Afonso da Silva.[22]

---

[17] GOMES, Orlando. *Introdução ao direito civil*. Rio de Janeiro: Forense, 2002. p. 72.

[18] Ibidem, loc. cit.

[19] Ibidem, p. 73.

[20] BULOS, Uadi Lammêgo. *Constituição Federal anotada*. 8. ed. rev. e atual. até a Emenda Constitucional 56/2007. São Paulo: Saraiva, 2008. p. 79.

[21] Ibidem, loc. cit.

[22] SILVA, José Afonso da. *Curso de direito constitucional positivo*. São Paulo: Malheiros, 2005. p. 121.

O Estado Democrático de Direito baseia-se em dois pilares: na democracia, que emana da vontade geral, pela maioria; e nos direitos fundamentais, os quais estão inseridos nos arts. 3.º e 5.º da Constituição Federal, diz José Afonso da Silva.[23] A propósito, Uadi Lammêgo Bulos disserta:

> O constituinte propiciou a interação do Estado Democrático de Direito (art. 1.º) com os direitos fundamentais do homem. Seguiu a trajetória: *juridicidade, constitucionalidade* e *direitos fundamentais*. Essa tríade configura a real dimensão do princípio do Estado de Direito. E, faz sentido, porque os itens arrolados nos incisos seguintes fazem parte dos objetivos fundamentais da República Federativa do Brasil, tendo por fim realizar a democracia econômica, social, cultural, racial com vistas à dignidade do ser humano.[24]

A tese defendida por Virgílio Afonso da Silva sobre o fenômeno conhecido como *constitucionalização do direito*, especialmente no que tange aos efeitos e à aplicabilidade dos direitos fundamentais nas relações entre particulares, resume-se na afirmativa segundo a qual a constitucionalização não ameaça a autonomia do Direito Privado. Em realidade, o que muda é o fato de as normas desse ramo do direito deverem ser interpretadas com base nos princípios e direitos fundamentais.[25]

A positivação dos direitos fundamentais significa a incorporação na ordem jurídica positiva dos direitos considerados "naturais" e "inalienáveis" do indivíduo, em que, nas palavras de José Joaquim Gomes Canotilho.[26]

> Não basta uma qualquer positivação. É necessário assinalar-lhes a dimensão de *Fundamental Rights* colocados no lugar cimeiro das fontes

---

[23] Vejam-se: "Art. 3.º Constituem objetivos fundamentais da República Federativa do Brasil: I – construir uma sociedade livre, justa e solidária; II – garantir o desenvolvimento nacional; III – erradicar a pobreza e a marginalização e reduzir as desigualdades sociais e regionais; IV – promover o bem de todos, sem preconceito de origem, raça, sexo, cor, idade e quaisquer outras formas de descriminação.
[...]
Art. 5.º Todos são iguais perante a lei, sem distinção de qualquer natureza, garantindo-se aos brasileiros e aos estrangeiros residentes no País a inviolabilidade do direito à vida, à liberdade, à igualdade, à segurança e à propriedade [...]" (BRASIL. Planalto. Constituição Federal. Disponível em: <http://www.planalto.gov.br/ccivil_03/Constituicao/ConstituicaoCompilado.htm>. Acesso em: 8 nov. 2013).

[24] BULOS, Uadi Lammêgo. Op. cit., p. 91.

[25] SILVA, Virgílio Afonso da. *A constitucionalização do direito*: os direitos fundamentais nas relações entre particulares. São Paulo: Malheiros, 2011. p. 27-28.

[26] CANOTILHO, José Joaquim Gomes. *Direito constitucional e teoria da Constituição*. 7. ed. 11. reimpr. Coimbra: Almedina, 2003. p. 378.

do direito: as normas constitucionais. Sem esta positivação jurídica, os "direitos do homem são esperanças, aspirações, ideias, impulsos, ou, até, por vezes, mera retórica política", mas não direitos protegidos sob a forma de normas (regras e princípios) de direito constitucional [...] onde não existir constituição não haverá direitos fundamentais [...] a positivação constitucional não significa que os direitos fundamentais deixem de ser elementos constitutivos da legitimidade constitucional, e, por conseguinte, elementos legitimativo-fundamentantes da própria ordem jurídico-constitucional positiva [...] Por outras palavras: a positivação jurídico constitucional não "dissolve" nem "consome" quer o momento de *jusnaturalização* quer as *raízes fundamentantes* dos direitos fundamentais (dignidade humana, fraternidade, igualdade, liberdade). Nesse sentido deve interpretar logo os arts. 1.º e 2.º da CRP, ao basearem a República na "dignidade da pessoa humana" (art. 1.º), e o Estado de direito democrático no "respeito e na garantia de efectivação dos direitos e liberdades fundamentais".[27]

A positivação constitucional dos direitos fundamentais pode ser mais bem entendida ao arraigar o sentido das categorias *constitucionalização* e *fundamentalização* de direito. Com esteio na expressão de José Joaquim Gomes Canotilho, designa-se por *constitucionalização* a incorporação de direitos subjetivos do homem em normas formalmente básicas, ou seja, a proteção dos direitos fundamentais mediante o controle jurisdicional. Em complemento, ainda segundo o jurista de Coimbra, "Por isso e para isso, os direitos fundamentais devem ser compreendidos, interpretados aplicados como normas jurídicas vinculantes e não como trechos ostentários ao jeito das grandes 'declarações de direitos". Já a categoria de *fundamentalidade* aponta para a dignidade de proteção dos direitos tanto no sentido formal como no material.[28]

Desse modo, pode-se afirmar que os *direitos fundamentais do homem* significam os *direitos fundamentais da pessoa humana* ou simplesmente os

---

[27] CANOTILHO, José Joaquim Gomes. *Direito constitucional e teoria da Constituição*. p. 378.

[28] CANOTILHO, José Joaquim Gomes. *Direito constitucional e teoria da Constituição*, p. 378-380. O autor reporta-se a Robert Alexy ao discorrer sobre a categoria da fundamentalidade. Canotilho trata da fundamentalidade formal, aquela associada à constitucionalização, e da fundamentalidade material, segundo a qual o conteúdo dos direitos fundamentais é decisivamente constitutivo das estruturas básicas do Estado e da sociedade, no sentido da abertura da Constituição para outros direitos, também fundamentais, mas não formalmente constitucionalizados, uma *cláusula aberta* ou *princípio da não tipicidade dos direitos fundamentais*.

direitos fundamentais. A propósito, são expressivas e esclarecedoras as palavras de José Afonso da Silva:

> No qualificativo *fundamentais* acha-se a indicação de que se trata de situações jurídicas sem as quais a pessoa humana não se realiza, não convive e, às vezes, nem mesmo sobrevive; fundamentais *do homem* no sentido de que a todos, por igual, devem ser, não apenas formalmente reconhecidos, mas concreta e materialmente efetivados. Do *homem*, não como o macho da espécie, mas no sentido de *pessoa humana*.[29]

O processo de fundamentalização, constitucionalização e positivação dos direitos fundamentais, segundo José Joaquim Gomes Canotilho, colocou o indivíduo, a pessoa, o homem, como centros da titularidade de direitos.[30] Dessa forma, Pietro Perlingieri ensina que, em um ordenamento no qual o valor da pessoa humana é central, exige-se um papel primário da justiça civil, pois, "na perspectiva constitucional, em suma, o problema do processo não diz respeito somente ao seu ser, mas ao seu dever-ser, ao como deve ser. O processo, o juízo, qualquer que seja, deve garantir os valores e os princípios constitucionais".[31]

A tutela da pessoa é garantida constitucionalmente, sendo, portanto, tema central do Direito Civil Constitucional, em decorrência da aplicação do princípio da dignidade da pessoa humana livremente, e sem necessidade de qualquer ponte infraconstitucional, nas relações entre particulares.

Paulo Otero afirma que a tutela da pessoa humana, em uma dimensão constitucional, tem alicerce político-filosófico. O autor assim relata:

> A evolução histórica da tutela da pessoa humana revela que são as concepções que colocaram o ser humano como razão justificativa do Estado e do Direito, fazendo de cada homem um fim em si mesmo e nunca um meio, aquelas que melhor dignificam a individualidade única, irrepetível e inalienável de cada pessoa viva e concreta, habilitando a edificação de uma sociedade globalmente mais humana e solidária: tratar-se-á, necessariamente, de uma sociedade política ao serviço do ser humano, expressa num modelo de "Estado humano".[32]

---

[29] SILVA, José Afonso da. *Curso de direito constitucional positivo*, p. 182, grifo do original.

[30] CANOTILHO, José Joaquim Gomes. Op. cit., p. 416.

[31] PERLINGIERI, Pietro. *O direito civil na legalidade constitucional*, p. 42.

[32] OTERO, Paulo. Pessoa humana e Constituição: contributo para uma concepção personalista do direito constitucional. In: CAMPOS, Diogo Leite de; CHINELLATO, Silmara Juny de Abreu. *Pessoa humana e direito*. Coimbra: Almedina, 2009. p. 359.

Ainda na concepção de Paulo Otero, "O Estado e todas as restantes instituições políticas apenas se compreendem ao serviço da pessoa humana, sabendo-se que não é o homem que existe para elas, antes, são elas, que encontram na pessoa humana o fundamento da sua existência".[33] Para esse estudioso, "importa tomar consciência que no momento da Constituição e de todo o direito está cada Homem vivo e concreto".[34] Em suma, as projeções concretas das normas constitucionais visam à proteção da pessoa humana, o que abrange qualquer relação jurídica, inclusive aquelas existentes entre os entes privados.[35]

A dignidade da pessoa humana é o *fundamento primeiro* da nação brasileira, o que pode ser extraído da leitura do art. 1.º da Constituição Federal, conforme assinalam Paulo Hamilton Siqueira Junior e Miguel Augusto Machado de Oliveira.[36] E, como o conceito está ligado a valores morais intrínsecos ao ser humano, ele se manifesta instantaneamente com a vida, exigindo respeito dos demais.[37]

Na concepção de Luiz Antonio Rizzatto Nunes, a dignidade humana é o primeiro fundamento de todo o sistema constitucional, posto ser o último arcabouço da guarida dos direitos individuais. A dignidade humana significa, agora, o principal direito fundamental constitucionalmente garantido, e não mais o princípio da isonomia, que serve, vale dizer, para gerar equilíbrio real, porém com o objetivo de concretizar o direito à dignidade. É a dignidade que dá a direção, o comando a ser considerado primeiramente pelo intérprete.[38]

Nesse contexto, Luiz Antonio Rizzatto Nunes atribui dever social na aplicação concreta do princípio da dignidade da pessoa humana. O autor

---

[33] OTERO, Paulo. *Pessoa humana e Constituição*: contributo para uma concepção personalista do direito constitucional. p. 353.

[34] Ibidem, p. 354.

[35] Ainda, o autor explica que em uma "Constituição ao serviço do ser humano e da sua dignidade, teleologicamente vinculada à justiça, à segurança e à liberdade, nunca poderá ser indiferente o conteúdo das respectivas normas e a sua harmonia em face de tais postulados axiológicos e teleológicos de heterovinculação, haja vista o Direito Constitucional refletir simultaneamente, um direito de garantia e da desconfiança, da satisfação de reivindicações e reivindicativo de insatisfações, inquietantemente problematizante de novas soluções e pacificamente tranquilo quanto aos fins ou propósitos que devem guiar as suas soluções" (ibidem, p. 353-355).

[36] SIQUEIRA JUNIOR, Paulo Hamilton; OLIVEIRA, Miguel Augusto Machado de. *Direitos humanos e cidadania*. 3. ed. rev. e atual. São Paulo: RT, 2010. p. 145.

[37] Ibidem, loc. cit.

[38] NUNES, Luiz Antonio Rizzatto. *O princípio constitucional da dignidade da pessoa humana*: doutrina e jurisprudência. São Paulo: Saraiva, 2002. p. 45.

entende tratar-se de princípio constitucional que ilumina todos os demais princípios e normas constitucionais e infraconstitucionais e, por isso, não pode ser desconsiderado em nenhum ato de interpretação, aplicação ou criação de normas jurídicas.[39]

A regra maior da Constituição Federal é o respeito à dignidade humana, servindo de norte ao sistema jurídico nacional, nos termos definidores de Maria Berenice Dias, segundo os quais "A dignidade humana é a revisão axiológica da natureza humana".[40]

Aliás, para impedir a violação da dignidade pessoal, o princípio da dignidade não impõe limite à atuação estatal, o que implica ao Estado o dever permanente de proteção e realização concreta de uma vida com dignidade para todos. Em outros termos, vale dizer que todos os órgãos, funções e atividades estatais se encontram vinculados ao princípio da dignidade humana, impondo dever de respeito e proteção, segundo Ingo Wolfgang Sarlet.[41] Em outras palavras, o autor relata a dignidade como tarefa na dupla função de proteção e de defesa, para além da vinculação somente do Estado. A dignidade inclui também a ordem comunitária, portanto, todas as entidades privadas e particulares.[42]

Cabe pontuar que na Constituição Belga o direito à dignidade possui dupla significação, podendo representar um direito autônomo, em que as autoridades públicas devem contribuir para lhe dar um conteúdo próprio. Esses direitos geram direitos particulares, que se caracterizam no contexto de aplicações determinadas, isto é, repousa na base de todos os direitos fundamentais, civis, políticos ou sociais. A intangibilidade da dignidade humana pode surgir tanto do direito ao respeito à vida privada como dos direitos econômicos e sociais, mas, também, como um direito relativo, pois ele se presta a traçar os contornos de outros direitos, contribui para lhes atribuir uma justificação e, ainda, serve para trazer limitações às intervenções públicas e privadas.[43]

---

[39] NUNES, Luiz Antonio Rizzatto. *O princípio constitucional da dignidade da pessoa humana*: doutrina e jurisprudência. p. 50-51.

[40] DIAS, Maria Berenice. Um direito: direito homoafetivo. In: DIAS, Maria Berenice (org.). *Direito das famílias*. São Paulo: RT, 2009. p. 231.

[41] SARLET, Ingo Wolfgang. *Dignidade da pessoa humana e direitos fundamentais na Constituição Federal de 1988*. 9. ed. rev. e atual. 2. tir. Porto Alegre: Livraria do Advogado, 2012. p. 131-140.

[42] Ibidem, p. 131-140.

[43] De acordo com as lições de Francis Delpérée, professor da Faculdade de Direito da Universidade Católica de Louvain, Bélgica, e assessor do Conselho do Estado: "A Constituição belga é uma antiga norma, publicada em 7 de fevereiro de 1831 e

No sistema belga, segundo conclusão de Francis Delpérée, a dignidade humana remete ao âmago mais profundo da personalidade e, por isso, deve ser inscrita no frontão dos direitos do homem. Ela serve para definir os direitos mais fundamentais e consagra um direito absoluto de resistência, além de também constituir o objetivo que é atribuído às autoridades públicas em matéria de direitos do homem, qual seja, o de assegurar e preservar a dignidade humana. O doutrinador belga acentua:

> A dignidade é – dizem – o respeito que merece o homem. E de acordo com esta definição, o mérito foi primordial. A dignidade humana não se reclama, nem tampouco se negocia. Ela se impõe, de maneira absoluta, para que a vida seja digna de ser vivida.[44]

A par de todas essas lições, acolhe-se a dignidade da pessoa humana como fundamento do Estado Democrático de Direito, a qual também está inserida no contexto do Direito Civil Constitucional. Em outros termos, as normas de Direito Civil devem ser lidas à luz dos princípios e valores consagrados na Constituição Federal de 1988. À vista disso, serão analisadas, a seguir, a conceituação de princípio, a relevância e a sua interferência no Direito.

2.2 Dos princípios e sua conceituação

Princípio é sinônimo de começo, de alvorada, de aurora, de gênese, de início, de fonte, de nascimento, de surgimento, de origem e de introdução. Significa, ainda, máxima, premissa, preceito. Já os *princípios* são convicções, conceitos, doutrinas, ideias, juízos, fundamentos, elementos, noções, confor-

---

foi profundamente revista desde então. A revisão se operou, primeiramente, sob a pressão de ideias democráticas, que conduziram a reconhecer progressivamente um direito de voto tanto universal como possível. Ela foi realizada, em seguida, sob a pressão de movimentos autônomos, que contribuíram para transformar, por etapas e sem violência, um Estado de estruturas eminentemente unitárias em um Estado federal. Enfim, a revisão constitucional se manifestou sob a pressão de correntes econômicas e sociais, que procuraram outorgar características mais contemporâneas à Constituição e à sociedade democrática por ela organizada. É dentro dessa terceira perspectiva que a Constituição belga foi revisada, em 31 de janeiro de 1994, com a complementação do artigo 23: *Cada um tem o direito de levar uma vida de acordo com a dignidade humana*" (DELPÉRÉE, Francis. O direito à dignidade humana. Trad. Ana Marta Cattani de Barros Zilvetti. In: BARROS, Sérgio Resende de; ZILVETI, Fernando Aurélio. *Direito constitucional*: estudos em homenagem a Manoel Gonçalves Ferreira Filho. São Paulo: Dialética, 1999. p. 151, 154-159, grifo do original).

[44] Ibidem, p. 162.

me o Dicionário Houaiss.[45] *Princípio* é daquelas palavras cuja ambiguidade é traço para lhe cingir a compostura, indelevelmente, como explica Manoel Jorge Silva Neto.[46]

Entre os civilistas, Maria Helena Diniz define o termo da seguinte forma:

> Princípio. *Nas linguagens jurídicas e comum*, pode significar: a) preceito; norma de conduta; b) máxima; c) opinião; maneira de ver; d) parecer; e) código de boa conduta através do qual se dirigem as ações e a vida de uma pessoa; f) educação; g) doutrina dominante; h) alicerce; base.[47]

No conceito trazido por Miguel Reale, os princípios "são 'verdades fundantes' de um sistema de conhecimento, como tais admitidas, por serem evidentes ou por terem sido comprovadas, mas também por motivo de ordem prática operacional".[48] Assim, "os princípios modelam, de modo vigoroso, os diversos setores no ordenamento jurídico, cumprindo, ainda, o papel de inestimável ferramenta posta à disposição do cientista quando da consumação do procedimento interpretativo da norma", como ressalta Manoel Jorge Silva Neto.[49]

No contexto histórico apresentado por R. Limongi França, os princípios são regras normativas, são integrados primacialmente, pelos princípios de Direito Natural, vale dizer, o Direito Natural fundamenta o Direito Positivo. Acima das leis, existem princípios naturais que as devem reger.[50] Flávio Tartuce

---

[45]   HOUAISS, Antonio (org.). *Dicionário Houaiss de sinônimos e antônimos da língua portuguesa*. Rio de Janeiro: Objetiva, 2003. p. 536.

[46]   SILVA NETO, Manoel Jorge. *Curso de direito constitucional*. 22. ed. Rio de Janeiro: Lumen Juris, 2006. p. 105.

[47]   DINIZ, Maria Helena. *Dicionário jurídico*. São Paulo: Saraiva, 1998. p. 717.

[48]   REALE, Miguel. *Lições preliminares do direito*. 4. ed. ajustada ao novo Código Civil. São Paulo: Saraiva, 2002. p. 303. Podem-se expor ainda outros conceitos a propósito do termo, como o de Luiz Antonio Rizzatto Nunes: "Princípio é o comando maior e nenhuma interpretação será bem feita se for desprezado um princípio, pois é ele quem vai influir no conteúdo e alcance de todas as normas. Os princípios situam-se no ponto mais alto de qualquer sistema jurídico, e a eficácia dos princípios é plena, assim, toda e qualquer norma jurídica deve a eles respeitar '*sua eficácia é – deve ser – plena*'" (NUNES, Luiz Antonio Rizzatto. *O princípio constitucional da dignidade da pessoa humana*: doutrina e jurisprudência, p. 19).

[49]   SILVA NETO, Manoel Jorge. *Curso de direito constitucional*, p. 106.

[50]   A referência que se faz tem como base a obra de FRANÇA, R. Limongi. *Princípios gerais de direito*. 3. ed. atual. por Antonio de S. Limongi França e Flávio Tartuce. São Paulo: RT, 2010. p. 32.

lembra que, no Direito Romano, os princípios estavam previstos como forma de integração das normas, criadas pelo imperador, isto é, as *leges*, entre 284 e 568 d.C.: *honeste vivere, aletrum non laedere* e *suum cuique tribuere* – viver honestamente, não prejudicar ninguém e dar a cada um o que é seu.[51]

A propósito, estudando-se as origens das chamadas regras de direito no *Jus Civile Romanorum*, observam-se as duas espécies. A primeira delas é a origem material, que consistia na interpretação da jurisprudência romana em face da Lei das XII Tábuas e do direito consuetudinário, por meio do Colégio Pontifical, e, posteriormente, no período republicano e imperial – a chamada *interpretatio* dos *regulae juris*. A segunda origem é a formal, em que os jurisconsultos romanos interpretavam a lei e as aplicavam aos casos concretos da vida. Os jurisperitos organizavam os princípios em uma série de coleções. Tratava-se dos então denominados *regulae juris*.[52]

Na Idade Média manteve-se a coletânea de axiomas jurídicos, período em que se teria originado a palavra *brocardo*, que serve para designar os anexins da sabedoria popular e, de modo especial, as máximas jurídicas, as quais, como Princípios Gerais do Direito, tiveram força de Lei no Direito Romano.[53]

R. Limongi França explica que a concepção clássica do Direito Natural sucedeu o *Jusnaturalismo*.[54]

Na evolução do pensamento jurídico, o *Jusnaturalismo* sofreu influência da Escola Histórica de Direito, pelo precursor Friedrich Carl von Savigny, e os Princípios Gerais do Direito, como norma coercitiva, trifurcaram-se. Assim, "de um lado, continuaram a aparecer as coletâneas de brocardos jurídicos, que gradativamente, se foram desgastando e sendo alvo da rigorosa crítica dos autores". Em outro caminho, houve a consagração definitiva dos Princí-

---

[51] TARTUCE, Flávio. *Direito civil, 1*: lei de introdução e parte geral. 9. ed. Rio de Janeiro: Forense; São Paulo: Método, 2013. p. 31.

[52] Essa parte histórica dos princípios até os dias atuais fundamenta-se em FRANÇA, R. Limongi. *Princípios gerais de direito*, passim.

[53] Ibidem, p. 36.

[54] A propósito, destaca-se: "Aspecto jurídico de toda uma atitude da Cultura da época, pois o seu diapasão é o mesmo que encontramos na filosofia cartesiana, bem assim na economia da *laisser faire*, o *Jusnaturalismo*, constitui ainda uma forma de involução da concepção clássica do direito Natural, apresentou como ponto de partida do respectivo sistema *uma ideia abstrata do homem e da sua natureza*, de tal modo que, ao ver dos seus propugnadores, esse o direito consistiria *um feixe de regras universalmente válidas e imutáveis*, das quais seria possível deduzir, *more geometrico*, as regras especiais aplicáveis aos casos concretos" (ibidem, p. 36).

pios Gerais do Direito, como parte dos Códigos das Nações Cultas. Por fim, deu-se o desenvolvimento de doutrina.[55]

A partir desse período, com o desgaste gradativo, os brocardos passaram a ser alvo de várias críticas e a só valerem como máximas jurídicas na medida em que efetivamente exprimiam os Princípios Gerais de Direito. Destarte, nos Códigos das Nações Cultas, os Princípios Gerais do Direito importavam como complemento à lei omissa; seja tanto como princípio de Direito Natural, como espírito geral da legislação, como equidade natural, ou ainda, como princípios gerais do ordenamento jurídico do Estado.[56]

Por volta do século XX, as chamadas *fontes* do Direito passaram a ser desenvolvidas pela doutrina, mas não necessariamente *pari passu* com a orientação adotada pelos Códigos privados. Nesse contexto, R. Limongi França relata a evolução do tema nas doutrinas francesa, italiana, germânica e espanhola.[57]

Sobre a doutrina francesa, R. Limongi França explica que são quatro as orientações fundamentais professadas pelos autores da época. A primeira delas, a negativista, "é aquela em que não admite outro modo de aplicação do Direito que não seja o fundamento da lei".[58] A segunda, a positivista, acolhia os Princípios Gerais do Direito se vinculados ao ordenamento jurídico. A terceira, a jurisprudencialista, era tida como manifestação do governo de juízes, no que dizia respeito ao fato de o magistrado decidir sobre os casos práticos quase sempre pautado pela doutrina, mas em harmonia com os princípios essenciais da organização jurídica existente e em consonância com princípios fundamentais da sociedade da qual fazia parte. Por fim, havia a orientação da Escola de Direito Natural, que visava à equidade natural, além de serem consideradas regras, embora não escritas, contingentes, pois admitidas pela opinião ao mesmo tempo da lei.[59]

---

[55] FRANÇA, R. Limongi. *Princípios gerais de direito*. p. 40-41.

[56] Ibidem, p. 43-45. Antônio Chaves, por sua vez, sustenta que "não existe qualquer afinidade entre os princípios gerais do direito e *brocardos* que são muitas vezes de tradição milenar. Alguns brocardos latinos não correspondem à época em que vivemos: ficaram como que petrificados no tempo, sem acompanhar a evolução social que se vai processando de maneira cada vez mais acelerada, outros são simplesmente errôneos, tanto assim que para cada um que se invoca, pode-se citar quase sempre outro, em sentido oposto" (CHAVES, Antônio. *Tratado de direito civil*: parte geral. São Paulo: RT, 1982. t. 1, v. 1, p. 121).

[57] Ibidem, p. 48-49.

[58] Ibidem, p. 49.

[59] Ibidem, p. 49-58.

Com relação à Itália, R. Limongi França apresenta seis orientações fundamentais sobre os Princípios Gerais do Direito, explicitadas a seguir.[60] Na primeira orientação, a doutrina guardava o mais profundo silêncio sobre os Princípios Gerais do Direito. De acordo com a segunda orientação, na doutrina dos positivistas estritos, os princípios só seriam os decorrentes da lei. A terceira orientação, tida como aquela da doutrina dos comentadores do Código Civil italiano de 1942, entendia serem os Princípios Gerais do Direito

> [...] aquelas *idealidades* (idealitá) *positivas e progressivas na evolução da vida social*, que vão historicamente afirmando-se nos preceitos positivos dos quais, constituem, por assim dizer, a quintessência, devendo-se abstratamente extrair de todo complexo das normas sobre as quais se assenta o ordenamento jurídico estatal, do qual são a base e o fundamento.[61]

A quarta orientação, de Pietro Cogliolo, vê os Princípios Gerais do Direito como novos e de futuro desenvolvimento, por se tratar de institutos que surgem na vida contemporânea em consequência das necessidades sociais e econômicas. De acordo com a quinta orientação, de Giovanni Pacchioni, os Princípios Gerais do Direito

> [...] não só não limita[m] os poderes por nós (o autor) atribuídos à ciência do Direito, considerada como fonte viva do Direito privado (*viva vox júris civilis*) como ainda lhe assina um novo e delicadíssimo papel, qual seja o de traduzir na realidade da vida prática jurídica o espírito da nova legislação.[62]

Por fim, a sexta orientação, da Escola de Direito Natural, como ressalta Giorgio Del Vecchio, traz a natureza humana como fonte essencial do Direito.[63]

---

[60] FRANÇA, R. Limongi. *Princípios* gerais *de direito*. p. 58-72.

[61] Ibidem, p. 63.

[62] Ibidem, p. 65.

[63] Ibidem, p. 58-72. Em explicação mais detalhada, R. Limongi França recorre a Giovanni Pacchioni ao esclarecer: "Quando falamos que os *Princípios Gerais do Direito* são 'os princípios da jurisprudência entenda em sentido lato, isto é, da ciência jurídica, não intentamos com isso vincular o juiz aos ditames de uma escola em detrimento de outra, mas desejamos subordiná-lo, ao contrário, tão só aquele vasto e vivo complexo de elementos que se agita em todas as escolas, de modo que daí (e não do seu juízo subjetivo) ele traga, na medida do possível, o critério com base no qual decida o caso controverso que lhe foi submetido'. Em seguida, o mestre em foco procura demonstrar como o seu método, 'remetendo o juiz à *ciência jurídica*, lhe impõe um limite objetivo, que tutela e garante igualmente os contrastantes interesses das partes'" (PACCHIONI, Giovanni. Corso di diritto civile – Delle leggini generale. Torino, 1933. In: FRANÇA, R. Limongi. Op. cit., p. 131 e ss., especialmente p. 145 e 147, grifo do original).

Nas doutrinas germânica e espanhola, os Princípios Gerais do Direito passaram por classificações variadas – do Jusnaturalismo ao Positivismo, e, ainda, existiam autores que não se orientavam sobre o assunto, assim como outros que eram adeptos da Escola de Direito Natural.[64]

R. Limongi França relata que, no Direito Português, vigorou a Lei da Boa Razão, isto é, na ausência de lei e costume, regeria a boa razão, fundada no Direito Divino, Natural ou Das Gentes. Com o art. 16 do então Código Civil Português, o juiz passou a decidir pelos princípios de Direito Natural.[65]

Na América do Sul, mais especificamente na Argentina, os doutrinadores positivistas entendiam que os juízes não poderiam criar outras normas limitando-se às existentes, posição divergente da doutrina de caráter filosófico, pautada por princípios de Direito Natural.[66] O Direito Brasileiro reconhece a natureza coercitiva dos princípios desde as origens remotas, como explica R. Limongi França:

> As origens remotas, sob certo aspecto, são as mesmas do Direito Universal. Lançam suas raízes mais profundas na Jurisprudência Regular do Direito Romano e, passando pelas Regras Justinianeias, e em seguida pelas coletâneas de máximas medievais, vão haurir no Jusnaturalismo a seiva da sua opulência mais vigorosa [...] a Lei de Introdução ao Código Civil não fez mais do que reiterar, embora com maior precisão e nos termos de uma linguagem atualizada, aquilo que, no referente à matéria, de certo modo, já vigorava em nosso Direito. Isso explica, por outro lado, a grande repercussão e reiterado uso, nas lides dos nossos tribunais, de obras como as coletâneas de brocardos e axiomas que vão insertas no auxiliar Jurídico de MENDES DE ALMEIDA e as Regras de Direito de TEIXEIRA DE FREITAS, datadas respectivamente de 1869 e de 1882.[67]

No caso brasileiro, em 11 de dezembro de 1872, por meio do Decreto 5.164, aprovou-se o contrato celebrado com o Conselheiro de Estado José Thomaz Nabuco de Araújo, sucessor de Teixeira de Freitas, por desistência, para a redação do Projeto do Código Civil do Império. Em especial o art. 82 do Projeto firmava: "quando uma prestação não puder ser decidida pela letra, motivos e

---

[64] FRANÇA, R. Limongi. *Princípios* gerais *de direito*. p. 72-85.

[65] Ibidem, p. 85-87.

[66] Vejam-se estudos perfunctórios das doutrinas germânicas, espanholas e de outros países (ibidem, p. 48-87).

[67] Texto explicativo das origens remotas do Direito brasileiro, mormente do Direito Justinianeu ao século XIX (PACCHIONI, Giovanni. Corso di diritto civile – Delle leggini generale. In: FRANÇA, R. Limongi. *Princípios* gerais *de direito*, p. 92).

espírito da lei, ou por disposições relativas aos casos análogos, devem os juízes recorrer aos *Princípios Gerais do Direito*, até haver providência legislativa".[68]

Posterior ao enunciado no Projeto não findado por Nabuco de Araújo, em razão de seu óbito, todos os demais projetos contemplaram os Princípios Gerais do Direito, como por exemplo, a obra de Felício dos Santos, o Projeto Coelho Rodrigues e o Projeto Primitivo de Clóvis Beviláqua, que adotava o texto integral do Projeto de Coelho Rodrigues nos seguintes dizeres: "as disposições dos casos análogos e, na falta destas, os princípios que se deduzem do espírito da lei". O texto em questão foi convertido na Lei 3.071, de 1.º de janeiro de 1916, pela lavra do conselheiro Rui Barbosa, nos seguintes termos: "Aplicam-se, nos casos omissos, as disposições concernentes aos casos análogos, e não as havendo, os princípios gerais de Direito".[69]

O referido comando foi derrogado pelo Decreto-lei 4.657, de 4 de setembro de 1942, atual Lei de Introdução às Normas do Direito Brasileiro (LINDB), que estabelece no art. 4.º: "Quando a lei for omissa, o juiz decidirá o caso de acordo com a analogia, os costumes e os princípios gerais de direito".[70]

Relacionou-se até aqui, de modo sucinto, a historicidade dos Princípios Gerais do Direito, com base nas lições de R. Limongi França; para concluir os ensinamentos do autor, registra-se que os Princípios Gerais do Direito "são como regra normativa, isto é, assentado que ditos princípios são forma de expressão do Direito Positivo, complementar à Lei e que, à falta desta, podem ser aplicados direta e concretamente para a solução das controvérsias jurídicas".[71]

---

[68] Disponível em: <http://www.lexml.gov.br/urn/urn:lex:br:federal:decreto:1872-12-11;5164>. Acesso em: 16 mar. 2014. Texto de lei referenciado por FRANÇA, R. Limongi. Op. cit., p. 92.

[69] R. Limongi França, acrescido das informações disponíveis em: <http://www.projetomemoria.art.br/RuiBarbosa/periodo4/lamina25/>. Acesso em: 15 mar. 2014.

[70] Com base na história da lei narrada por R. Limongi França, acrescem-se as informações disponíveis em: <http://www.projetormemoria.art.br/RuiBarbosa/periodo4/lamina25/>. Acesso em: 15 mar. 2014. Veja-se: "Em janeiro de 1916 o Código Civil Brasileiro era sancionado pelo presidente Venceslau Brás. O novo código trazia a marca de Rui Barbosa que, desde 1899, acompanhava o trabalho de Clóvis Beviláqua, convidado para redigir o projeto ainda no governo de Campos Sales. Eleito em abril de 1902 relator da Comissão Especial do Senado encarregada de analisar o projeto, Rui elabora um longo e detalhado parecer, em que critica a linguagem e propõe emendas a quase todos os seus mais de 1.800 artigos, estabelecendo uma das maiores polêmicas sobre questões de gramática e estilo travadas no Brasil. A abrangência das contribuições de Rui ao Código Civil acabaria, porém, adiando por mais de dez anos sua entrada em vigor".

[71] FRANÇA, R. Limongi. *Princípios gerais de direito*, p. 130.

Nessa mesma linha, têm-se os ensinamentos de Caio Mario da Silva Pereira que, à falta de disposição legal, direta ou indireta, por meio da analogia, de preceitos costumeiros, os Princípios Gerais do Direito adquirem força normativa para a solução das controvérsias submetidas a juízo.[72]

Apresentados os conceitos de princípios e da historicidade dos Princípios Gerais do Direito, faz-se necessário refletir acerca das normas e sua relação com os princípios.

2.2.1 Princípios e norma

Como bem elucida Maria Helena Diniz, o fato de o homem viver em sociedade torna necessária a sua organização, pois não há sociedade sem normas de direito. *Ubi societas, ibi jus.*[73-74]

As normas podem ser vistas como regras de conduta gerais, compostas por duas partes, quais sejam, *o preceito* e *a sanção*. O preceito é a parte que descreve uma conduta ou situação; e a sanção é a consequência que deriva da conduta ou situação descrita.[75]

Norberto Bobbio assevera que toda norma pressupõe um poder normativo. Norma significa imposição de obrigações (imperativo, comando, prescrição etc.); onde há obrigação, há poder. A norma é fundamental; enquanto, por um lado, atribui aos órgãos constitucionais poder de fixar normas válidas, por outro, impõe a todos aqueles aos quais se referem as normas constitucionais o dever de obedecê-las. A norma é, ao mesmo tempo, atributiva e imperativa, conforme a origem obrigatória; no entanto, a norma fundamental não é expressa, mas assim se pressupõe para fundamentar o

---

[72] PEREIRA, Caio Mário da Silva. *Instituições de direito civil*, p. 56-57.

[73] DINIZ, Maria Helena. *Compêndio de introdução à ciência do direito*. 20. ed. rev. e atual. São Paulo: Saraiva, 2009. p. 342. A autora, em estudo sobre o conceito da norma jurídica como problema de essência, descreve que a norma jurídica definiu normas como mandamentos, imperativos, porque fixam as diretrizes da conduta humana, mas só a jurídica é autorizante, porque apenas ela autoriza o lesado pela sua violação a exigir seu cumprimento ou a reparação do mal sofrido (ibidem, loc. cit.).

[74] *Ubi societas, ibi jus*, expressão latina que significa "Onde (está) a sociedade, aí (está) o direito" (Disponível em: <http://www.dicionariodelatim.com.br/ubi-societas-ibi--jus/>. Acesso em: 14 abr. 2015).

[75] MOTTA FILHO, Sylvio Clemente da; SANTOS, William Douglas Resinente dos. *Direito constitucional*: teoria, jurisprudência e 1000 questões. 14. ed. rev., ampl. e atual. até a Emenda Constitucional 42/2003. Rio de Janeiro: Impetus, 2004. p. 8.

sistema normativo. O fato de essa norma não ser expressa não significa sua inexistência: a ela refere-se, aqui, como o fundamento de todo o sistema.[76]

Para Norberto Bobbio, os princípios são apenas normas fundamentais ou generalíssimas do sistema, isto é, as normas mais gerais. O debate entre os juristas a respeito de se os princípios gerais são normas é antigo. Assevera-se que os princípios gerais são normas como todas as outras, todavia, podem ser expressos ou não expressos. Os princípios expressos podem ser exemplificados com a máxima da justiça: *neminem laedere*; os princípios não expressos são princípios, ou normas generalíssimas, formuladas pelo intérprete, que procura obter, comparando normas à primeira vista diversas entre si, aquilo a que comumente se chama de espírito do sistema.[77]

Na doutrina, José Afonso da Silva distingue os conceitos de norma e princípio. Para o doutrinador, as normas são preceitos que tutelam situações subjetivas de vantagem ou de vínculo, ou seja, reconhecem, por um lado, a pessoas ou a entidades a faculdade de realizar certos interesses por ato próprio ou exigindo ação ou abstenção de outrem, e, por outro lado, vinculam pessoas ou entidades à obrigação de se submeterem às exigências de realizar uma prestação, ação ou abstenção em favor de outrem. Os princípios são ordenações que se irradiam e imantam os sistemas de normas.[78]

Diante das definições de princípios e de normas, no que diz respeito a ambas apontarem as decisões particulares a serem tomadas no caso prático pelo aplicador do direito, há diferença no tocante ao caráter da informação que fornecem, pois as normas deverão ser sempre aplicadas, sob pena de suportar consequências jurídicas determinadas previamente, conforme ensinamentos de Flávio Tartuce.[79]

As normas jurídicas funcionam como regras, e estas estão fundamentadas nos princípios, como explana Luiz Antonio Rizzatto Nunes.[80] Desse modo, os princípios estão inseridos nas fontes do Direito, por meio dos quais se estabelecem e materializam as normas jurídicas.

---

[76]   BOBBIO, Norberto. *Teoria do ordenamento jurídico*. Trad. Maria Celeste C. J. Santos. 10. ed. Brasília: Editora Universidade de Brasília, 1999. p. 58-65.

[77]   Ibidem, p. 156-160.

[78]   SILVA, José Afonso da. *Curso de direito constitucional positivo*, p. 95-96.

[79]   TARTUCE, Flávio. *Manual de direito civil*, p. 30.

[80]   NUNES, Luiz Antonio Rizzatto. *O princípio constitucional da dignidade da pessoa humana*: doutrina e jurisprudência, p. 21.

2.3 Os princípios como fontes do Direito

O Direito contemporâneo constitui-se não só de regras, mas também de princípios, que exprimem os valores supremos do sistema jurídico, pois são fontes extralegais do Direito, como afirma Francisco Amaral.[81] Ainda de acordo com o jurista, "os princípios são pensamentos diretores de uma regulamentação jurídica, critérios para ação e para a constituição de normas e institutos jurídicos. Orientam o intérprete na concretização da norma jurídica".[82]

O referido autor diz ainda que os princípios jurídicos podem distinguir-se em positivos e suprapositivos. Os *princípios positivos* "compreendem os princípios *fundamentais, constitucionais ou superiores*, e os *princípios institucionais*,[83] que fundamentam os diversos institutos jurídicos que formam o sistema".[84] Por seu turno, os *princípios suprapositivos* "são os *Princípios Gerais do Direito*, os grandes princípios, como o da justiça, o da segurança, o da liberdade, o da igualdade, o da dignidade da pessoa humana, 'aqueles sobre os quais a ordem jurídica se constrói'".[85]

Sabe-se que nem sempre os princípios constam de textos legais, porém representam "contextos doutrinários, modelos doutrinários ou dogmáticos fundamentais".[86] Alguns deles se revestem de tamanha importância que o legislador lhes confere força de lei, com a estrutura de *modelos jurídicos*, inclusive no plano constitucional, a exemplo do princípio da isonomia disposto na Constituição da República brasileira. A propósito, como explica Miguel Reale, "os princípios gerais de direito são enunciações normativas de valor

---

[81]   AMARAL, Francisco. *Direito civil*: introdução, p. 54.

[82]   Ibidem, loc. cit.

[83]   Trata-se daqueles princípios "pertinentes aos diversos institutos ou ramos jurídicos. No sistema do direito civil encontramos, no direito de família, os princípios da igualdade dos cônjuges (CF, art. 226, § 5.º) e o da igualdade dos filhos (CF, art. 227, § 6.º) [...] Nos direitos da personalidade, o princípio da dignidade da pessoa humana, de natureza também constitucional" (ibidem, p. 55).

[84]   Ibidem, p. 55-56.

[85]   Ibidem, loc. cit.

[86]   A propósito, esclarece-se que "*Modelos jurídicos* são estruturas normativas que, com caráter obrigatório, disciplinam as distintas modalidades de relações sociais, as fontes de direito revelam modelos jurídicos que vinculam os comportamentos. *Modelos dogmáticos* são produzidos pela doutrina, isto é, esquemas teóricos cuja finalidade é determinar: a) como as fontes podem produzir modelos jurídicos válidos; b) que é que estes modelos significam, e, c) como eles se correlacionam entre si para compor figuras, institutos e sistemas, ou seja, modelo de mais amplo repertório" (REALE, Miguel. *Lições preliminares do direito*. 27. ed. São Paulo: Saraiva, 2009. p. 178).

genérico, que condicionam e orientam a compreensão do ordenamento jurídico, quer para a sua aplicação e integração, quer para elaboração das normas jurídicas".[87]

Se os princípios são regramentos e visam auxiliar o aplicador do direito, admite-se a teoria liberal do direito defendida por Ronald Dworkin, conforme a seguir:

> Princípios são argumentos destinados a estabelecer um direito individual [...] são proposições que descrevem direitos. O poder discricionário do juiz não fica atrelado em decidir o caso de uma maneira ou de outra, em supor que uma ou outra das partes tenha o direito preexistente de ganhar a causa, mas de descobrir quais são os direitos das partes, com sensatez, ainda que divirjam sobre os direitos jurídicos.[88]

O ponto de partida da teoria de Ronald Dworkin é uma crítica ao positivismo jurídico como um sistema composto exclusivamente de regras. Dessa forma, "as regras ou princípios podem desempenhar papeis bastante semelhantes e a diferença entre eles reduz-se quase a uma questão de forma".[89]

Ronald Dworkin explica que ao lado das regras há também os princípios, os quais possuem uma dimensão contrária àquelas. As regras são "aplicadas na maneira do tudo ou nada", ou seja, as regras possuem a dimensão da validade, ou valem ou não valem, são aplicáveis ou não.[90] "Se duas regras entram em conflito, uma delas não pode ser válida",[91] diz o autor. Os princípios têm outra dimensão, qual seja, o peso. Na hipótese de colisão entre princípios, não se indaga sobre o problema de validade, mas somente de peso, isto é, sua importância. Tem prevalência o princípio com importância suficiente para ser aplicado e decidido o caso concreto, uma vez que "os princípios entram em conflito e interagem uns com os outros".[92]

Ainda para Ronald Dworkin, o juiz cria um novo direito quando em decisões de casos complexos não consegue identificar nenhuma regra jurídica aplicável, exceto por meio do recurso à discricionariedade judicial; em outros termos, "quando o juiz esgota as regras à sua disposição, ele possui o poder discricioná-

---

[87] REALE, Miguel. *Lições preliminares do direito*, 4. ed., p. 303.
[88] DWORKIN, Ronald. *Levando os direitos a sério*. Trad. Nelson Boeira. 3. ed. São Paulo: WMF Martins Fontes, 2010. p. 127.
[89] Ibidem, p. 44.
[90] Ibidem, p. 39-43, 114.
[91] Ibidem, p. 43.
[92] Ibidem, p. 39-43, 114.

rio, no sentido de que ele não está obrigado por quaisquer padrões derivados da autoridade da lei. [...] Os princípios que os juízes citam, guiam suas decisões".[93]

Paulo Bonavides, demonstrando a realidade contemporânea, leciona que, a partir das últimas décadas do século XX, no período denominado pós-positivismo, os princípios passaram a ser tratados como *direito*, ou seja, houve a transposição dos Princípios Gerais de Direito para princípios constitucionais, o reconhecimento precoce da positividade ou normatividade dos princípios em grau constitucional, ou melhor, juspublicístico, e não meramente civilista.[94]

Para fundamentar a assertiva do princípio como direito, ou na definição de que princípios são normas e normas compreendem as regras e os princípios, Paulo Bonavides relata os posicionamentos de Josef Esser, Robert Alexy, Ronald Dworkin e Vezio Crisafulli.[95]

Josef Esser assenta que o princípio atua normativamente; é parte jurídica e dogmática do sistema de normas. O princípio é o ponto de partida que se abre ao desdobramento judicial de um problema. Ronald Dworkin, por sua vez, para tratar princípios como direito, abandona a doutrina positivista e reconhece a possibilidade de que tanto uma constelação de princípios quanto uma regra positivistamente estabelecida podem impor obrigação legal. Já o jurista italiano Vezio Crisafulli, lembrado por Paulo Bonavides, assinala que os princípios (gerais) estão para as normas particulares como o mais está para o menos, como o que é anterior e antecedente está para o posterior e o consequente. Ao definir a normatividade dos princípios, esse autor entende por princípio toda norma jurídica considerada determinante de outra ou outras que lhe(s) é(são) subordinada(s), seja ele expresso em uma formulação legislativa ou, ao contrário, implícito ou latente em um ordenamento, constitui norma, aplicável como regra.[96]

Na estrutura das normas de direitos fundamentais, e sendo a norma um imperativo, um modelo de conduta que deve ser respeitado, Robert Alexy analisa as diversas diferenciações teórico-estruturais existentes para definir a mais importante, a distinção entre regras e princípios, como uma das colunas-mestras do edifício da teoria dos direitos fundamentais.[97] E o

---

[93]   DWORKIN, Ronald. *Levando os direitos a sério*. p. 55-56.

[94]   BONADIVES, Paulo. *Curso de direito constitucional*. 15. ed. São Paulo: Malheiros, 2004. p. 264.

[95]   Ibidem, p. 271.

[96]   Ibidem, p. 271; 265; 272-273.

[97]   ALEXY, Robert. *Teoria dos direitos fundamentais*. Trad. Virgílio Afonso da Silva. São Paulo: Malheiros, 2012. p. 85-90.

critério que permite uma distinção precisa entre regras e princípios é que "entre ambos não existe apenas uma distinção gradual, mas uma diferença qualitativa".[98] Nesse contexto, conforme assenta Robert Alexy, "princípios são normas que ordenam que algo seja realizado na maior medida possível dentro das possibilidades jurídicas e fáticas existentes".[99] Em tempo suplementar, o autor ensina que os princípios são *mandamentos de otimização*, que são caracterizados por poderem ser feitos em graus variados e pelo fato de que a medida devida de sua satisfação não depende somente das possibilidades fáticas, mas também das possibilidades jurídicas".[100]

Por outra via, as regras, na concepção de Robert Alexy, são normas que contêm *determinações* juridicamente possíveis, ou seja, deve-se fazer exatamente aquilo que ela exige. Dessa maneira, o ponto decisivo na distinção entre regras e princípios, repita-se, é uma distinção qualitativa, e não uma distinção de grau. "Toda norma é ou uma regra ou um princípio".[101]

Virgílio Afonso da Silva, ao tratar sobre a distinção entre regra e princípios, ressalta um problema terminológico atinente ao fato de não serem poucos os trabalhos – e não apenas na área constitucional – que têm usado a distinção feita por Alexy entre princípios e regras como ponto de partida.[102] Nas palavras do estudioso:

> [...] não são poucos os trabalhos – e não somente na área constitucional –
> que têm usado a distinção de Alexy entre princípios e regras como ponto de
> partida. O grande problema é que, a despeito de se partir dessa distinção, no
> correr desses trabalhos o termo princípio continua a ser usado no sentido
> tradicional [...] o problema não reside na existência de diversas definições [...] o
> conceito de princípio, na teoria de Alexy, é um conceito que não faz referência
> à fundamentalidade da norma [...] uma norma é um princípio não por ser
> fundamental, mas por ter a estrutura de um mandamento de otimização.[103]

---

[98]   ALEXY, Robert. *Teoria dos direitos fundamentais.*

[99]   Ibidem, p. 117.

[100]   Ibidem, p. 90.

[101]   Ibidem, p. 91.

[102]   Sobre o problema terminológico, Virgílio Afonso da Silva critica a definição de princípio no sentido tradicional: Walter Claudius Rothenburg, Ruy Samuel Espínola e Francisco M. Marques de Lima, seja por meio da definição clássica de Antônio Celso Bandeira de Mello, segundo o qual princípios são "mandamentos nucleares" ou "disposições fundamentais" de um sistema, ou ainda da definição de Canotilho e Vital Moreira, que definem princípio como "núcleos de condensações" (SILVA, Virgílio Afonso da. *A constitucionalização do direito*: os direitos fundamentais nas relações entre particulares, p. 35-36).

[103]   Ibidem, loc. cit.

Com essas definições, o chamado *mandamento de otimização* está atrelado ao mecanismo da ponderação de princípios. Na suposição de colisão entre eles, nenhum dos princípios será considerado inválido, como ocorre com as regras. Necessário será, ao contrário, sopesar entre os princípios colidentes para que se decida qual deles terá preferência. A propósito, na concepção de Robert Alexy, "Se o princípio *P1* tem precedência em face do princípio *P2* sob as condições C: (P1 P P2) C, e se do princípio P1, sob as condições C, decorre a consequência jurídica R, então, vale uma regra que tem C como suporte fático e R como consequência jurídica C → R".[104]

Robert Alexy explica que do próprio conceito de princípio decorre a constatação de que os sopesamentos são tarefas de otimização, o equivalente ao chamado *princípio da concordância prática*.[105]

Na teoria contemporânea dos princípios, em um novo Estado de Direito – juspublicístico –, conforme afirma Paulo Bonavides,

> [...] não há distinção entre princípios e normas, os princípios são dotados de normatividade, as normas compreendem regras e princípios, a distinção relevante não é, como nos primórdios da doutrina, entre princípios e normas, mas entre regras e princípios, sendo as normas o gênero, e as regras e os princípios a espécie [...] os princípios, enquanto valores fundamentais, governam a Constituição, o regime, a ordem jurídica. Não são apenas a lei, mas o Direito em toda a sua extensão, substancialidade, plenitude e abrangência [...] os princípios eram fontes de mero teor supletório, para as Constituições, onde em nossos dias se convertem em fundamento de toda a ordem jurídica, na qualidade de princípios constitucionais.[106]

Na esteira do pensamento de Robert Alexy, Walter Rothenburg aduz que tanto as regras quanto os princípios são normas, porque ambos dizem o que deve ser. Ambos se formulam com a ajuda das "expressões deônticas básicas do mandamento, da permissão e da proibição. Os princípios, tal como as regras, são razões para juízos concretos de dever ser, ainda quando sejam razões de um tipo muito diferente".[107]

Os Princípios Gerais do Direito referidos no ordenamento jurídico são os princípios constitucionais, os quais constituem os pilares que construirão o edifício jurídico, isto é, o alicerce, o fundamento, a base.

---

[104] ALEXY, Robert. *Teoria dos direitos fundamentais*, p. 99.
[105] Ibidem, p. 173.
[106] BONADIVES, Paulo. *Curso de direito constitucional*, p. 288-289.
[107] ROTHENBURG, Walter Claudius. *Princípios constitucionais*. Porto Alegre: Sérgio Antonio Fabris, 1999. p. 16.

Carlos Augusto Alcântara Machado aclara que os Princípios Gerais do Direito "Fornecem o DNA do ordenamento jurídico, pois, através deles, deve o sistema jurídico-normativo ser compreendido: Democracia, República, Federação, Estado de Direito, Dignidade da Pessoa Humana etc.".[108]

Assim sendo, no tocante ao enunciado do art. 4.º da Lei de Introdução às Normas do Direito Brasileiro, segundo o qual, "Quando a lei for omissa, o juiz decidirá o caso de acordo com a analogia, os costumes e os princípios gerais do direito", deve-se frisar que os Princípios Gerais do Direito serão aplicados não somente na lacuna da lei, mas, ao contrário, é imperioso seguir a imediata aplicação aos princípios constitucionais, o que pode representar a eficácia horizontal dos direitos fundamentais.[109]

Flávio Tartuce ensina que devem sempre preponderar os princípios constitucionais que protegem a pessoa, isto é, "a eficácia normativa imediata aos princípios, em alguns casos, particularmente naqueles que envolvem os direitos fundamentais da pessoa, ou de personalidade".[110] O autor conclui:

> Compreendemos que aqueles que seguem a escola do Direito Civil Constitucional, procurando analisar o Direito Civil a partir dos parâmetros constitucionais, realidade atual do Direito Privado brasileiro, não podem ser favoráveis à aplicação da ordem constante do art. 4.º da Lei de Introdução de forma rígida e obrigatória.[111]

Assim, a eficácia *horizontal*[112] ou *efeito externo* dos direitos fundamentais "se aplicam não só nas relações entre o Estado e o cidadão (eficácia vertical[113]),

---

[108] MACHADO, Carlos Augusto Alcântara. *Direito constitucional*. Coordenação Geral de Luiz Flávio Gomes. São Paulo: RT, 2004. v. 5, p. 65.

[109] Como adeptos da imediata aplicação dos princípios constitucionais que protegem a pessoa, citem-se os doutrinadores Flávio Tartuce, Daniel Sarmento, Ingo Wolfgang Sarlet e Robert Alexy.

[110] TARTUCE, Flávio. *Direito civil, 1*: lei de introdução e parte geral, p. 33.

[111] Ibidem, loc. cit.

[112] A teoria da eficácia horizontal teve origem no julgado "Caso Lüth", decidido pelo Tribunal Constitucional Federal alemão em 1958. Trata-se do primeiro caso em que se decidiu pela aplicação dos direitos fundamentais também nas relações entre os particulares. Erich Lüth era crítico de cinema e conclamou os alemães a boicotarem um filme, dirigido por Veit Harlam, conhecido diretor da época do nazismo (dirigira, por exemplo, *Jüd Suß*, filme-ícone da discriminação dos judeus). Harlam e a distribuidora do filme ingressaram com ação cominatória contra Lüth, alegando que o boicote atentava contra a ordem pública, o que era vedado pelo Código Civil alemão. Erich Lüth foi condenado nas instâncias ordinárias, mas recorreu à Corte

mas também nas relações entre os particulares-cidadãos (eficácia horizontal), conforme explicação de João Trindade Cavalcanti Filho".[114] Pode-se dizer, portanto, que os princípios constitucionais elencados nos arts. 1.º a 5.º do Texto Maior têm aplicação imediata entre os particulares (*eficácia intersubjetiva*) e, igualmente, os direitos sociais considerados fundamentais, descritos nos arts. 6.º e 7.º da referida Carta Política e Fundamental.[115] Portanto, as normas que protegem a pessoa humana, as quais estão consubstanciadas em princípios constitucionais, aplicam-se diretamente nas relações privadas, isto é, reconhece-se a eficácia horizontal dos direitos fundamentais.

A eficácia horizontal dos direitos fundamentais tem sido o esteio para os Tribunais Superiores, motivo pelo qual se demonstra sua aplicabilidade em fragmentos extraídos de acórdão recente:

> Aqui, garantindo-se a *eficácia horizontal dos direitos fundamentais*, a liberdade de expressão deve ceder em prol de valores que se assentam sobre o pilar da racionalidade, e do respeito à pessoa humana, em concreto, ao direito à igualdade, à vida e à dignidade.[116]

Nesse caso, a condenação do dano moral de forma solidária entre empresa e funcionário, independentemente deste último cumprir ou não a ordem do empregador, deu-se, pois, o apresentador do programa exibia

---

Constitucional. Ao fim, a queixa constitucional foi julgada procedente, pois a Corte entendeu que o direito fundamental à liberdade de expressão deveria prevalecer sobre a regra geral do Código Civil que protegia a ordem pública (CAVALCANTI FILHO, João Trindade. *Teoria geral dos direitos fundamentais*. Disponível em: <http://www.stf.jus.br/repositorio/cms/portalTvJustica/portalTvJusticaNoticia/anexo/Joao_Trindadade_Teoria_Geral_dos_direitos_fundamentais.pdf>. Acesso em: 9 nov. 2013). No mesmo sentido, ALEXY, Robert. *Teoria dos direitos fundamentais*, p. 99-100.

[113] Os direitos fundamentais incidiam apenas na relação entre o cidadão e o Estado.

[114] CAVALCANTI FILHO, João Trindade. Op. cit.

[115] TARTUCE, Flávio. *Responsabilidade civil objetiva e risco*: a teoria do risco concorrente. Rio de Janeiro: Forense; São Paulo: Método, 2011. p. 39.

[116] Veja-se a ementa do julgamento: "Embargos de declaração. Constitucional e administrativo. Ação civil pública. Rede comunitária de televisão. Veiculação de programa nitidamente ofensivo a diversas normas constitucionais e infraconstitucionais, sobretudo o princípio da dignidade da pessoa humana. Danos morais coletivos. Condenação solidária da associação e dos apresentadores do referido programa" (BRASIL. Tribunal Regional Federal da 4.ª Região, EDcl-AC 2006.71.10.001807-0/RS, Terceira Turma, Rel. Des. Fed. Carlos Eduardo Thompson Flores Lenz, j. 09.10.2013, *DEJF* 17.10.2013, p. 166. Disponível em: <http://www.jusbrasil.com.br/diarios/38868751/trf-4-judicial-23-07-2012-pg-71>. Acesso em: 14 abr. 2015.

cenas de escárnio, violência, intolerância e perversão durante a transmissão do Programa Pecúlio é Bucha, veiculado pela ré ACTCVC/TV, nas quais eram apresentadores os réus Cláudio Roberto Insaurriaga e Leonardo de Leon Azevedo. Conforme decisão do acórdão em comento:

> A exibição de tal programa, em que as manifestações dos apresentadores insuflam a discriminação e a segregação de minorias sociais ou tripudiam a vida humana ao relacionar, com zombaria, a morte agonizante de um homem (que se sabe verdadeira) ao abate de um porco, não se coaduna com os valores mínimos respeitados por uma sociedade moderna e democrática nem tampouco com as finalidades visadas pelos meios de comunicação. A conduta dos réus é clamorosamente ofensiva aos princípios fundamentais, não havendo que se falar em censura.[117]

Em acórdão pronunciado pelo Tribunal Superior do Trabalho, a eficácia horizontal foi aplicada conforme excerto colacionado a seguir:

> Trata-se, assim, de hipótese de *eficácia horizontal dos direitos fundamentais* entre particulares, diretriz fixada pelo constituinte e a ser perseguida pelos poderes constituídos, inclusive pelo poder judiciário, e, de igual modo, aplicável nas relações privadas: tornar esses princípios efetivos, concretos, realizados, implementados, elevados que foram à condição de direitos fundamentais, na clássica linha evolutiva traçada por Bobbio. Evidenciada a violação ao se estabelecer situação de desigualdade entre o reclamante, que teve seu direito fundamental violado, e a reclamada, que é o agente desta violação, além de, também, decorrer do fato de não haverem sido observadas regras criadas pela própria ré, no caso, a criação de uma comissão para dispensa por justa causa.[118]

A decisão retrata a condenação da Caixa Econômica Federal na indenização por danos morais ao ex-funcionário, com base na culpa da reclamada, em face das restrições administrativas irregulares, atingindo a honra do reclamante.

Como se nota, os institutos do Direito Privado perderam a índole exclusivamente patrimonial e individualista e passaram a ser interpretados com a

---

[117] Ibidem.

[118] Veja-se ementa a seguir: "Agravo de instrumento em recurso de revista. Nulidade do acórdão regional, por negativa de prestação jurisdicional" (BRASIL. Tribunal Superior do Trabalho, AIRR 0000557-03.2011.5.03.0063, Sétima Turma, Rel. Min. Cláudio Mascarenhas Brandão, *DEJT* 11.10.2013, p. 1.524. Disponível em: <http://www.tst.jus.br/jurisprudencia>. Acesso em: 10 dez. 2013).

incidência dos preceitos constitucionais. A evolução resta demonstrada com o Código Civil de 2002 que, com a influência da teoria tridimensional de Miguel Reale, consagrou expressamente os princípios da eticidade, da boa-fé e da função social, dentre outros. As decisões em defesa da dignidade da pessoa humana, da igualdade, da afetividade e da liberdade são facilmente notadas na doutrina e na jurisprudência, que significa, justamente, a aplicação dos direitos mais básicos do homem, não apenas na defesa deste contra o Estado, mas, também, nas relações existentes com seus próprios pares, vale dizer, a ideia de eficácia horizontal dos direitos fundamentais.[119]

A eficácia horizontal dos direitos fundamentais adotada nos Tribunais brasileiros garante proteção do ordenamento jurídico a qualquer cidadão, pautado pelo princípio da dignidade da pessoa humana.

2.4 Do princípio da dignidade humana

O princípio da dignidade da pessoa humana transcende o sistema do Código Civil. Francisco Amaral corrobora essa ideia ao expor que "a pessoa humana é um valor em si mesmo, um valor intrínseco, absoluto, não um meio de realização de interesses alheios, devendo merecer respeito e consideração social".[120]

O princípio em questão foi inserido no constitucionalismo contemporâneo como direito fundamental, no inciso III do art. 1.º da Constituição Federal, o que lhe conferiu destaque como valor jurídico de maior axiologia do ordenamento constitucional brasileiro, ao lado do direito à vida.[121] Portanto, trata-se de valor supremo do Estado Democrático de Direito, além de ser legitimação do exercício do poder estatal, exigindo que a atuação dos poderes públicos e de toda a sociedade tenha finalidade precípua em respeitar e promover a dignidade da pessoa humana, como relata Leo van Holthe.[122]

---

[119] BRUNHARI, Andréa de Almeida; ZULIANI, Ênio Santarelli. Princípios constitucionais e direito de imagem. *Revista Magister de Direito Civil e Processual Civil*, n. 51, p. 46-79, nov./dez. 2012. Disponível em: <https://www.magisteronline.com.br>. Acesso em: 28 ago. 2013.

[120] AMARAL, Francisco. *Direito civil* – introdução, p. 60.

[121] Veja-se: "Art. 1.º A República Federativa do Brasil, formada pela união indissolúvel dos Estados e Municípios e do Distrito Federal, constitui-se em Estado Democrático de Direito e tem como fundamentos: [...] III – a dignidade da pessoa humana" (BRASIL. Constituição Federal. Disponível em: <http://www.planalto.gov.br/ccivil_03/Constituicao/ConstituicaoCompilado.htm>. Acesso em: 8 nov. 2013).

[122] HOLTHE, Leo van. *Direito constitucional*. Salvador: JusPodivm, 2009. p. 81-83.

Ingo Wolfgang Sarlet, em estudo sobre a dignidade da pessoa humana como norma (valor, princípio e regra) fundamental na ordem jurídico--constitucional brasileira, assinala que a Constituição Federal brasileira vigente foi a primeira na história do constitucionalismo pátrio a prever um título próprio destinado aos princípios fundamentais, na parte inaugural do texto, logo após o preâmbulo e antes dos direitos fundamentais. Mediante esse expediente, o constituinte deixou transparecer, de modo claro e inequí-voco, a intenção de outorgar aos princípios fundamentais a qualidade de norma embasadora e informativa de toda a ordem constitucional, inclusive o princípio da dignidade da pessoa humana.[123]

Mas não é só no art. 1.º da Constituição Federal que o princípio da dignidade da pessoa humana se encontra positivado como fundamento maior do Estado Democrático de Direito. Citem-se, portanto, outros dispositivos constitucionais.

Leo Van Holthe aduz que o art. 5.º, inciso III, proíbe o tratamento do ser humano como "coisa" ou "objeto", negando-lhe seu valor intrínseco e sua condição humana. Além disso, o art. 170, *caput*, prevê que a ordem econô-mica tem por finalidade assegurar a todos existência digna. O art. 226, § 7.º, fundamenta o planejamento familiar nos princípios da dignidade da pessoa humana e da paternidade responsável. O art. 227, *caput*, estabelece que "é dever da família, da sociedade e do Estado assegurar à criança, ao adolescente e ao jovem, com absoluta prioridade, o direito à dignidade".[124] E o art. 230 impõe à família, à sociedade e ao Estado o dever de amparar e defender a dignidade da pessoa idosa.[125]

Verifica-se que a dignidade da pessoa humana passou a integrar o direito positivo vigente, segundo a assertiva de Ingo Wolfgang Sarlet.[126] O autor infere, com arrimo em Robert Alexy, a existência de uma norma jusfundamental, assim explicada:

> [...] o direito positivo constitucional (texto) no qual se encontra enunciada a dignidade da pessoa humana (no caso o artigo 1.º, III, da CF), contém não apenas mais de uma norma, mas que esta(s), para além de seu enquadramen-

---

[123] SARLET, Ingo Wolfgang. *Dignidade da pessoa humana e direitos fundamentais na Constituição Federal de 1988*, p. 75-76.

[124] HOLTHE, Leo van. *Direito constitucional*, p. 82.

[125] Ibidem, loc. cit.

[126] SARLET, Ingo Wolfgang. *Dignidade da pessoa humana e direitos fundamentais na Constituição Federal de 1988*, p. 80.

Cap. 2 · A DIGNIDADE HUMANA NO DIREITO CIVIL CONSTITUCIONAL | 59

> to na condição de princípio e regra (e valor) fundamental, é (são) também fundamento de posições jurídico-subjetivas, isto é, norma(s) definidora(s) de direitos e garantias, mas também de deveres fundamentais [...] Dupla função defensiva e prestacional da dignidade ou multiplicidade de normas num mesmo dispositivo, de tal sorte que o texto que reconhece a dignidade como princípio fundamental encerra normas que outorgam direitos subjetivos de cunho negativo (não violação da dignidade), mas também impõe condutas positivas no sentido de proteger e promover a dignidade.[127]

É importante frisar o posicionamento de Ingor Wolfgang Sarlet, também com esteio em Robert Alexey, no que tange ao fato de a dignidade da pessoa humana possuir caráter jurídico-normativo.[128] Portanto, há o reconhecimento de sua *plena eficácia* na ordem constitucional, seja na perspectiva objetiva, seja como fundamento de posições subjetivas. A eficácia do princípio da dignidade da pessoa humana guarda, assim, a dupla função de princípio e de regra.[129]

Ingor Wolfgang Sarlet ainda enfatiza que a dignidade da pessoa humana, na condição de valor (e princípio normativo) fundamental, exige e pressupõe o reconhecimento e proteção dos direitos fundamentais de todas as dimensões (ou gerações, se assim se preferir), pois, na ausência do reconhecimento dos direitos fundamentais à pessoa, estar-se-á negando a própria dignidade.[130]

A proteção da dignidade humana como valorização da pessoa em detrimento do patrimônio constitui o principal fundamento da *personalização do Direito Civil* e se deu com base no modelo de Immanuel Kant, sendo esse princípio o primeiro e mais importante do Direito Privado. Nessa trilha caminha Flávio Tartuce ao afirmar que a valorização da pessoa é um dos objetivos da República Federativa brasileira, pois "Trata-se do superprincípio ou princípio dos princípios".[131]

Rosa Maria de Andrade Nery confirma ser o princípio da dignidade da pessoa humana o mais importante regramento do direito. A estudiosa acentua que "É por ele que se faz prevalecer, no contexto das relações humanas, o valor da vida e da liberdade humana".[132]

---

[127] SARLET, Ingo Wolfgang. *Dignidade da pessoa humana e direitos fundamentais na Constituição Federal de 1988*. p. 82-83.

[128] Ibidem, loc. cit.

[129] Ibidem, p. 86-90.

[130] Ibidem, p. 91-102.

[131] TARTUCE, Flávio. *Manual de direito civil*, p. 97-98.

[132] NERY, Rosa Maria de Andrade. *Introdução ao pensamento jurídico e à teoria geral do direito privado*. São Paulo: RT, 2008. p. 61.

A Constituição Federal de 1988 incluiu dois outros princípios que valorizam a pessoa e a sua dignidade compondo, com isso, a tríade *dignidade--solidariedade-igualdade*, conforme assinala Flávio Tartuce.[133] Trata-se do princípio da solidariedade social e do princípio da igualdade ou isonomia, inseridos no inciso I do art. 3.º e no *caput* do art. 5.º da Constituição Federal de 1988, já mencionados.[134]

A isonomia serve para gerar equilíbrio real, visando concretizar o direito à dignidade, "[...] o último arcabouço da guarida dos direitos individuais e o primeiro fundamento de todo sistema constitucional".[135] Respeitar a dignidade da pessoa é, também, assegurar os direitos sociais previstos no art. 6.º da Constituição Federal, o piso vital mínimo, na acepção de Luiz Antonio Rizzatto Nunes.[136]

Valores considerados essenciais foram adotados no sistema jurídico civil, orientados pelos princípios gerais da eticidade, da socialidade e da operabilidade, no que toca a atualizar o Direito Privado e o tornar compatível com a evolução social contemporânea. Vale destacar, nesse contexto, como mecanismos para a concretização da dignidade humana, os princípios institucionais encontrados no Direito Civil, como o princípio da igualdade dos cônjuges e o da igualdade dos filhos; o princípio da boa-fé, o do consensualismo e o da função social nos contratos.

O *princípio da eticidade* aquilata a ética, a boa-fé objetiva e os bons costumes, e qualquer conduta que viole essa eticidade constitui abuso de direito, nos termos do art. 187 do Código Civil, segundo Flávio Tartuce.[137] Acrescentam-se os ensinamentos de Rosa Maria de Andrade Nery, ao afirmar que a eticidade do atual Código Civil se opõe ao formalismo jurídico

---

[133]   TARTUCE, Flávio. Op. cit., p. 99.

[134]   Vejam-se: "Art. 3.º Constituem objetivos fundamentais da República Federativa do Brasil:

I – construir uma sociedade livre, justa e solidária;

[...]

Art. 5.º Todos são iguais perante a lei, sem distinção de qualquer natureza, garantindo-se aos brasileiros e aos estrangeiros residentes no País a inviolabilidade do direito à vida, à liberdade, à igualdade, à segurança e à propriedade [...]" (BRASIL. Constituição Federal. Disponível em: <http://www.planalto.gov.br/ccivil_03/Constituicao/ConstituicaoCompilado.htm>. Acesso em: 8 nov. 2013).

[135]   NUNES, Luiz Antonio Rizzatto. *Curso de direito do consumidor*: com exercícios. 2. ed. rev., modif. e atual. 4. tir. São Paulo: Saraiva, 2007. p. 24-25.

[136]   Ibidem, loc. cit.

[137]   TARTUCE, Flávio. *Manual de direito civil*, p. 107.

do Código de 1916, considerada uma técnica superada, pois de caráter estritamente jurídico. Hoje, adota-se um critério valorativo, inspirado na ética, e que abrange espaço para valores como a probidade, a boa-fé, a correção, a exemplo dos arts. 113, 187 e 422 do Código Civil.[138] Nesse mesmo sentido, conforme descreve Francisco Amaral, a eticidade "Significa que o legislador preocupou-se em legislar para o ser humano situado, em concreto, não para a pessoa em abstrato".[139]

O *princípio da socialidade* busca a justiça social, a função social dos institutos privados. Flávio Tartuce doutrina que, por tal regramento, "Deverá prevalecer o social sobre o individual, o coletivo sobre o particular".[140] Em razão disso, consagram-se a função social do contrato (art. 421 do CC) e a natureza social da posse (arts. 1.238, parágrafo único, e 1.242, parágrafo único, do CC), mas, "sem se perder de vista o valor fundante da pessoa humana", pontua Francisco Amaral.[141]

Pode-se afirmar, em complemento, que a socialidade se opõe ao individualismo do antigo Código Civil. Anteriormente, havia uma preocupação exagerada em se manter os interesses individuais, os privilégios de direito individual, sem se ater aos aspectos da experiência do homem em sociedade. Isso foi alterado pois, hoje, o juiz deve aplicar as normas de Direito Privado de modo a favorecer os interesses sociais, como explica Rosa Maria de Andrade Nery. São exemplos dessa funcionalização os arts. 170, III, 183, 186, 192, 226 e 230 da Constituição Federal de 1988, sem prejuízo de outros preceitos.[142]

Por fim, há o *princípio da operabilidade*, o qual, segundo Pablo Stolze Gagliano e Rodolfo Pamplona Filho, também pode ser denominado princípio da simplicidade.[143] Esse princípio importa na concessão de poderes hermenêuticos mais amplos ao magistrado, verificando, no caso concreto, as efetivas necessidades a exigirem a tutela jurisdicional.[144]

---

[138] NERY, Rosa Maria de Andrade. *Introdução ao pensamento jurídico e à teoria geral do direito privado*, p. 60.

[139] AMARAL, Francisco. *Direito civil* – introdução, p. 59.

[140] TARTUCE, Flávio. Op. cit., p. 81.

[141] AMARAL, Francisco. Op. cit., p. 58.

[142] NERY, Rosa Maria de Andrade. Op. cit., p. 60-61.

[143] GAGLIANO, Pablo Stolze; PAMPLONA FILHO, Rodolfo. *Novo curso de direito civil*: parte geral. 8. ed. rev., atual. e reform. São Paulo: Saraiva, 2006. v. I, p. 51.

[144] GAGLIANO, Pablo Stolze; PAMPLONA FILHO, Rodolfo. *Novo curso de direito civil*: parte geral, p. 51.

Os três princípios aludidos tendem a humanizar o Direito Civil, com ênfase ao princípio da dignidade da pessoa humana, pois o preenchimento desses regramentos passa pela tutela do indivíduo, na sua proteçao nas relações de Direito Privado.

Feitas essas ponderações, na acepção de André Tavares Ramos, "O princípio da dignidade humana é o reconhecimento de que todos detêm qualidades morais que exigem um respeito, definidoras que são de um ser único na espécie".[145] Desse modo, a dignidade humana agrega a afirmação positiva do pleno desenvolvimento da personalidade de cada indivíduo, que pressupõe a *autodisponibilidade* e a *autodeterminação*, isto é, a ausência de impedimento ou interferência externa na atuação própria do ser humano, e não apenas a garantia negativa de que a pessoa não será alvo de ofensas e humilhações, como assinala Fernando Ferreira dos Santos.[146]

A todo instante as expressões *direitos fundamentais* e *dignidade da pessoa humana* são traçadas neste trabalho, pois se admite uma justaposição entre seus conceitos.

A proposta da conceituação jurídica para a dignidade da pessoa humana, por Ingo Wolfgang Sarlet, deve ser vista com base na relação existente entre esse princípio e os direitos fundamentais, pois, por mais que não haja uma identificação absoluta entre ambas as noções, só a relação dinâmica e recíproca entre ambas ensejará a efetividade e as consequências na esfera jurídica. Assim, de acordo com o referido jurista, tem-se:

> [...] por dignidade da pessoa humana a qualidade intrínseca e distintiva de cada ser humano que o faz merecedor do mesmo respeito e consideração por parte do Estado e da comunidade, implicando, neste sentido, um complexo de direitos e deveres fundamentais que assegurem a pessoa tanto contra todo e qualquer ato de cunho degradante e desumano, como venham a lhe garantir as condições existenciais mínimas para uma vida saudável, além de propiciar e promover sua participação ativa corresponsável nos destinos da própria existência e da vida em comunhão dos demais seres humanos.[147]

---

[145] TAVARES, André Ramos. *Curso de direito constitucional*. São Paulo: Saraiva, 2002. p. 393.

[146] SANTOS, Fernando Ferreira. *Princípio constitucional da dignidade da pessoa humana*. São Paulo: CB Editor/IBDC, 1999. p. 96-97.

[147] SARLET, Ingo Wolfgang. *Dignidade da pessoa humana e direitos fundamentais na Constituição de 1988*, p. 73.

A questão da efetividade dos direitos fundamentais e os preceitos constitucionais sob o prisma da dignidade humana será abordada, a partir de agora, nas relações privadas.

2.5 O princípio da dignidade humana e suas aplicações nas relações privadas

Como se pôde verificar até o presente momento, o princípio da dignidade humana é considerado imprescindível, por se tratar de fundamento do Estado brasileiro, fato que o torna primazia na aplicação das relações privadas.

Os princípios dão sentido constitucional na aplicação e interpretação da lei civil, em especial o princípio da dignidade humana, o qual se encontra em todos os Livros do Código Civil. Assim, na Parte Geral, está presente no livro "Das pessoas", sob o prisma dos direitos da personalidade e da capacidade da pessoa; na Parte Especial, inserido no Direto Contratual, no Direito de Família, no Direito de Propriedade e, também, na Responsabilidade Civil.

A temática acerca da incidência dos direitos fundamentais, em embate judicial envolvendo a dignidade humana, está presente em diversas decisões e em diferentes órgãos julgadores, seja na esfera do Direito de Família, seja nos direitos da personalidade, ou, ainda, nos direitos patrimoniais.

A interpretação das regras constitucionais no campo do Direito Civil, como primeira referência, diz respeito à teoria da interpretação, extraída do art. 5.º da LINDB, dispositivo que, regulando a aplicação das normas jurídicas, serve de *porta de entrada* para os valores constitucionais na legislação civil, ao determinar que, "na aplicação da lei, o Juiz atenderá aos fins sociais e às exigências do bem comum", conforme explica Maria Celina Bodin de Moraes.[148]

A autora precitada assenta que "as finalidades sociais da norma e exigências do bem comum foram já delimitadas pelo legislador constituinte quando da elaboração do Texto Constitucional", assim, "a interpretação das normas jurídicas, ainda que importe sempre na sua recriação pelo Juiz, não resta submetida ao livre arbítrio do Magistrado ou dependente de sua exclusiva bagagem ético-cultural, encontrando-se definitivamente vinculada aos valores primordiais do ordenamento jurídico", ou seja, a leitura da legislação infraconstitucional deve ser feita sob a ótica dos valores constitucionais.[149]

---

[148] MORAES, Maria Celina Bodin de. A caminho do direito civil constitucional. *Revista Estado, Direito e Sociedade*, v. I. Disponível em: <http://egov.ufsc.br/portal/sites/default/files/anexos/15528-15529-1-PB.pdf>. Acesso em: 3 nov. 2013.

[149] Ibidem.

Para ilustrar, cite-se julgado do Supremo Tribunal Federal, na Ação Direta de Inconstitucionalidade 4.277/DF, ao perseguir a correta interpretação do art. 1.723 do Código Civil à luz da Constituição Federal assentando:

> [...]
>
> a) que é obrigatório o reconhecimento, no Brasil, da união entre pessoas do mesmo sexo, como entidade familiar, desde que atendidos os requisitos exigidos para a constituição da união estável entre homem e mulher; e b) que os mesmos direitos e deveres dos companheiros nas uniões estáveis estendam-se aos companheiros nas uniões entre pessoas do mesmo sexo.[150]

Em face de sua grande importância prática, transcreve-se parte do voto do Relator, ministro Ayres Britto, no referido julgamento que equiparou as uniões estáveis homoafetivas às heteroafetivas:

> Óbvio que, nessa altaneira posição de direito fundamental e bem de personalidade, a preferência sexual se põe como direta emanação do princípio da "dignidade da pessoa humana" (inciso III do art. 1.º da CF), e, assim, poderoso fator de afirmação e elevação pessoal. De autoestima no mais elevado ponto da consciência. Autoestima, de sua parte, a aplainar o mais abrangente caminho da felicidade, tal como positivamente normada desde a primeira declaração norte-americana de direitos humanos (Declaração de Direitos do Estado da Virgínia, de 16 de junho de 1768) e até hoje perpassante das declarações constitucionais do gênero. Afinal, se as pessoas de preferência heterossexual só podem se realizar ou ser felizes heterossexualmente, as de preferência homossexual seguem na mesma toada: só podem se realizar ou ser felizes homossexualmente. Ou "homoafetivamente", como hoje em dia mais e mais se fala, talvez para retratar o relevante fato de que o século XXI já se marca pela preponderância da afetividade sobre a biologicidade. Do afeto sobre o biológico, este último como realidade tão somente mecânica ou automática, porque independente da vontade daquele que é posto no mundo como consequência da fecundação de um individualizado óvulo por um também individualizado espermatozoide.[151]

---

[150] Disponível em: <http://stf.jusbrasil.com.br/jurisprudencia/19135746/arguicao-de--descumprimento-de-preceito-fundamental-adpf-178-df-stf>. Acesso em: 18 abr. 2014.

[151] BRASIL. Supremo Tribunal Federal. Ação Direta de Inconstitucionalidade 4.277/DF. Rel. Min. Ayres Britto, j. 05.05.2011, *DJe*-198, Divulg. 13.10.2011, Public. 14.10.2011. Disponível em: <www.stf.jus.br>. Acesso em: 18 abr. 2014.

A decisão da ADI 4.277 foi unânime no que tange a admitir a união homoafetiva como entidade familiar. No caso *sub judice*, o Decreto-lei 220/1975 (Estatuto dos Servidores Civis do Estado do Rio de Janeiro), no parágrafo único do art. 33, previa: "A família do funcionário constitui-se dos dependentes que, necessária e comprovadamente, vivam a suas expensas". Ora, faz-se necessário incorporar à interpretação do conceito de família as pessoas que vivem em união homoafetiva, sem preconceito em razão da sexualidade do ser humano. É o que se depreende da decisão colacionada, a qual, em síntese, demonstra a aplicação do princípio da dignidade da pessoa humana para aqueles que vivem em união homoafetiva, princípio esse cujo fundamento consiste no ditame constitucional de promover o bem de todos, sem preconceitos de origem, raça, sexo, cor, idade e quaisquer outras formas de discriminação.

Em outro julgado do STF, o princípio da dignidade da pessoa humana sobressaiu para admitir a pesquisa científica com células-tronco embrionárias, por meio da Lei 11.105/2005 (Lei de Biossegurança). A decisão está fundamentada no objetivo da referida lei, qual seja, contribuir para a busca da

> [...] cura de patologias e traumatismos que severamente limitam, atormentam, infelicitam, desesperam e não raras vezes degradam a vida de expressivo contingente populacional (ilustrativamente, atrofias espinhais progressivas, distrofias musculares, a esclerose múltipla e a lateral amiotrófica, as neuropatias e as doenças do neurônio motor).[152]

E, ainda, pelo fato de o direito à saúde ser corolário do direito fundamental à vida digna.[153]

---

[152] Disponível em: <http://stf.jusbrasil.com.br/jurisprudencia/14720566/acao-direta-de-inconstitucionalidade-adi-3510-df>. Acesso em: 18 abr. 2014.

[153] Veja-se ementa a seguir: "Constitucional. Ação direta de inconstitucionalidade. Lei de Biossegurança. Impugnação em bloco do art. 5.º da Lei n.º 11.105, de 24 de março de 2005 (Lei de Biossegurança). Pesquisas com células-tronco embrionárias. Inexistência de violação do direito à vida. Constitucionalidade do uso de células-tronco embrionárias em pesquisas científicas para fins terapêuticos. Descaracterização do aborto. Normas constitucionais conformadoras do direito fundamental a uma vida digna, que passa pelo direito à saúde e ao planejamento familiar. Descabimento de utilização da técnica de interpretação conforme para aditar à Lei de Biossegurança controles desnecessários que implicam restrições às pesquisas e terapias por ela visadas. Improcedência total da ação" (BRASIL. Supremo Tribunal Federal. Ação Direta de Inconstitucionalidade 3.510/DF. Rel. Min. Ayres Britto, j. 05.05.2011, *DJe*-96, Divulg. 27.10.2010, Public. 28.05.2010. Disponível em: <http://stf.jusbrasil.com.br/jurisprudencia/14720566/acao-direta-de-inconstitucionalidade-adi-3510-df>. Acesso em: 18 abr. 2014).

66 | ADOÇÃO DE EMBRIÕES EXCEDENTÁRIOS À LUZ DO DIREITO BRASILEIRO

Outro exemplo jurisprudencial a ser citado diz respeito à conclusão do STF pelo fim da prisão civil do depositário infiel. O credor da relação obrigacional, diante da ausência da apresentação dos bens ou de pagamento do valor da mercadoria, pelo devedor, requereu a prisão civil do réu na ação de depósito. Ora, a prisão civil do devedor nos contratos de depósito ou de alienação fiduciária em garantia fere o princípio da dignidade humana. Nesse sentido votou o ministro Gilmar Mendes:[154]

> Após invocar o princípio da dignidade da pessoa humana e efetuar um detalhado levantamento da experiência do direito comparado, o eminente relator deste recurso reconsiderou o posicionamento que havia firmado em outras oportunidades perante este Plenário e reconheceu a alegada violação ao inciso LXVII do art. 5.º da Constituição, não vislumbrando a procedência das razões do recorrente (Banco Itaú S.A.).[155]

---

[154] BRASIL. Supremo Tribunal Federal. Recurso Extraordinário 349.703-1/RS, Rel. Min. Carlos Britto, Rel. p/ acórdão Min. Gilmar Mendes, j. 03.12.2008, *DJe*-104, Divulg. 04.06.2009, Public. 05.06.2009. Disponível em: <www.gilmarmendes.org.br/index.php?option=com_phocadownload&view=....>. Acesso em: 18 abr. 2014.

[155] Vejam-se as seguintes ementas: "Prisão civil do depositário infiel em face dos tratados internacionais de direitos humanos. Interpretação da parte final do inciso LXVII do art. 5.º da Constituição brasileira de 1988. Posição hierárquico-normativa dos tratados internacionais de direitos humanos no ordenamento jurídico brasileiro. Desde a adesão do Brasil, sem qualquer reserva, ao Pacto Internacional dos Direitos Civis e Políticos (art. 11) e à Convenção Americana sobre Direitos Humanos – Pacto de San José da Costa Rica (art. 7.º, 7), ambos no ano de 1992, não há mais base legal para prisão civil do depositário infiel, pois o caráter especial desses diplomas internacionais sobre direitos humanos lhes reserva lugar específico no ordenamento jurídico, estando abaixo da Constituição, porém acima da legislação interna. O *status* normativo supralegal dos tratados internacionais de direitos humanos subscritos pelo Brasil torna inaplicável a legislação infraconstitucional com ele conflitante, seja ela anterior ou posterior ao ato de adesão. Assim ocorreu com o art. 1.287 do Código Civil de 1916 e com o Decreto-Lei n.º 911/69, assim como em relação ao art. 652 do Novo Código Civil (Lei n.º 10.406/2002)" (Disponível em: <www.lex.com.br>. Acesso em: 18 abr. 2014); "Alienação fiduciária em garantia. Decreto-lei n.º 911/69. Equipação do devedor-fiduciante ao depositário. Prisão civil do devedor-fiduciante em face do princípio da proporcionalidade. A prisão civil do devedor-fiduciante no âmbito do contrato de alienação fiduciária em garantia viola o princípio da proporcionalidade, visto que: a) o ordenamento jurídico prevê outros meios processuais-executórios postos à disposição do credor-fiduciário para a garantia do crédito, de forma que a prisão civil, como medida extrema de coerção do devedor inadimplente, não passa no exame da proporcionalidade como proibição de excesso, em sua tríplice configuração: adequação, necessidade e proporcionalidade em sentido estrito; e b) o Decreto-Lei n.º 911/69, ao instituir uma ficção jurídica, equiparando o devedor-fiduciante ao depositário, para todos os efeitos previstos nas leis civis e penais,

É notório que o princípio da dignidade humana tem caráter especial nos tratados internacionais, posto os cuidados com a proteção dos direitos humanos. Assim, qualquer norma infraconstitucional conflitante com esse regramento paralisa-se, em face da internalização no ordenamento jurídico, por meio do procedimento de ratificação previsto na Constituição. No último acórdão, verificou-se que a supremacia da Constituição sobre os atos normativos internacionais não revogou a prisão civil do depositário infiel (art. 5.º, LXVII, da CF/1988), mas deixou de ter aplicabilidade diante do efeito paralisante sobre as normas infraconstitucionais que admitem a prisão civil do depositário, incluindo o art. 652 do Código Civil e o Decreto-lei 911/1969. Isso, diante do ato de adesão do Brasil ao Pacto Internacional dos Direitos Civis e Políticos e à Convenção Americana sobre Direitos Humanos (Pacto de San José da Costa Rica). A decisão sobre a prisão civil surtiu grandes efeitos na relação entre particulares e, hoje, é expressamente proibido qualquer tipo de prisão civil decorrente do descumprimento de obrigações contratuais. Assim prescreve a Súmula Vinculante 25 do STF: "É ilícita a prisão civil de depositário infiel, qualquer que seja a modalidade de depósito".[156]

Não se olvide que também nas relações obrigacionais merecem aplicação "os princípios do *Direito Civil Constitucional*, que não só podem como devem ser aplicados aos contratos", quais sejam, a valorização da dignidade da pessoa humana, a solidariedade social e a igualdade *lato sensu* ou isonomia.[157] Como se sabe, o Código Civil de 2002 trouxe um capítulo versando sobre a chamada Teoria Geral dos Contratos, em que se propõe uma nova concepção do instituto negocial, de acordo com o princípio da socialidade, da função social do contrato e da boa-fé objetiva.[158]

---

criou uma figura atípica de depósito, transbordando os limites do conteúdo semântico da expressão 'depositário infiel' insculpida no art. 5.º, inciso LXVII, da Constituição e, dessa forma, desfigurando o instituto do depósito em sua conformação constitucional, o que perfaz a violação ao princípio da reserva legal proporcional. Recurso extraordinário conhecido e não provido" (BRASIL. Supremo Tribunal Federal. Recurso Extraordinário 349.703-1/RS, Rel. Min. Carlos Britto, Rel. p/ acórdão Min. Gilmar Mendes, j. 03.12.2008, *DJe*-104, Divulg. 04.06.2009, Public. 05.06.2009. Disponível em: <www.gilmarmendes.org.br/index.php?option=com_phoca download&view=....>. Acesso em: 18 abr. 2014).

[156] Disponível em: <www.stf.jus.br>. Acesso em: 18 abr. 2014.

[157] TARTUCE, Flávio. *Manual de direito civil*, p. 532.

[158] TARTUCE, Flávio. A revisão do contrato pelo novo Código Civil. crítica e proposta de alteração do art. 317 da Lei 10.406/02. In: DELGADO, Mário Luiz; ALVES, Jones Figueirêdo (coord.). *Questões controvertidas no novo Código Civil*. São Paulo: Método, 2003. v. 1, p. 125-148.

Em outra face, permite-se visualizar a discussão doutrinária dos direitos da personalidade dos infantes, sobre o tema síndrome da alienação parental, ou seja, do transtorno da personalidade que tem acometido crianças e adolescentes cujos pais tenham se envolvido em forte litígio para dirimir os direitos e deveres decorrentes da guarda. Sobre o assunto dissertaram Giselda Maria Fernandes Novaes Hironaka e Gustavo Ferraz de Campos Monaco.[159]

A título exemplificativo, cite-se decisão do Tribunal de Justiça de Santa Catarina, em que o julgador resguardou o direito e o melhor interesse de duas crianças de quatro e seis anos, ao manter a convivência paterna, ainda que restrita ao direito de visitação do pai uma vez por semana, pelo período de trinta minutos e sob acompanhamento de assistente social forense. Saliente-se que o julgado se refere a um agravo de instrumento, portanto, a ação principal não finalizada e que demanda análise mais acurada, em face dos indícios apresentados e de alienação parental, com situação provada nos autos da conturbada relação entre os pais. A acertada decisão do julgador teve como propósito "promover à criança bem-estar e segurança, a fim de contribuir positivamente para o seu desenvolvimento físico, mental e intelectual, visando sempre atender aos interesses do infante sem restringir os laços afetivos e o convívio com o genitor não guardião".[160]

---

[159] HIRONAKA, Giselda Maria Fernandes Novaes; MONACO, Gustavo Ferraz de Campos. Síndrome de alienação parental. In: DELGADO, Mário Luiz; ALVES, Jones Figueirêdo (coord.). *Questões controvertidas no novo Código Civil*, p. 535-550.

[160] Veja-se: "Agravo de instrumento. Destituição do poder familiar do pai. Instrumento em apenso cuja demanda originária intenta a suspensão ao direito de visitas. Partes e provas colacionadas semelhantes. Objetivo similar dos recursos. Julgamento simultâneo. Pedido de suspensão dos direitos do genitor em relação aos filhos. Alegação de alienação parental e abuso sexual contra os menores. Relacionamento conjugal conflituoso que não pode privar o convívio dos filhos com seu genitor. Acusação baseada em vídeo produzido pela genitora. Instrução processual em andamento. Necessidade de outras provas para determinação de suspensão do direito de visitas, bem como do poder familiar. Ausência, neste momento, de prova contundente das acusações efetivadas. Medida de exceção que requer prova incisiva do fato alegado. Situação narrada nos autos, ainda que não comprovada, que demanda cautela e acompanhamento. Restrição ao direito de visitas. Deferimento de período diminuto para análise de comportamento dos envolvidos. Eventual comportamento diferenciado dos menores, bem como de existência de outras provas apontando em sentido oposto ao aqui decidido que deve demandar nova análise do caso. Decisão reformada. Recurso conhecido e parcialmente provido. A visita deve *promover à criança bem-estar e segurança, a fim de contribuir positivamente para o seu desenvolvimento físico, mental e intelectual, visando sempre atender aos interesses do infante sem restringir os laços afetivos e o convívio com o genitor não guardião*" (BRASIL. Tribunal de Justiça de Santa Catarina. AI 2013.059330-9-Mafra, Terceira Câmara de Direito Civil, Rel. Juiz Saul Steil, j. 08.04.2014, *DJSC* 11.04.2014, p. 188. Disponível em: <www.tjsc. jus.br>. Acesso em: 18 abr. 2014, grifou-se).

Ainda na questão familiar, merece destaque a situação na filiação socioafetiva, em que caracteriza violação ao princípio da dignidade da pessoa humana o cerceamento do direito de conhecimento da origem genética, em face do dever de se respeitar, por conseguinte, a necessidade psicológica de se conhecer a verdade. Essa necessidade de conhecimento da origem pode ocorrer em uma situação de adoção à brasileira, conforme julgado do Superior Tribunal de Justiça, que apresenta a hipótese do indivíduo que se encontra em "estado de filho".[161] Ou ainda, na chamada família recomposta, uma nova

---

[161] Veja-se ementa: "Direito civil. Família. Recurso especial. Ação de investigação de paternidade e maternidade. Vínculo biológico. Vínculo socioafetivo. Peculiaridades. – A 'adoção à brasileira', inserida no contexto de filiação socioafetiva, caracteriza-se pelo reconhecimento voluntário da maternidade/paternidade, na qual, fugindo das exigências legais pertinentes ao procedimento de adoção, o casal (ou apenas um dos cônjuges/companheiros) simplesmente registra a criança como sua filha, sem as cautelas judiciais impostas pelo Estado, necessárias à proteção especial que deve recair sobre os interesses do menor. – O reconhecimento do estado de filiação constitui direito personalíssimo, indisponível e imprescritível, que pode ser exercitado sem qualquer restrição, em face dos pais ou seus herdeiros. – O princípio fundamental da dignidade da pessoa humana, estabelecido no art. 1.º, inc. III, da CF/88, como um dos fundamentos da República Federativa do Brasil, traz em seu bojo o direito à identidade biológica e pessoal. – Caracteriza violação ao princípio da dignidade da pessoa humana cercear o direito de conhecimento da origem genética, respeitando-se, por conseguinte, a necessidade psicológica de se conhecer a verdade biológica. – A investigante não pode ser penalizada pela conduta irrefletida dos pais biológicos, tampouco pela omissão dos pais registrais, apenas sanada, na hipótese, quando aquela já contava com 50 anos de idade. Não se pode, portanto, corroborar a ilicitude perpetrada, tanto pelos pais que registraram a investigante, como pelos pais que a conceberam e não quiseram ou não puderam dar-lhe o alento e o amparo decorrentes dos laços de sangue conjugados aos de afeto. – Dessa forma, conquanto tenha a investigante sido acolhida em lar 'adotivo' e usufruído de uma relação socioafetiva, nada lhe retira o direito, em havendo sua insurgência ao tomar conhecimento de sua real história, de ter acesso à sua verdade biológica que lhe foi usurpada, desde o nascimento até a idade madura. Presente o dissenso, portanto, prevalecerá o direito ao reconhecimento do vínculo biológico. – Nas questões em que presente a dissociação entre os vínculos familiares biológico e socioafetivo, nas quais seja o Poder Judiciário chamado a se posicionar, deve o julgador, ao decidir, atentar de forma acurada para as peculiaridades do processo, cujos desdobramentos devem pautar as decisões. Recurso especial provido" (BRASIL. Superior Tribunal de Justiça. Recurso Especial 833.712-RS (2006/0070609-4), Rel. Min. Nancy Andrighi, Recorrente: M G A, Recorrido: N O F – Espólio Repr. por: J M S E Outro, Interes.: M V – Espólio..., j. 04.06.2007. Disponível em: <www.stj.jus.br>. Acesso em: 18 abr. 2014). No mesmo sentido: "Apelação cível. Ação declaratória de maternidade. Adoção à brasileira. Inexistência de relação sanguínea entre as partes. Irrelevância diante do vínculo socioafetivo. Situação de fato consolidada há quase duas décadas. 1. 'Mesmo

modalidade de pai, de mãe e de irmãos.[162] Ilustra-se essa nova modalidade de família com o exemplo da mulher divorciada que se casa novamente, tendo seu filho apenas um ano, e o novo marido, com o passar do tempo, acaba por afigurar-se como um "verdadeiro pai" para a criança.[163] Mas também convém observar, no âmbito familiar, que não se devem admitir regras absolutas, no sentido da prevalência da paternidade socioafetiva sobre a biológica, uma vez que a análise do princípio da dignidade deve ser vista pelo julgador em cada situação especial.[164]

O reconhecimento da dignidade da pessoa humana encontra-se também na responsabilidade civil. A título exemplificativo, cite-se decisão do STJ a respeito, segundo a qual caracteriza dano moral e viola o direito de

---

na ausência de ascendência genética, o registro da recorrida como filha, realizado de forma consciente, consolidou a filiação socioafetiva, devendo essa relação de fato ser reconhecida e amparada judicialmente. Isso porque a parentalidade que nasce de uma decisão espontânea, deve ter guarida no Direito de Família.' (RESP. 1.259.460/SP. 2. Ademais disso, '[...] a par de reputar existente no caso uma 'adoção simulada', reporta-se a situação de fato ocorrente na família e na sociedade, consolidada há [quase duas décadas]. 'Status' de filhos. Fundamento de fato, por si só suficiente, a justificar a manutenção do julgado' (RESP 119.346/GO). Recurso conhecido e desprovido" (BRASIL. Tribunal de Justiça do Espírito Santo. APL 0052671-91.2012.8.08.0030, Primeira Câmara Cível, Rel. Des. William Couto Gonçalves, j. 08.04.2014, *DJES* 16.04.2014. Disponível em: <www.tjes.jus.br>. Acesso em: 18 abr. 2014).

[162] FACHIN, Luiz Edson; MATOS, Ana Carla Harmatiuk. Filiação socioafetiva e alimentos. In: DELGADO, Mário Luiz; ALVES, Jones Figueirêdo (coord.). *Questões controvertidas no novo Código Civil*, p. 551-563.

[163] Ibidem, p. 551-563.

[164] Veja-se ementa: "O direito civil. Família. Recurso especial. Ação de investigação de paternidade. Vínculo biológico comprovado. 'Adoção à brasileira'. Paternidade socioafetiva. Inexistência de óbice ao reconhecimento da paternidade biológica buscada pela filha registral. 1. Nas demandas sobre filiação, não se pode estabelecer regra absoluta que recomende, invariavelmente, a prevalência da paternidade socioafetiva sobre a biológica. É preciso levar em consideração quem postula o reconhecimento ou a negativa da paternidade, bem como as circunstâncias fáticas de cada caso. 2. No contexto da chamada 'adoção à brasileira', quando é o filho quem busca a paternidade biológica, não se lhe pode negar esse direito com fundamento na filiação socioafetiva desenvolvida com o pai registral, sobretudo quando este não contesta o pedido. 3. Recurso Especial conhecido e provido" (BRASIL. Superior Tribunal de Justiça. REsp 1.256.025 (Proc. 2011/0118853-4/RS), Terceira Turma, Rel. Min. João Otávio de Noronha, *DJe* 19.03.2014. Disponível em: <www.stj.jus.br>. Acesso em: 18 abr. 2014).

personalidade a utilização da imagem da pessoa, para fins comerciais, após o termo contratual, vale dizer, é vedado o uso não autorizado de imagem.[165]

Por derradeiro, acentua-se o fato de ter sido evidenciado que o princípio da dignidade da pessoa humana tem plena aplicação nas relações privadas, como exemplificado linhas atrás. No capítulo a seguir, proceder-se-á à análise da dignidade no que tange ao direito da pessoa, em especial os direitos da personalidade dos nascituros e dos embriões, com o objetivo precípuo de se verificar a permissão de sua adoção, ideia que se defende no presente estudo.

---

[165] Veja-se ementa: "Direito civil. Recurso especial. Ação de reparação de danos materiais cumulada com compensação por danos morais. Utilização de imagem após a extinto contrato de cessão de uso. Dano moral *in re ipsa*. Artigos analisados: 11, 20 e 398 do CC. 1. Ação de reparação de danos materiais cumulada com compensação por danos morais ajuizada em 14/2/2008. Recurso especial concluso ao Gabinete em 13/8/2012. 2. Demanda em que se discute a existência de dano moral puro decorrente da utilização de imagem com fins comerciais após a extinção de contrato de cessão em razão do advento do termo contratual. 3. Dispensa-se a comprovação de dor e sofrimento, sempre que demonstrada a ocorrência de ofensa injusta à dignidade da pessoa humana. 4. A violação do direito à imagem, decorrente de sua utilização para fins comerciais sem a prévia autorização, caracteriza dano moral in re ipsa a ser compensado (Súmula 403/STJ). 5. Em se tratando de responsabilidade extracontratual, os juros de mora contam-se desde a data do evento danoso, nos termos da Súmula 54/STJ, sejam os danos materiais ou morais. 6. Recurso especial provido" (BRASIL. Superior Tribunal de Justiça. REsp 1.337.961-RJ (2011/0228795-5), Rel. Min. Nancy Andrighi, Recorrente: Vanessa Nunes da Silva, Recorrido: Nestlé Brasil Ltda., j. 03.06.2014. Disponível em: <www.stj.jus.br>. Acesso em: 18 abr. 2014).

3

A DIGNIDADE NO DIREITO DA PESSOA

Ao se fazer referência ao direito da pessoa à dignidade, é possível verificar seu caráter histórico e evolutivo no Ocidente, em especial, pelo princípio da dignidade da pessoa humana e pelos direitos fundamentais, os quais são incorporados, quando se remete à história do Direito no Brasil, como fundamento da Constituição Federal de 1988, e tutelados no Código Civil como Direitos da Personalidade.

É nesse processo histórico que, em seus respectivos contextos socioculturais e ideológicos, estabelecem-se as noções de pessoa humana. Em razão desse desenrolar na história da humanidade, portanto, chega-se à compreensão de que "A pessoa humana tem uma interioridade que faz dela um ser à parte, que deve ser considerado e respeitado em sua singularidade. Ela não é simplesmente um elemento de um conjunto, seja esse conjunto a natureza, seja ele a sociedade", conforme expressa Laércio de Moura.[1]

Nessa visão contemporânea, vê-se a pessoa inserida no contexto da Constituição não apenas assistida na garantia da justiça, da segurança e da liberdade, mas também com as garantias do direito da dignidade da pessoa. Paulo Otero, autor português, diz que importa ter presente, "que a justiça, a segurança e a liberdade nunca podem deixar de estar ao serviço do homem vivo e concreto e da sua inalienável dignidade: aqui reside, em última análise, a razão de ser do fenômeno constitucional".[2] O doutrinador pondera:

> A evolução histórica da tutela da pessoa humana revela que são as concepções que colocam o ser humano como razão justificativa do Estado

---

[1] MOURA, Laércio Dias de. *A dignidade da pessoa e os direitos humanos*: o ser humano num mundo em transformação. Bauru: EDUSC; São Paulo: Loiola; Rio de Janeiro: PUC, 2002. p. 85.

[2] OTERO, Paulo. *A pessoa humana e a Constituição*: contributo para uma concepção personalista do direito constitucional. Coimbra: Almedina, 2009. p. 351.

e do Direito, fazendo de cada homem um fim em si mesmo e nunca um meio, aquelas que melhor dignificam a individualidade única, irrepetível e inalienável de cada pessoa viva e concreta, habilitando a edificação de uma sociedade globalmente mais humana e solidária: tratar-se-á, necessariamente, de uma sociedade política ao serviço do ser humano, expressa num modelo de "Estado humano".[3]

Paulo Otero também explica que o Direito Constitucional existe em função da pessoa humana e não do Estado, pois "tudo que existe no Direito é em função do homem".[4] A propósito, sobre a dimensão jurídica da pessoa humana, o autor acolhe o pensamento de José de Oliveira Ascensão, de que "a pessoa humana é também uma realidade do mundo do ser, dotada de racionalidade, de fins intrínsecos que lhe conferem uma componente ética".[5]

É a concepção de um homem com singularidades que devem ser respeitadas, para que se estabeleçam garantias que "A dignidade humana é a dignidade do ser humano: de todo e qualquer ser individual", em quaisquer circunstâncias ou fase de sua existência, independentemente de ser titular de direitos e de contrair obrigações, conforme ainda observa Paulo Otero.[6]

Em complemento, nas palavras de Maria Celina Bodin de Moraes, "instaurar o primado da pessoa humana é o principal objetivo do Direito Civil, sob o comando da Constituição de 1988".[7] Em uma democracia humanista, entende-se "o respeito à pessoa humana, única em sua dignidade, mas necessariamente solidária da comunidade em que se encontra inserida".[8] No entanto, apesar da necessidade do coletivo, as pessoas preservam suas individualidades, suas singularidades e suas particularidades.

A exemplo da Constituição Federal, que legisla sobre os direitos fundamentais do ser humano, o vigente Código Civil traz, no Livro I, o tema "Das Pessoas", com as acepções das pessoas naturais ou civis, além das pessoas

---

[3] OTERO, Paulo. A pessoa humana e a Constituição: contributo para uma concepção personalista do direito constitucional. In: CAMPOS, Diogo Leite de; CHINELLATO, Silmara Juny de Abreu. *Pessoa humana e direito*, p. 359. O autor referencia o "Estado humano", conforme João Paulo II, Carta Encíclica "Evangelium Vitae", n. 101.

[4] OTERO, Paulo. A pessoa humana e a Constituição: contributo para uma concepção personalista do direito constitucional. In: CAMPOS, Diogo Leite de; CHINELLATO, Silmara Juny de Abreu. *Pessoa humana e direito*, p. 362.

[5] Ibidem, loc. cit.

[6] Ibidem, p. 377.

[7] MORAES, Maria Celina Bodin de. Vulnerabilidade nas relações de família: o problema da desigualdade de gênero. In: DIAS, Maria Berenice (org.). *Direito das famílias*, p. 314.

[8] Ibidem, loc. cit.

morais ou jurídicas. Ressaltam-se aqui as garantias estabelecidas nas leis em questão, porém, para este trabalho, interessam tão somente as pessoas naturais.

Após essa breve reflexão, para melhor esclarecer o objeto desta pesquisa, discriminar-se-á quem é considerada pessoa no Direito Civil; quando se inicia a personalidade; quais são os direitos da personalidade, abordados aqui de maneira sucinta; os direitos dos nascituros, e se embriões possuem direitos semelhantes ou não aos dos nascituros.

3.1 A pessoa natural e os direitos da personalidade

Na busca de compreensão dos direitos da personalidade, torna-se necessário refletir sobre a pessoa natural.

Cabe lembrar que o homem, na sociedade antiga romana, não era considerado como indivíduo, "mas como MEMBRO DAS ASSOCIAÇÕES de que faz parte", conforme esclarece Max Kaser.[9] É ao longo da história romana, que se passa a ter outra concepção de homem.

Para essa abordagem, na acepção do Direito Romano, *pessoa* é o sujeito de direito subjetivo. José Carlos Moreira Alves anota que, sendo o "direito subjetivo a faculdade concedida pelo direito objetivo a alguém de exigir certo comportamento de outrem, não há direito subjetivo sem titular. O sujeito de direito subjetivo é denominado, tecnicamente, pessoa".[10] Há aqui a preocupação de que se estabeleça o sujeito como ser autônomo e consciente de si, que se deva diferenciar do objeto.

No intuito de aprofundamento dos conceitos, Antônio Chaves, ao tratar sobre a etimologia da palavra *sujeito* e *pessoa*, ensina que "Sujeito vem do latim, *subjectus*, de *subjicere*: colocar debaixo, subordinar, submeter, subjugar, assunto ou matéria sobre o qual se fala ou se escreve".[11] No entanto, o autor explica que, do vocábulo *subjectus*, distinguem-se duas acepções: "como adjetivo, é

---

9   KASER, Max. *Direito privado romano*. Trad. Samuel Rodrigues e Ferdinand Hämmerle. Lisboa: Fundação Calouste Gulbenkian, 1999. p. 95. No primeiro capítulo deste trabalho, verificou-se a pessoa na evolução histórica; em complementação, traz-se, nesta oportunidade, as explicações de Max Kaser, a respeito do homem como membro das associações: "A pequena família romana (*família*) constitui uma **associação jurídica** monocrática, composta pelo *pater famílias* como chefe e pelas pessoas que estão submetidas ao seu PODER DOMÉSTICO: a mulher (quando é *uxor in manu*, infra §58 II, os filhos enquanto não saírem do seu poder), os clientes e escravos" (ibidem, p. 97, grifo do original).

10   ALVES, José Carlos Moreira. *Direito romano*, p. 91.

11   CHAVES, Antônio. *Tratado de direito civil*: parte geral, p. 303-305.

justamente a condição de tudo quanto esteja submetido a uma pessoa ou a outra coisa; como substantivo, será o titular de um direito (sujeito ativo) ou de uma obrigação (sujeito passivo), que pode ser indeterminado ou mesmo desconhecido".[12] E, para ideia de pessoa, Antônio Chaves define que "*Persona*, em latim, significa: máscara (de teatro); papel atribuído a essa máscara".[13] Aqui a explicação desse doutrinador está no sentido de que "dava-se o nome da pessoa às máscaras usadas pelos atores romanos nas apresentações"; dessa forma, considerando que a sociedade política se assemelha a um drama, a pessoa é o intérprete, no qual tem o exercício de sua parte no contexto social.[14]

Nota-se que Antônio Chaves pretende demonstrar o conceito de pessoa no sentido de ser "o homem como ator do mundo jurídico, como se apresenta nas manifestações da vida social, justamente no conceito de máscara. Por isso mesmo *personalidade*, que quer dizer aptidão para tornar-se titular de direito".[15]

Da mesma forma, José Carlos Moreira Alves relata que, no Direito Romano, a palavra latina *persona* era utilizada nos textos, "com a significação de homem em geral, independentemente de sua condição de sujeito de direito, tanto que se aplicava aos escravos, que, em Roma, jamais foram sujeitos de direito, mas, sim, coisas, isto é, objetos de direitos".[16]

Por sua vez, Washington de Barros Monteiro comenta que "a máscara era uma *persona*, porque fazia ressoar a voz da pessoa".[17] Para o autor, a palavra passou "a representar o próprio indivíduo, a atuação de cada um no cenário jurídico".[18] É nesse sentido que o legislador, no Código Civil de 2002, no art. 1.º, define pessoa como o ente físico ou moral, suscetível de direitos e deveres, ou seja, a pessoa é sinônimo de sujeito de direito ou sujeito de relação jurídica.

Já Max Kaser assim se expressa: "*Persona* para os romanos é qualquer ser humano, inclusive o escravo, embora mais tarde se tenha *personae* de preferência às pessoas livres. *Status* não é capacidade jurídica mas antes a situação do homem em geral".[19]

---

[12] CHAVES, Antônio. *Tratado de direito civil*: parte geral.
[13] Ibidem, loc. cit.
[14] Ibidem, p. 303-305.
[15] Ibidem, p. 305.
[16] ALVES, José Carlos Moreira. *Direito romano*, p. 91.
[17] MONTEIRO, Washington de Barros. *Curso de direito civil*: parte geral. Atual. por Ana Cristina de Barros Monteiro França. São Paulo: Saraiva, 2000. v. 1, p. 56-57.
[18] Ibidem, loc. cit.
[19] KASER, Max. *Direito privado romano*, p. 99.

Hodiernamente, a pessoa encontra-se valorada no direito como um "ser", considerada como a pessoa humana com dignidade e proteção dos direitos da personalidade. Não mais se tutela a pessoa humana pelo "ter", representado pelo patrimônio, conclusão que decorre da ideia de *despatrimonialização do Direito Civil*.

Nessa linha de pensamento, tem-se a posição de Flávio Tartuce, em que a codificação contemporânea traz a ideia de pessoa inserida no meio social, com a dignidade valorizada, conforme texto constitucional.[20]

Francisco Amaral explica que a pessoa humana possui valor prioritário e fundamental, concepção diversa da anterior (século XIX), quando os principais interesses e referências axiológicas estavam representados no patrimônio, seja na liberdade, na vontade individual ou na propriedade privada.[21]

O Código Civil atual propõe, respectivamente, nos arts. 1.º e 2.º, que "Toda pessoa é capaz de direitos e deveres na ordem civil", e que "A personalidade civil da pessoa começa do nascimento com vida; mas a lei põe a salvo, desde a concepção, os direitos do nascituro".[22]

De acordo com o texto legal, tem-se que a pessoa natural possui capacidade de direito, a qual é reconhecida a todos indistintamente. Toda pessoa humana possui essa capacidade, simplesmente por ser pessoa.

Ocorre que algumas pessoas possuem a capacidade de fato reduzida, o que não quer dizer que não possuem capacidade de direito; ao contrário, todas as pessoas possuem capacidade de direito – a limitação está na capacidade de exercício ou de fato. As pessoas com capacidades reduzidas são aquelas nomeadas nas relações dos arts. 3.º e 4.º do Código Civil, denominadas absoluta e relativamente incapazes.

O incapaz possui capacidade de direito, pois encontra limitação apenas no exercício dos atos da vida civil, sob pena de o ato jurídico praticado por ele ser considerado nulo ou anulável. Entretanto, suprimida a restrição dos incapazes por meio da representação ou assistência por seus pais, tutores ou curadores, na forma da lei civil, terão a chamada capacidade de exercício, para aquele ato, consoante disposto nos arts. 7.º e 8.º do Código de Processo Civil.[23]

---

[20] TARTUCE, Flávio. *Direito civil, 1*: lei de introdução e parte geral, p. 115-116.

[21] AMARAL, Francisco. O dano à pessoa no direito civil brasileiro. p. 119-156. In: CAMPOS, Diogo Leite de; CHINELLATO, Silmara Juny de Abreu. *Pessoa humana e direito*, p. 120.

[22] BRASIL. Planalto. Código Civil. Disponível em: <www.planalto.gov.br/ccivil_03/leis/2002/l10406.htm>. Acesso em: 14 maio 2014.

[23] Vejam-se: "Art. 7.º Toda pessoa que se acha no exercício dos seus direitos tem capacidade para estar em juízo"; "Art. 8.º Os incapazes serão representados ou assistidos

A esse respeito, Nelson Nery Junior e Rosa Maria de Andrade Nery pontuam:

> Pais, tutores e curadores são representantes legais de seus filhos menores, de seus pupilos e de seus curatelados, respectivamente. São dois os institutos auxiliares do sistema de igualdade e liberdade negocial da pessoa natural, absoluta ou relativamente incapaz: a representação e a assistência. O primeiro é mais amplo e permite que a vontade do representado seja manifestada pelo representante, nos limites de sua capacidade. A vontade pelo representante é a sua própria, [...] mas os efeitos jurídicos do negócio do representante recaem sobre os ombros do representado (CC 116). O segundo, específico, se presta a funcionar como esteio da segurança de manifestação de vontade dos relativamente incapazes, que têm liberdade de querer ainda não plenamente estruturada. [...] A capacidade de exercício vem a ser "a susceptibilidade de utilizar ou desenvolver, só por si ou mediante procurador, a própria razão de gozo" (Manuel Andrade. Relações jurídicas, v. 1, n. 6, p. 31) e é suprida por meios legais, todas as vezes que o sujeito de direito ostentar particular situação de incapacidade absoluta ou relativa.[24]

As pessoas com capacidade de fato ou de exercício são independentes, pois podem exercer os atos da vida civil sozinhas. Trata-se daquelas pessoas com capacidade civil plena, uma vez que todos possuem capacidade de direito, mas a capacidade plena é atribuída somente àqueles que também têm capacidade de fato ou de exercício.

Evidentemente, não se permite confundir capacidade com legitimação ou legitimidade. Legitimação é a capacidade especial que determinadas pessoas possuem para exercer determinado ato ou negócio jurídico. Cite-se, por exemplo, a outorga conjugal, descrita no art. 1.647 do Código Civil. A legitimidade, por sua vez, consiste na capacidade processual, exposta no art. 3.º do Código de Processo Civil de 1973 (art. 17 do novo CPC).[25]

---

por seus pais, tutores e curadores, na forma da lei civil" (Disponível em: <http://www.planalto.gov.br/ccivil_03/LEIS/L5869compilada.htm>. Acesso em: 2 abr. 2014).

[24] NERY JUNIOR, Nelson; NERY, Rosa Maria de Andrade. *Código Civil comentado.* 11. ed. rev., ampl. e atual. São Paulo: RT, 2014. p. 299.

[25] No Direito Romano, segundo Friedrich Carl von Savigny, a capacidade de agir representava o estado da pessoa em si, o qual é julgado de acordo com o domicílio da pessoa, ou seja, "o direito local do domicílio como determinando em geral a capacidade de agir". O autor delimita seu posicionamento. A uma, quando uma lei concernente ao estado da pessoa, e tratando-se de lei absoluta, o juiz deve aplicar a lei do país; e, a duas, quando o princípio geral não encontra aplicação no tocante à capacidade jurídica ou à capacidade de agir. Ao se interpretar Friedrich Savigny, entende-se que a capacidade de agir não se confunde com a capacidade jurídica, mas os direitos e

Nota-se que capacidade de direito, capacidade de exercício e capacidade de agir se relacionam à pessoa, mas possuem significados distintos.

Reporta-se ao dicionário jurídico de Maria Helena Diniz, o qual explica a *capacidade de direito*, como "aptidão, oriunda da personalidade, para adquirir direitos e contrair obrigações na vida civil, que não pode ser recusada ao indivíduo, sob pena de se negar sua qualidade de pessoa, despindo-o dos atributos da personalidade"; a *capacidade de exercício*, como "aptidão de exercer por si os atos da vida civil, dependendo, portanto, do discernimento, que é critério, prudência, juízo, tino, inteligência"; e, por fim, a *capacidade de agir*, de natureza processual, "a de atuar em qualquer procedimento, praticando validamente os atos processuais".[26] Os referidos conceitos são formadores da narrativa do presente estudo.[27]

Na perspectiva de se aprofundar sobre os conceitos mencionados, apresenta-se o entendimento de Max Kaser. O autor aduz que a doutrina moderna adotou, das fontes romanas, o conceito de capacidade jurídica, apesar de os romanos não o terem formulado: "a dogmática moderna fala de CAPACIDADE JURÍDICA como capacidade de ser titular de direitos e obrigações (SUJEITO DE DIREITO), e chama *pessoa* em sentido jurídico a quem possui esta capacidade".[28]

---

deveres pessoais se alteram com a mudança de domicílio. O autor exemplifica como primeira hipótese: "nos países em que a poligamia é legal, um homem casado pode contrair vários casamentos subsequentes, mas o juiz de um Estado cristão recusa a semelhantes atos a proteção da lei". Nessa hipótese, aplica-se a lei do país e não "essa espécie de capacidade" – o domicílio da pessoa. Como segunda hipótese: "em muitos países a nobreza tem certos direitos particulares relativos à aquisição dos imóveis e às sucessões". Nesse assunto, direitos da nobreza de um país não se estendem à nobreza estrangeira, isto é, não se aplica o princípio geral do direito (SAVIGNY, Friedrich Carl von. *Sistema do direito romano atual*. Trad. Ciro Mioranza. Ijuí: Unijuí, 2004. p. 145).

[26] DINIZ, Maria Helena. *Dicionário jurídico*, p. 484.

[27] Ressalta-se aqui que o trabalho trata apenas da pessoa, o ser humano. É relevante essa consideração, pois, no Direito vigente, a lei concede e reconhece a capacidade para as pessoas jurídicas, "dotadas do mesmo subjetivismo que as pessoas naturais [...] [sendo] assim, como as naturais, sujeitos de direitos e deveres" (FIUZA, César. *Direito civil*: curso completo, p. 125). E, ainda, os entes despersonalizados (espólio, herança jacente, massa falida, sociedade de fato, sociedade irregular, condomínio) que não são pessoas jurídicas, mas possuem *personalidade judiciária* e podem exercer direitos e obrigações (NERY JUNIOR, Nelson; NERY, Rosa Maria de Andrade. *Código Civil comentado*, p. 373).

[28] KASER, Max. *Direito privado romano*, p. 99, grifo do original. Max Kaser explica que "os direitos que competem a cada indivíduo, respondem de forma diferente para cada grupo de pessoas". Apresenta a capacidade jurídica em três pontos: "segundo a **liberdade** (*libertas*), a **cidadania** (*civitas*) e a posição da **família**" (ibidem, p. 99, grifo do original).

Até aqui, descreveu-se a capacidade civil. À guisa de conclusão, assevera-se que toda pessoa humana possui capacidade de direito e, portanto, tem personalidade, as quais não são sinônimas, mas se interpenetram sem se confundir. A personalidade é ampla, ao passo que a capacidade constitui predicado da primeira.

Sobre esse enlace e não sinonímia entre personalidade e capacidade, destaca-se o posicionamento de Francisco Amaral, o qual relata que "O ordenamento jurídico reconhece a personalidade e concede a capacidade, podendo considerar-se esta um atributo daquela".[29] Em outras palavras, o doutrinador expõe o entendimento do autor italiano Manuel Garcia Amigo, segundo o qual, "enquanto a personalidade é valor ético que emana do próprio indivíduo, a capacidade é atribuída pelo ordenamento jurídico, como realização desse valor".[30]

A propósito, diante da distinção entre personalidade e capacidade já apresentada, cabe ressaltar a opinião do desembargador Ney Wiedemann Neto, do Tribunal de Justiça do Rio Grande do Sul, exarada no voto do Recurso de Apelação 70037901493, no qual reconhece que a pessoa tem personalidade jurídica por meio dos direitos da personalidade, a qual difere da capacidade:

> [...] para o Novo Código Civil, ter personalidade jurídica é possuir proteção fundamental a esses indivíduos, proteção essa que se perfectibiliza através dos direitos da personalidade. Logo, ter personalidade não significa ser ou não ser sujeito de direitos, mas ter uma proteção avançada, uma garantia básica a essa condição. Assim, a capacidade foi colocada ao lado da personalidade, e com essa não se confunde. A capacidade jurídica, essa sim, portanto, é a possibilidade de titularizar relações jurídicas, desdobrando-se em capacidade de direito e capacidade de fato, de modo que essa capacidade (titularidade em relações jurídicas) pode ser conferida a entes despersonalizados. Para ter capacidade, portanto, não se mostra necessário ter personalidade. Essa capacidade (que pode ser de direito e de fato) pode exigir o reconhecimento de requisitos específicos, o que configura a chamada legitimação.[31]

---

[29]   AMARAL, Francisco. *Direito civil* – introdução, p. 218-219.

[30]   Ibidem, loc. cit.

[31]   BRASIL. Tribunal de Justiça do Rio Grande do Sul. Apelação Cível 70037901493, Sexta Câmara Cível, Rel. Ney Wiedemann Neto, j. 26.08.2010. Disponível em: <www.tjrs.jus.br>. Acesso em: 15 ago. 2014.

Observa-se que, no referido acórdão, o desembargador Ney Wiedemann Neto aloca a personalidade como paralela à capacidade, fato que corrobora com o entendimento da divergência entre essas categorias jurídicas.

Para enfatizar posicionamento do presente estudo, apresentam-se as anotações de Maria Helena Diniz, referenciando Goffredo Telles Jr., em que afirma que "a personalidade consiste no conjunto de caracteres próprios da pessoa".[32] A autora continua, com base em Ruggiero e Maroi, lecionando que "A personalidade não é um direito, [...] A personalidade é que apoia os direitos e deveres que dela irradiam, é o objeto de direito", o bem que pertence à pessoa para que ela possa ser o que é.[33]

O conceito de personalidade é trazido por Flávio Tartuce, ao afirmar:

> Quanto à personalidade, essa pode ser conceituada como sendo a soma de caracteres corpóreos ou incorpóreos da pessoa natural ou jurídica, ou seja, a soma de aptidões da pessoa. Assim, a personalidade pode ser entendida como aquilo que a pessoa é, tanto no plano corpóreo quanto no social. No Brasil, a *personalidade jurídica plena* inicia-se com o nascimento com vida, ainda que por poucos instantes.[34]

A personalidade não depende de consciência ou vontade do indivíduo, como destaca Caio Mário da Silva Pereira, pois "a criança, mesmo recém-nascida, o louco, o portador de enfermidade que desliga o indivíduo do ambiente físico ou moral, não obstante a ausência de conhecimento da realidade, ou a falta de reação psíquica, é uma pessoa, e por isso mesmo dotado de personalidade".[35]

Assim, a personalidade é atributo inseparável do homem na ordem jurídica. E, como certifica Maria Helena Diniz, "somente em fins do século XX se pôde construir a dogmática dos direitos da personalidade, ante o

---

[32] DINIZ, Maria Helena. *Curso de direito civil*, p. 117-118.

[33] Ibidem, loc. cit. Maria Helena Diniz descreve o conceito de Goffredo Telles Jr.: "Os direitos da personalidade são os direitos subjetivos da pessoa de defender o que lhe é próprio, ou seja, a identidade, a liberdade, a sociabilidade, a reputação, a honra, a autoria etc. Por outras palavras, os direitos da personalidade são direitos comuns da existência, porque são simples permissões dadas pela norma jurídica, a cada pessoa, de defender um bem que a natureza lhe deu, de maneira primordial e direta" (ibidem, p. 118).

[34] TARTUCE, Flávio. *Direito civil, 1*: lei de introdução e parte geral, p. 116.

[35] PEREIRA, Caio Mário da Silva. *Instituições de direito civil*, p. 214-216.

redimensionamento da noção de respeito à dignidade da pessoa humana, consagrada no art. 1.º, III, da CF/88".[36] Com isso, segundo a doutrinadora:

> [...] reconhece-se nos direitos da personalidade uma dupla dimensão: a axiológica, pela qual se materializam os valores fundamentais da pessoa, individual ou socialmente considerada, e a objetiva, pela qual consistem em direitos assegurados legal e constitucionalmente, vindo a restringir a atividade dos três poderes, que deverão protegê-los contra quaisquer abusos, solucionando problemas graves que possam advir com o progresso tecnológico, p. ex., conciliando a liberdade individual com a social.[37]

Pensar em direitos da personalidade induz a se pronunciar sobre esses direitos, atributos de toda pessoa, em um linear doutrinário. A ideia aqui é trazer a interpretação sobre o assunto "personalidade" com base nas lições de Adriano De Cupis, Elimar Szaniawski, Rubens Limongi França, Maria Helena Diniz, Gustavo Tepedino, Luiz Edson Fachin, Anderson Schreiber, Flávio Tartuce, Pietro Perlingieri, Carlos Alberto Bittar, dentre outros, conforme explanado a seguir.

Carlos Alberto Bittar, por exemplo, considera os direitos da personalidade como

> [...] os direitos reconhecidos à pessoa humana tomada em si mesma ou em suas projeções na sociedade, previstos no ordenamento jurídico exatamente para a defesa de valores inatos no homem, como a vida, a higidez física, a intimidade, a honra, a intelectualidade e outros tantos.[38]

Assim sendo, Carlos Alberto Bittar classifica os direitos da personalidade provenientes da "natureza dos bens integrantes", distribuindo-os em: "a) direitos físicos; b) direitos psíquicos; e c) direitos morais".[39]

Sobre o conceito dos direitos da personalidade, o referido autor defende a tese de que esses direitos devem ser compreendidos como: "a) os próprios da pessoa em si (ou originários), existentes por sua natureza, como ente humano, com

---

[36] DINIZ, Maria Helena. *Curso de direito civil brasileiro*: teoria geral do direito civil. 25. ed. rev., atual. e ampl. de acordo com a reforma do CPC e com Projeto de Lei n. 276/2007. São Paulo: Saraiva, 2008. v. 1, p. 117.

[37] Ibidem, loc. cit.

[38] BITTAR, Carlos Alberto. *Os direitos da personalidade*. 5. ed. atual. por Eduardo Carlos Bianca Bittar. Rio de Janeiro: Forense, 2001. p. 1.

[39] Ibidem, p. 65.

o nascimento; b) e os referentes às suas projeções para o mundo exterior (a pessoa como ente moral e social, ou seja, em seu relacionamento com a sociedade)".[40]

Carlos Alberto Bittar anota que os direitos da personalidade "referem à própria pessoa, tendo como objeto seus atributos substanciais e, como fundamento, a própria essencialidade do ser", para tanto, apresenta distinção entre os direitos da personalidade e os direitos da pessoa, nos seguintes termos:[41]

> Nos direitos da personalidade, a pessoa é, a um só tempo, sujeito e objeto de direitos, remanescendo a coletividade, em sua generalidade, como sujeito passivo; daí, dizer-se que esses direitos são oponíveis *erga omnes* (e, portanto, devem ser respeitados por todos os integrantes da coletividade). Trata-se, pois, de relação de exclusão, que impõe a todos a observância e o respeito a cada pessoa, em seus componentes citados, sob pena de sancionamento pelo ordenamento jurídico.
>
> Nos direitos da pessoa, formam-se, por outro lado, diversas e distintas relações jurídicas, conforme o prisma de análise, a saber: a) com o Estado, ou com seus órgãos, ou entidades (a pessoa considerada como nacional ou não); b) com a família e seus componentes (como pai, como marido, como filho, como parente); e c) com a sociedade como um todo, ou com qualquer de seus membros, ou de seus grupos (as diversas relações privadas: intelectual; pessoal; obrigatória; ou real).[42]

Já Adriano de Cupis concebe os direitos da personalidade como direitos subjetivos, ou seja, como direitos essenciais à pessoa humana e autônomos entre si. Sobre o direito subjetivo, escreve:

> A personalidade, ou capacidade jurídica, é geralmente definida como sendo uma suscetibilidade de direitos e obrigações jurídicas. Não se

---

[40] BITTAR, Carlos Alberto. *Os direitos da personalidade*, p. 10. Acrescenta-se o posicionamento do autor, sobre a natureza dos direitos da personalidade, nos seguintes termos: "São direitos ínsitos na pessoa, em função da sua própria estrutura física, mental e moral. Daí, são dotados de certas particularidades, que lhes confere posição singular no cenário dos direitos privados, de que avultam, desde logo, as seguintes: a intransmissibilidade e a irrenunciabilidade, que se antepõem, inclusive como limites à própria ação do titular (que não pode eliminá-los por ato de vontade, mas, de outro lado, deles, sob certos aspectos, pode dispor, como por exemplo, a licença para uso da imagem, dentre outras hipóteses). Contudo, esse consentimento não desnatura o direito, representado, ao revés, exercício da faculdade inerente ao titular (e que lhe é privativa, não comportando, de uma parte, uso por terceiro sem expressa autorização do titular e quando juridicamente possível, e, de outra, execução forçada, em qualquer situação, eis que incompatível com a sua essencialidade" (ibidem, p. 5).

[41] Ibidem, p. 31.

[42] Ibidem, p. 30.

identifica nem com os direitos nem com as obrigações, e nem é mais do que a essência de uma simples qualidade jurídica [...] A personalidade, se não se identifica com os direitos e com as obrigações jurídicas, constitui a precondição deles, ou seja, o seu fundamento e pressuposto. Óbvio é que, enquanto simples suscetibilidade de ser titular de direitos e obrigações, deve ser algo diferente destes; mas para ser "suscetibilidade" é ao mesmo tempo fundamento sem o qual os mesmos direitos e obrigações não podem subsistir. Não se pode ser sujeito de direitos e obrigações se não se está revestido dessa suscetibilidade, ou da qualidade de "pessoa".[43]

Ao explicar os direitos da personalidade como direitos subjetivos, Adriano de Cupis compara a personalidade à imagem da ossatura: "a personalidade seria uma ossatura destinada a se revestir de direitos, assim como os direitos seriam destinados a revestir a ossatura".[44]

Como direito essencial, o doutrinador em comento assenta que os direitos da personalidade "constituem a medula da personalidade".[45] São os direitos sem os quais os direitos subjetivos perderiam todo o interesse para o indivíduo, "o que equivale a dizer que, se eles não existissem, a pessoa não existiria como tal".[46]

Ocorre que a essencialidade dos direitos está relacionada ao meio social, o que, vale dizer, modificando-se o modo de encarar a posição do indivíduo na sociedade, muda-se a consciência moral e, correlativamente, os direitos essenciais da personalidade. Quando os direitos se revestem da dita essencialidade não só tomam o lugar próprio no sistema do ordenamento positivo, mas adquirem destaque e asseguram todos os direitos da pessoa a que dizem respeito. Por essa razão, afirma Adriano de Cupis, os direitos da personalidade estão vinculados ao ordenamento positivo tanto como os outros direitos subjetivos e, por consequência, "não é possível denominar os direitos da personalidade como 'direitos inatos', entendidos no sentido de direitos respeitantes, por natureza à pessoa".[47]

---

[43] CUPIS, Adriano de. *Os direitos da personalidade*. Lisboa: Livraria Moraes, 1961. p. 13-15.

[44] Ibidem, p. 15.

[45] Ibidem, p. 17.

[46] Ibidem, loc. cit.

[47] Ibidem, p. 18.

Adriano de Cupis diz ainda que a concepção dos direitos inatos tem uma origem histórica e se aprofunda conforme a absorção do indivíduo pelos poderes absolutos. Nesse diapasão, o doutrinador italiano explana:

> Os direitos inatos são todos eles direitos da personalidade, mas pode verificar-se a hipótese de direitos que não têm por base simples pressuposto de personalidade, e que todavia, uma vez revelados, adquirem carácter de essencialidade. [...] os direitos da personalidade encontraram lugar na nova Constituição do Estado italiano, considerados como "direitos invioláveis do homem" (art. 2.º), e no aspecto das liberdades civis (art. 26 e segts).[48]

Assim, considerada essa concepção, é possível entender a conclusão de Adriano de Cupis:

> Os direitos da personalidade constituem uma categoria autônoma no sistema dos direitos subjectivos. Esta autonomia deriva tanto do carácter de essencialidade que lhes é próprio, como da configuração particular do objecto (de que deriva aquele mesmo carácter de essencialidade), como ainda daquele ulterior carácter especial da sua fisionomia que apontamos em último lugar. Só nas mais vastas categorias dos direitos subjectivos (direitos privados, não patrimoniais, absolutos) podemos integrar os direitos da personalidade; em nenhuma das outras que naquelas se contém, podem ser incluídos. Por consequência, deve reconhecer-se a estes plena dignidade de categoria autônoma.[49]

Como se percebe, Adriano de Cupis estrutura os direitos da personalidade como direitos subjetivos, como direitos essenciais e inerentes à pessoa, e que, como tal, devem estar positivados pelos respectivos ordenamentos jurídicos.

De outra forma, os direitos da personalidade são apresentados por Elimar Szaniawski. O autor nega que esses direitos sejam pertencentes à categoria dos direitos positivos, como proposto por Adriano de Cupis. Para tanto, Elimar Szaniawski adota os ensinamentos de R. Limongi França, que admite os direitos da personalidade como sendo oriundos do Direito Natural, mesmo porque,

> [...] a evolução dos direitos da personalidade e sua tutela só podem ser plenamente garantidas pelo trabalho e desenvolvimento constante da ju-

---

[48] CUPIS, Adriano de. *Os direitos da personalidade*, p. 28. Os artigos referenciados são da Constituição do Estado italiano, vigente em 1961.

[49] Ibidem, p. 81.

risprudência que utiliza a analogia e os Princípios Gerais do Direito para amplamente proteger dos ataques inerentes à pessoa humana.[50]

Nessa mesma linha, também contrário ao posicionamento de Adriano de Cupis que admite os direitos da personalidade como aqueles concedidos pelo ordenamento jurídico, portanto de natureza positiva, têm-se as lições de Rubens Limongi França:

> Recoloca-se aqui a velha questão de se saber se direito é só aquilo que está na lei, ou se existem faculdades jurídicas que, não previstas, embora, no ordenamento, se tornam sancionáveis em virtude de sua definição em outra forma de expressão do Direito.
>
> De nossa parte, já tivemos ocasião de demonstrar longamente que, a despeito de ser a lei a forma fundamental, outras existem, complementares, entre nós reconhecidas pelo legislador, expressa ou implicitamente, no art. 4.º da Lei de Introdução ao CC.
>
> Assim, além de Direitos Privados da Personalidade definidos em lei, outros há, reconhecidos pelo costume e pelo Direito Científico. É o caso do Direito ao Nome, do Direito à Imagem, do direito Moral do Escritor.
>
> O fundamento próximo de sua sanção é realmente a extratificação no Direito Consuetudinário ou nas conclusões da Ciência Jurídica. Mas o seu fundamento primeiro são as imposições da natureza das coisas, noutras palavras, o *Direito Natural*.[51]

Assim, a par dessas lições, permite-se afirmar que os fundamentos dos direitos da personalidade, oriundos do Direito Natural, são aqueles que os relacionam a ideais decorrentes da natureza da pessoa, e não por ordem positiva do Direito.

Elimar Szaniawski também esclarece que os "princípios emanados do direito natural assegurarão o respeito da dignidade da pessoa humana, donde surgirá a noção de direitos da personalidade em todos os seus aspectos e amplitude".[52]

Ademais, acrescenta o autor, os direitos de personalidade, por serem inerentes à pessoa e por se tratar de diversos aspectos da manifestação da

---

[50] SZANIAWSKI, Elimar. *Direitos da personalidade e sua tutela*. São Paulo: RT, 1993. p. 90-91.

[51] FRANÇA, Rubens Limongi. Direitos da personalidade: coordenadas fundamentais. *Revista dos Tribunais*, n. 567, p. 10-11, jan. 1983, p. 10-11, grifou-se.

[52] SZANIAWSKI, Elimar. *Direitos da personalidade e sua tutela*, p. 91.

personalidade humana, são de extensão tão ampla e transcendental que não se limitam a uma só disciplina jurídica, mas a todos os ramos jurídicos, como o Direito Constitucional, o Direito Civil, o Direito Penal, o Direito Administrativo, a Teoria Geral do Direito e a Filosofia do Direito. "Não são nem públicos nem privados, são simplesmente *direito de personalidade*", afirma o jurista.[53]

Maria Helena Diniz igualmente reconhece os direitos da personalidade como categoria de direitos subjetivos, "de exigir um comportamento negativo de todos, protegendo um bem próprio, valendo-se de ação judicial".[54] Nesse contexto, os direitos em questão não se extinguem pelo seu não uso, pois, todos os direitos da personalidade são tutelados em cláusula pétrea constitucional. A jurista esclarece que os direitos aludidos são aqueles relativos à prerrogativa da pessoa de defender o que lhe é próprio, como a vida, a identidade, a liberdade, a imagem, a privacidade e a honra, dentre outros.[55] Nesse sentido:

> São direitos subjetivos da pessoa de defender o que lhe é próprio, ou seja, a sua integridade física (vida, alimentos, próprio corpo vivo ou morto, corpo alheio vivo ou morto, partes separadas do corpo vivo ou morto); a sua integridade intelectual (liberdade de pensamento, autoria científica, artística e literária) e sua integridade moral (honra, recato, segredo pessoal, profissional e doméstico, imagem, identidade pessoal, familiar e social).[56]

O reconhecimento dos direitos da personalidade como categoria de direitos subjetivos é recente, de acordo com Maria Helena Diniz. Mas a tutela jurídica já existia na Antiguidade, por meio da fraternidade universal reconhecida no Cristianismo; e em 1789, com a Declaração dos Direitos, a defesa dos direitos individuais e a valorização da pessoa humana e da liberdade do cidadão. Sucessivamente, após a Segunda Guerra Mundial, o mundo jurídico tomou consciência da importância dos direitos da personalidade, por meio da Assembleia Geral da Organização das Nações Unidas (ONU) de 1948, na Convenção Europeia de 1950 e no Pacto Internacional das Nações Unidas.[57]

---

[53]   SZANIAWSKI, Elimar. *Direitos da personalidade e sua tutela.* p. 93-95.

[54]   DINIZ, Maria Helena. *Curso de direito civil brasileiro*: teoria geral do direito civil, p. 119-120.

[55]   DINIZ, Maria Helena. *Curso de direito civil brasileiro*: teoria geral do direito civil, p. 119-120.

[56]   Ibidem, p. 143.

[57]   Ibidem, p. 116-117.

Nota-se, ao se reportar ao Direito Romano, que os direitos da personalidade de outrora não eram tratados conforme hoje são conhecidos, nos termos da explicação de Gustavo Tepedino, ao afirmar que se "concebeu apenas a *actio injuriarum*, a ação contra a injúria, que no espírito prático dos romanos, abrangia qualquer 'atentado à pessoa física ou moral do cidadão', hoje associado à tutela da personalidade humana".[58]

Nessa linha, os direitos da personalidade são compreendidos como aqueles atinentes à tutela da pessoa humana, considerados essenciais à sua dignidade e integridade, "fruto de elaborações doutrinárias germânica e francesa da segunda metade do século XIX", segundo Gustavo Tepedino. O jurista recorre às lições de Giorgio Giampicolo para confirmar suas assertivas:[59]

> [...] o homem, como pessoa, manifesta dois interesses fundamentais: como indivíduo, o interesse a uma existência livre; como partícipe do consórcio humano, o interesse ao livre desenvolvimento da "vida em relações". A esses dois aspectos essenciais do ser humano podem substancialmente ser reconduzidas todas as instâncias específicas da personalidade.[60]

Ao refletir sobre o manadeiro ou a fonte dos direitos da personalidade, Gustavo Tepedino analisa o momento histórico que insere o intérprete do Direito, pois importa para se posicionar a respeito da fonte desses direitos, seja no plano metodológico ou hermenêutico. Assim, poder-se-ia afirmar que, "fora de um determinado contexto histórico, não existe possibilidade de se estabelecer um bem jurídico superior, já que sua própria compreensão depende de condicionantes multifacetados e complexos atinentes aos valores sociais historicamente consagrados".[61]

Destarte, Gustavo Tepedino critica as concepções jusnaturalistas, admitindo como insuficientes as teorias monista e pluralista, e não concebendo a proteção da personalidade aos moldes do direito de propriedade. O autor assim defende:

> Em respeito ao texto constitucional, parece lícito considerar a personalidade não como um novo reduto de poder do indivíduo, no âmbito do

---

[58] TEPEDINO, Gustavo. A tutela da personalidade no ordenamento civil-constitucional brasileiro. In: TEPEDINO, Gustavo. *Temas de direito civil*, p. 26.

[59] Ibidem, loc. cit.

[60] GIAMPICOLO, Giorgio. La tutela giuridica della persona umana e ilc. d. diritto alla riservatezza. *Riv. Trimestrale di Diritto e Procedura Civile*, 1958, p. 458. In: TEPEDINO, Gustavo. *Temas de direito civil*, p. 26-27.

[61] TEPEDINO, Gustavo. A tutela da personalidade no ordenamento civil-constitucional brasileiro. In: TEPEDINO, Gustavo. Op. cit., p. 45.

qual seria exercido a sua titularidade, mas como valor máximo do ordenamento, modelador de autonomia privada, capaz de submeter toda a atividade econômica a novos critérios de validade.[62]

Em complemento, Gustavo Tepedino rebate a teoria monista, ao afirmar "que alvitra um unico direito geral e originário da personalidade da qual todas as situações jurídicas existenciais se irradiam",[63] bem como a teoria pluralista. O autor acentua que "ambas as elaborações parecem excessivamente preocupadas com a estrutura subjetiva e patrimonialista da relação jurídica [...]"[64] e não consideram "os aspectos distintivos da pessoa humana na hierarquia dos valores constitucionais".[65]

Para afastar a concepção jusnaturalista sobre as fontes dos direitos da personalidade, apresenta-se a recomendação de Luiz Edson Fachin, propugnando que a dignidade da pessoa humana é compreendida contemporaneamente como princípio fundamental do qual todos os demais princípios derivam e norteia todas as regras jurídicas.[66] A sua validade e eficácia, como norma que foi elevada acima das demais regras e princípios, derivam da necessidade própria da sua integração e sua proteção nos sistemas normativos.[67] Essa perspectiva principiológica da dignidade humana serve de substrato normativo e axiológico para todos os demais direitos não patrimoniais, como os direitos da personalidade.[68]

Admite-se que o princípio da dignidade da pessoa humana, como base do ordenamento jurídico, é indicativo dos direitos da personalidade, sendo a pessoa o centro desses direitos. Sobre essa acepção, Roxana Cardoso Brasileiro Borges assevera que "o sentido de dignidade enquanto princípio básico do ordenamento jurídico se aproxima das noções de respeito à essência da pessoa humana, respeito

---

[62] TEPEDINO, Gustavo. A tutela da personalidade no ordenamento civil-constitucional brasileiro. In: TEPEDINO, Gustavo. Op. cit., p. 53.

[63] Ibidem, p. 62.

[64] Ibidem, loc. cit.

[65] Ibidem, loc. cit.

[66] FACHIN, Luiz Edson. *Análise crítica, construtiva e de índole constitucional da disciplina dos direitos da personalidade no Código Civil brasileiro: fundamentos, limites e transmissibilidade.* Disponível em: <http://www.aprimorar.com/~abdc/wp-content/uploads/2013/07/An%C3%A1lise-Cr%C3%ADtica-Construtiva-e-de--%C3%8Dndole-Constitucional-da-Disciplina-dos-Direitos-da-Personalidade-no--C%C3%B3digo-Civil-Brasileiro-Fundamentos-Limites-e-Transmissibilidade.pdf>. Acesso em: 19 maio 2014.

[67] Ibidem.

[68] Ibidem.

às características e sentimentos da pessoa humana".[69] Daí porque assegurar que o conteúdo da dignidade depende do próprio sujeito, um sentimento subjetivo, pois está à mercê do sentimento de respeito, da consciência de sentimentos e das características físicas, culturais e sociais do próprio sujeito.[70]

Da mesma forma, José de Oliveira Ascensão sustenta que "no centro do direito de personalidade deve estar a defesa da pessoa humana como tal. Sem isto, a categoria seria supérflua".[71]

Ainda na perspectiva da doutrina, para Pietro Perlingieri, "não é um direito, mas sim, um *valor* (o valor fundamental do ordenamento) e está na base de uma série aberta de situações existenciais, nas quais se traduz a sua incessantemente exigência mutável de tutela".[72] O autor elucida que situações subjetivas não formam o direito subjetivo, pois não existe número fechado de hipóteses tuteladas; "tutelado é o valor da pessoa sem limites, salvo aqueles colocados no seu interesse e naqueles de outras pessoas".[73] Portanto, de acordo com esse doutrinador:

> Nenhuma previsão especial poderia ser exaustiva porque deixaria de fora algumas manifestações e exigências da pessoa que, em razão do progresso da sociedade, exigem uma consideração positiva. O fato de a personalidade ser considerada como valor unitário, tendencialmente sem limitações, não impede que o ordenamento preveja autonomamente, algumas expressões mais qualificantes como, por exemplo, o direito a saúde (art. 32 Const.), ao estudo (art. 34 Const.), ao trabalho (art. 24 Const.).[74]

Cristiano Chaves de Farias e Nelson Rosenvald advertem que a matéria dos direitos da personalidade precisa ser "enxergada, nos dias de hoje, sob a ótica civil--constitucional, em razão das importantes opções firmadas pela Lex Legum".[75] A pessoa humana como ponto central da ordem jurídica brasileira está inserida em um novo conteúdo dos direitos da personalidade, pois embasados na "afirmação da *cidadania* e da *dignidade da pessoa humana* como princípios constitucionais

---

[69] BORGES, Roxana Cardoso Brasileiro. *Direitos de personalidade e autonomia privada*. 2. ed. rev. São Paulo: Saraiva, 2007. p. 15. (Coleção Prof. Agostinho Alvim/ Coordenação Renan Lotufo).

[70] Ibidem, loc. cit.

[71] ASCENSÃO, José de Oliveira. Pessoa, direitos fundamentais e direito da personalidade. *Revista Mestrado em Direito*, Osasco, ano 6, n. 1, p. 145-168, 2006, p. 149.

[72] PERLINGIERI, Pietro. *O direito civil na legalidade constitucional*, p. 764-765.

[73] Ibidem, loc. cit.

[74] PERLINGIERI, Pietro. *O direito civil na legalidade constitucional*, p. 765.

[75] FARIAS, Cristiano Chaves; ROSENVALD, Nelson. *Direito civil*: teoria geral. 9. ed. Rio de Janeiro: Lumen Juris, 2011. p. 137.

(art. 1.º, II e III), juntamente com a proclamação da igualdade e da liberdade".[76] Para ambos os autores, "Em síntese estreita: os direitos da personalidade estão, inexoravelmente, unidos ao desenvolvimento da pessoa humana, caracterizando-se como garantia para a preservação de sua dignidade".[77]

Francisco Amaral reconhece que "os direitos da personalidade são o terreno de encontro privilegiado entre o direito privado, as liberdades públicas e o direito constitucional".[78]

O doutrinador classifica os direitos da personalidade, como "aspectos fundamentais da personalidade que são objeto da tutela jurídica, a saber: o físico, o intelectual e o moral".[79] Em outros termos:

> O direito à *integridade física* compreende a proteção jurídica à vida, ao próprio corpo, quer na sua totalidade, quer em relação a tecidos, órgãos e partes do corpo humano suscetíveis de separação e individualização (Lei dos Transplantes, Lei 9.434, de 04 de fevereiro de 1997, e Decreto 2.268 de 30 de junho de 1997), quer no tocante ao corpo sem vida, o cadáver, e ainda, o direito e à liberdade de alguém submeter-se ou não a exame e tratamento médico. O Código Civil protege-o, de modo geral, nos arts. 13 e 15.
>
> O direito à *integridade moral* consiste na proteção que a ordem jurídica concede à pessoa no tocante à sua honra, liberdade, intimidade, imagem e nome (CC. arts. 16, 17, 18, 19, 20 e 21).
>
> O direito à *integridade intelectual* é o que protege o direito moral do autor, isto é, o direito de reivindicar a paternidade da obra, e o direito patrimonial que é o direito de dispor da obra, explorá-la e dela dispor (Lei 9.610, de 19 de fevereiro de 1998).[80]

Com essa perspectiva, Cristiano Chaves de Farias e Nelson Rosenvald aduzem que os direitos da personalidade ultrapassaram a distinção emanada da histórica dicotomia entre Direito Público e Direito Privado, pois derivam da "própria dignidade reconhecida a pessoa humana para tutelar os valores mais significativos do indivíduo, seja perante outras pessoas, seja em relação ao Poder Público".[81]

---

[76] FARIAS, Cristiano Chaves; ROSENVALD, Nelson. *Direito civil*: teoria geral. 9. ed. Rio de Janeiro: Lumen Juris, 2011. p. 137.

[77] Ibidem, loc. cit.

[78] AMARAL, Francisco. *Direito civil* – introdução, p. 249.

[79] Ibidem, p. 259.

[80] AMARAL, Francisco. *Direito civil* – introdução, p. 259.

[81] FARIAS, Cristiano Chaves; ROSENVALD, Nelson. *Direito civil*: teoria geral, p. 138.

Em atendimento à relação aludida entre os direitos da personalidade e a dignidade humana, afirmada constitucionalmente, sedimentou-se o Enunciado 274 do Conselho da Justiça Federal e Superior Tribunal de Justiça, aprovado na *IV Jornada de Direito Civil* de 2006:

> [...] os direitos da personalidade, regulados de maneira não exaustiva pelo Código Civil, são expressões da cláusula geral de tutela da pessoa humana, contida no art. 1.º, III, da Constituição Federal (princípio da dignidade da pessoa humana). Em caso de colisão entre eles, como nenhum pode sobrelevar os demais, deve-se aplicar a técnica da ponderação.[82]

Em confirmação ao teor do enunciado doutrinário, Gustavo Tepedino explana:

> [...] [a] escolha da dignidade da pessoa humana como fundamento da República, associada ao objetivo fundamental de erradicação de pobreza e da marginalização, e de redução das desigualdades sociais, juntamente com a previsão do § 2.º do art. 5.º, no sentido da não exclusão de quaisquer direitos e garantias, mesmo que não expressos, desde que decorrentes dos princípios adotados pelo texto maior, configuram uma verdadeira cláusula geral de tutela e promoção da pessoa humana, tomada como valor máximo pelo ordenamento.[83]

Também no que diz respeito ao enunciado doutrinário, Flávio Tartuce, de modo elucidativo, comenta a técnica da ponderação desenvolvida por Robert Alexy ao afirmar que "em casos de difícil solução (*hard cases*) os princípios e direitos fundamentais devem ser sopesados no caso concreto pelo aplicador do Direito, para se buscar a melhor solução".[84] E admite ser "entusiasta da utilização dessa técnica, de imensa carga valorativa".[85]

---

[82] Flávio Tartuce explica que o enunciado adotou a tese de Pietro Perlingieri e de Gustavo Tepedino, bem como o conteúdo do trabalho de Maria Celina Bodin de Moraes. Lembra, ainda, que entre os autores contemporâneos defensores dessa mesma tese, no sentido de *cláusula geral de proteção da personalidade*, encontram-se Cristiano Chaves de Farias e Nelson Rosenvald (TARTUCE, Flávio. *Direito civil, 1*: lei de introdução e parte geral, p. 141).

[83] TEPEDINO, Gustavo. A tutela da personalidade do ordenamento civil-constitucional brasileiro. In: TEPEDINO, Gustavo. *Temas de direito civil*, p. 54.

[84] TARTUCE, Flávio. *Direito civil, 1*: lei de introdução e parte geral, p. 141.

[85] Ibidem, loc. cit.

Anderson Schreiber, nessa mesma linha, anota que "a ponderação somente se faz necessária quando há efetiva colisão entre interesses igualmente protegidos".[86] Com efeito, como o juiz analisará o caso concreto, o resultado da ponderação varia, inevitavelmente.[87]

Cabe anotar que, no novo Código de Processo Civil, o § 2.º do art. 489 defere aos julgadores, no momento de pôr fim ao processo, a faculdade de decidir com ponderação no caso de colisão entre normas.[88]

Entretanto, ainda que se entenda permitida a aplicabilidade da técnica da ponderação, tem-se com pensamento divergente Lenio Luiz Streck, o qual rechaça a aplicabilidade do § 2.º do art. 489. Antes da promulgação do novo Código de Processo Civil, o autor pediu veto para a Presidência desse comando e, como fundamentação, apresentou dez razões. Em especial, argumenta que o dispositivo contraria o interesse público, pois sua aplicação leva à ausência de segurança jurídica, haja vista o dispositivo legal favorecer a um relativismo interpretativo.[89] Todavia, como é notório, o artigo não foi vetado na oportunidade da promulgação do Novo CPC e entrará em vigor a partir de março de 2016.

De toda sorte, constata-se que o legislador permitiu a aplicabilidade da técnica da ponderação. Nota-se que a referida técnica é aplicada na hipótese de conflito entre norma e princípios, como princípios constitucionais ou direitos fundamentais, e não entre conflito de norma e regra.

Conforme já mencionado no segundo capítulo deste trabalho, regras e princípios são normas. Regras são ou não válidas e, se válidas, deverão ser aplicadas aos casos concretos. Os princípios, como mandamentos de otimização, devem ser aplicados com prioridade nos casos envolvendo a proteção

---

[86] SCHREIBER, Anderson. *Direitos da personalidade*. 2. ed. São Paulo: Atlas, 2013. p. 113-114.

[87] Ibidem, loc. cit.

[88] Veja-se o teor do referido dispositivo: "Art. 489. São elementos essenciais da sentença: [...]
§ 2.º No caso de colisão entre normas, o juiz deve justificar o objeto e os critérios gerais da ponderação efetuada, enunciando as razões que autorizam a interferência na norma afastada e as premissas fáticas que fundamentam a conclusão" (BRASIL. Planalto. Novo Código de Processo Civil. Disponível em: <planalto.gov.br/ccivil_03/_Ato2015-2018/2015/Lei/L13105.htm>. Acesso em: 27 fev. 2015).

[89] STRECK, Lenio Luiz. Ponderação de normas no novo CPC? É o caos. Dilma, por favor, veta! *Conjur*. Disponível em: <http://www.conjur.com.br/2015-jan-08/senso-incomum-ponderacao-normas-cpc-caos-dilma-favor-veta?imprimir=1>. Acesso em: 27 fev. 2015.

da dignidade humana. Nesse contexto, sustenta-se que a técnica de ponderação não só pode como deve ser utilizada como mecanismo de solução de casos complexos, especialmente aqueles envolvendo colisões entre direitos da personalidade ou direitos fundamentais.

A proteção da dignidade humana está na essência dos direitos da personalidade; entretanto, os direitos da personalidade possuem características peculiares, como explica Flávio Tartuce. São, assim, direitos inatos, ilimitados, absolutos, intransmissíveis e indisponíveis, irrenunciáveis, impenhoráveis e inexpropriáveis.[90]

O propósito, aqui, não é discorrer sobre se a classificação é global ou divergente entre os autores, pois essa questão refoge ao objeto desta obra. Nesse diapasão, opta-se por admitir e adotar as características mencionadas, aduzidas por Flávio Tartuce.

São, assim, direitos inatos porque nascem com o ser humano, não possuem limites e são absolutos, porque oponíveis *erga omnes*, isto é, devem ser respeitados por todas as pessoas. Não se transmitem a terceiros por serem inerentes à própria pessoa, o que não ocorre com o direito patrimonial.

Os direitos da personalidade têm previsão normativa e estão dispostos no Código Civil entre os arts. 11 e 21, preceitos que tratam do direito ao próprio corpo, do direito à honra, do direito à imagem, do direito à privacidade, do direito ao nome e à identidade pessoal.

Efetivamente, o rol não é taxativo, "[...] diante da *cláusula geral de tutela e promoção da pessoa humana*, concebida por Pietro Perlingieri, Gustavo Tepedino e Maria Celina Bodin de Moraes", conforme assevera Flávio Tartuce.[91]

As três razões principais para não tratar os direitos da personalidade como norma fechada, ou seja, *numerus clausus*, são apresentadas por Anderson Schreiber:

> Primeiro, porque são direitos de índole constitucional, cuja proteção não pode ser indevidamente limitada pelo legislador ordinário. Segundo, porque as situações fáticas em que se configura a ameaça aos direitos da personalidade são amplíssimas e têm se expandido continuamente em face das novas tecnologias. Terceiro, não é incomum que a proteção dos direitos da personalidade colida com a tutela de outros direitos de ordem constitucional.[92]

---

[90] TARTUCE, Flávio. *Direito civil, 1*: lei de introdução e parte geral, p. 145-163.
[91] Ibidem, p. 165.
[92] SCHREIBER, Anderson. *Direitos da personalidade*, p. 222.

No contexto dos direitos da personalidade, as normas fechadas perdem o sentido e exigem "que o intérprete proceda à necessária ponderação entre os interesses conflitantes", continua Anderson Schreiber, afirmando, ainda, que "o caráter aberto da dignidade humana não permite o congelamento das suas múltiplas expressões".[93]

O referido autor também leciona que os direitos da personalidade como atributos considerados essenciais à condição humana têm sua compreensão e amplitude variando no tempo e no espaço. Dessa forma, a categoria dos direitos da personalidade "não tem como escopo cristalizar o rol dos atributos essenciais ao ser humano. Suas funções jurídicas são outras, por exemplo:[94]

> (i) evidenciar as diferentes ameaças que cada um desses atributos pode sofrer, facilitando a prevenção de danos (função preventiva); (ii) permitir, por meio do desenvolvimento de instrumentos específicos, a mais plena reparação das lesões que venham a atingi-los (função reparatória); (iii); auxiliar a formulação de parâmetros próprios para a ponderação nas hipóteses de colisão entre os próprios direitos da personalidade e outros direitos fundamentais (função pacificadora); e, (iv) estimular o desenvolvimento desses atributos por meio de políticas públicas e iniciativas sociais adequadas (função promocional).[95]

Algumas reflexões merecem análise, em especial e como forma de exceção, a possibilidade da relativização dos caracteres dos direitos da personalidade.

Os direitos da personalidade encontram limitações consoantes disposições dos arts. 11 e 15 do Código Civil,[96] conforme se depreende dos seguintes enunciados do Conselho da Justiça Federal e Superior Tribunal de Justiça, aprovados nas *Jornadas de Direito Civil*:

> Enunciado 4 CJF/STJ aprovado na I Jornada de Direito Civil: Art. 11: O exercício dos direitos da personalidade pode sofrer limitação voluntária, desde que não seja permanente nem geral.

---

[93] SCHREIBER, Anderson. *Direitos da personalidade*. p. 223-224.

[94] Ibidem, p. 223.

[95] Ibidem, p. 223-224.

[96] Vejam-se os referidos dispositivos do Código Civil: "Art. 11. Com exceção dos casos previstos em lei, os direitos da personalidade são intransmissíveis e irrenunciáveis, não podendo o seu exercício sofrer limitação voluntária"; "Art. 15. Ninguém pode ser constrangido a submeter-se, com risco de vida, a tratamento médico ou a intervenção cirúrgica" (BRASIL. Planalto. Código Civil. Disponível em: <www.planalto. gov.br/ccivil_03/leis/2002/l10406.htm>. Acesso em: 14 maio 2014).

Enunciado 139, na III Jornada de Direito Civil – Art. 11: Os direitos da personalidade podem sofrer limitações, ainda que não especificamente previstas em lei, não podendo ser exercidos com abuso de direito de seu titular, contrariamente à boa-fé objetiva e aos bons costumes.[97]

Como exemplo da não limitação do conteúdo relativo ao art. 11 do Código Civil tem-se o direito à imagem. Trata-se de um direito fundamental protegido pelo Texto Maior, porém, a imagem pode ser explorada de forma patrimonial, embora não de modo vitalício.

Anderson Schreiber cita outro exemplo: "o escritor que concede uma entrevista, revelando ao público detalhe de sua vida particular, deixa de exercer, naquela situação específica, seu direito à privacidade".[98] Nessa hipótese, a limitação deriva da vontade do particular, como uma realização da dignidade da pessoa humana, e não pode ser reprimida pela ordem jurídica. O mesmo ocorre com a exposição pessoal em programa de *reality show*, com limitação voluntária ao exercício do direito da privacidade.[99]

No que toca ao disposto no art. 15 do Código Civil, segundo o qual ninguém pode ser constrangido a submeter-se a tratamento médico ou a intervenção cirúrgica com risco de vida, "o Código não pode permitir uma conclusão que sacrifique a vida, valor fundamental inerente à pessoa humana", conforme leciona Flávio Tartuce.[100]

A decisão sobre uma intervenção cirúrgica ou não na hipótese de risco de vida está além do disposto no art. 15 em comento. Nesta seara encontra--se a responsabilidade civil do médico e toda a regulamentação constante do Código de Ética Médica.

Os Enunciados 403 e 528 do Conselho da Justiça Federal e Superior Tribunal de Justiça, aprovados na *V Jornada de Direito Civil* de 2011, trazem algumas elucidações sobre o referido dispositivo do Código Civil:

403 – Art. 15. O Direito à inviolabilidade de consciência e de crença, previsto no art. 5.º, VI, da Constituição Federal, aplica-se também à pessoa que se nega a tratamento médico, inclusive transfusão de sangue, com ou sem risco de morte, em razão do tratamento ou da falta dele, desde que

---

[97] Disponível em: <http://www.cjf.jus.br/cjf/CEJ-Coedi/jornadas-cej/enunciados-aprovados-da-i-iii-iv-e-v-jornada-de-direito-civil/jornadas-de-direito-civil-enunciados--aprovados>. Acesso em: 17 maio 2015.

[98] SCHREIBER, Anderson. *Direitos da personalidade*, p. 27-29.

[99] Ibidem, loc. cit.

[100] TARTUCE, Flávio. *Direito civil, 1*: lei de introdução e parte geral, p. 149.

observados os seguintes critérios: a) capacidade civil plena, excluído o suprimento pelo representante ou assistente; b) manifestação de vontade livre, consciente e informada; e c) oposição que diga respeito exclusivamente à própria pessoa do declarante.

528 – Arts. 1.729, parágrafo único, e 1.857. É válida a declaração de vontade expressa em documento autêntico, também chamado "testamento vital", em que a pessoa estabelece disposições sobre o tipo de tratamento de saúde, ou não tratamento, que deseja no caso de se encontrar sem condições de manifestar a sua vontade.[101]

Sobre o Enunciado 528, cabe o exemplo da ortotanásia, que etimologicamente significa morte no tempo certo: *ortho* (certo) e *thanathos* (morte). A ortotanásia tem o sentido de permitir a morte no seu tempo correto, seguindo o processo natural e espontâneo, sem a tentativa de excesso terapêutico inútil, conhecido como distanásia. Nesse caso, a perda da vida já é iminente, pois o paciente se encontra em processo natural de morte, e o médico permite que este estado se desenvolva em seu curso natural, segundo Hildeliza Lacerda Tinoco Boechat Cabral.[102]

A autora argumenta que a imposição de sobrevivência em um leito de morte obsta o exercício da vontade humana, cerceia a liberdade e a autonomia da pessoa. É a própria pessoa quem deve deliberar sobre sua vida, seu destino, seu futuro.[103]

A propósito da multiplicidade das situações e debates referentes ao direito à morte digna, Anderson Schreiber traça critérios que suscitam o exercício dessa prerrogativa: a) "deve-se respeitar a expressa recusa ao tratamento manifestada pelo paciente, capaz consciente e informado das consequências", inclusive o óbito;[104] b) deve-se respeitar a vontade do paciente formalizada no chamado testamento biológico (diretiva antecipada de vontade), estando o paciente inconsciente, salvo mudança significativa de eficiência e variedade de tratamento médico; c) é necessário buscar a possível reconstrução da vontade do paciente extraído do seu comportamento pregresso, a hipótese de paciente

---

[101] Disponível em: <www.cnj.jus.br>. Acesso em: 18 ago. 2014.

[102] CABRAL, Hildeliza Lacerda Tinoco Boechat. Eutanásia: dignidade da pessoa humana como fundamento ético e jurídico do direito à morte digna. *Revista Magister de Direito Penal e Processual Penal*, n. 43, ago.-set. 2011. Disponível em: <https://www.magisteronline.com.br/mgstrnet/lpext.dll/Dout/12a6?f=templates&fn=doc>. Acesso em: 28 ago. 2013.

[103] Ibidem.

[104] SCHREIBER, Anderson. *Direitos da personalidade*, p. 65.

incapaz e sem declaração prévia a respeito; d) deve-se avaliar conduta do médico na órbita jurídica, diante da solicitação do paciente enfermo para a obtenção do resultado letal, sob a intenção do paciente, duração e seriedade do acompanhamento médico, bem como o impedimento de uma decisão banalizada, ainda que livre e refletida.[105]

Ainda na seara do disposto no art. 15 do diploma civil, tem-se a emblemática Resolução 1.021/1980, do Conselho Federal de Medicina (CFM), que permite ao médico praticar a transfusão de sangue no paciente em iminente estado de perigo, independentemente do consentimento deste ou do responsável. O questionamento entre o direito à vida e à liberdade de crença garantidos pela Constituição da República de 1988 gera opiniões divergentes a respeito da (im)possibilidade da transfusão de sangue para Testemunhas de Jeová.

Ao se manifestar sobre essa polêmica, Flávio Tartuce propugna que, "em casos de emergência, deverá ocorrer a intervenção cirúrgica, eis que o direito à vida merece maior proteção do que o direito à liberdade, particularmente quanto àquele relacionado com a opção religiosa".[106] O autor esclarece que "não visa captar opiniões sobre o tema religião, mas demonstrar que um direito da personalidade pode ser relativizado se entrar em conflito com outro direito da personalidade".[107]

Nessa hipótese, faz-se necessária a ponderação entre direitos fundamentais, ressaltando-se que deve prevalecer o direito à vida se em conflito com o direito à liberdade, como seguramente aclarado por Flávio Tartuce.[108] Eis aqui, no entendimento adotado nesta obra, um caso em que o recurso à ponderação demonstra ser necessário e eficiente para resolver o problema, tido como um caso de difícil solução.

Anderson Schreiber, em posição antagônica, admite no mesmo patamar constitucional o direito à liberdade de crença e o direito à vida, motivo pelo qual entende que o intérprete da norma não pode se agarrar a regras específicas, como a Resolução CFM 2.013/2013, publicada no *Diário Oficial da União (DOU)*, de 9 de maio de 2013. E, assevera, na hipótese de transfusão de sangue, "a vontade do paciente deve ser respeitada, porque assim determina a tutela da dignidade humana, valor fundamental do ordenamento jurídico brasileiro. É com esses olhos que se deve examinar o art. 15 do Código Civil".[109]

---

[105] SCHREIBER, Anderson. *Direitos da personalidade.* p. 64-66.
[106] TARTUCE, Flávio. *Direito civil, 1*: lei de introdução e parte geral, p. 153.
[107] Ibidem, loc. cit.
[108] Ibidem, loc. cit.
[109] SCHREIBER, Anderson. *Direitos da personalidade,* p. 53.

Feitas essas considerações, passa-se à análise do direito à privacidade, o qual importará em decisão a ser defendida em capítulo específico sobre a doação dos embriões excedentários, em especial no campo que se refere aos dados genéticos.

O direito ao conhecimento da origem genética integra os direitos da personalidade, segundo Anderson Schreiber.[110]

Assim, na hipótese de "adoção à brasileira" o vínculo biológico se sobrepõe ao vínculo socioafetivo. "Caracteriza violação ao princípio da dignidade da pessoa humana cercear o direito de conhecimento da origem genética, respeitando-se, por conseguinte, a necessidade psicológica de se conhecer a verdade biológica", de acordo com voto da ministra Nancy Andrighi, no Recurso Especial 833.712.[111]

---

[110] SCHREIBER, Anderson. *Direitos da personalidade.* p. 177.

[111] Veja-se: "Direito civil. Família. Recurso especial. Ação de investigação de paternidade e maternidade. Vínculo biológico. Vínculo socioafetivo. Peculiaridades. – A 'adoção à brasileira', inserida no contexto de filiação socioafetiva, caracteriza-se pelo reconhecimento voluntário da maternidade/paternidade, na qual, fugindo das exigências legais pertinentes ao procedimento de adoção, o casal (ou apenas um dos cônjuges/companheiros) simplesmente registra a criança como sua filha, sem as cautelas judiciais impostas pelo Estado, necessárias à proteção especial que deve recair sobre os interesses do menor. – O reconhecimento do estado de filiação constitui direito personalíssimo, indisponível e imprescritível, que pode ser exercitado sem qualquer restrição, em face dos pais ou seus herdeiros. – O princípio fundamental da dignidade da pessoa humana, estabelecido no art. 1.º, inc. III, da CF/88, como um dos fundamentos da República Federativa do Brasil, traz em seu bojo o direito à identidade biológica e pessoal. – Caracteriza violação ao princípio da dignidade da pessoa humana cercear o direito de conhecimento da origem genética, respeitando-se, por conseguinte, a necessidade psicológica de se conhecer a verdade biológica. – A investigante não pode ser penalizada pela conduta irrefletida dos pais biológicos, tampouco pela omissão dos pais registrais, apenas sanada, na hipótese, quando aquela já contava com 50 anos de idade. Não se pode, portanto, corroborar a ilicitude perpetrada, tanto pelos pais que registraram a investigante, como pelos pais que a conceberam e não quiseram ou não puderam dar-lhe o alento e o amparo decorrentes dos laços de sangue conjugados aos de afeto. – Dessa forma, conquanto tenha a investigante sido acolhida em lar 'adotivo' e usufruído de uma relação socioafetiva, nada lhe retira o direito, em havendo sua insurgência ao tomar conhecimento de sua real história, de ter acesso à sua verdade biológica que lhe foi usurpada, desde o nascimento até a idade madura. Presente o dissenso, portanto, prevalecerá o direito ao reconhecimento do vínculo biológico. – Nas questões em que presente a dissociação entre os vínculos familiares biológico e socioafetivo, nas quais seja o Poder Judiciário chamado a se posicionar, deve o julgador, ao decidir, atentar de forma acurada para as peculiaridades do processo, cujos desdobramentos

100 | ADOÇÃO DE EMBRIÕES EXCEDENTÁRIOS À LUZ DO DIREITO BRASILEIRO

A ministra Nancy Andrighi, após considerar as peculiaridades do processo enumerado, sustenta que, na hipótese de adoção:

> [...] o vínculo socioafetivo, como já dito, deve advir de ato voluntário dos pais que registraram a criança, isto é, deve ser uma opção, uma escolha deles, no sentido de querer aquele bebê como um filho. No entanto, embora, na superfície, seja essa a impressão inicial, sobressai da leitura dos autos, que houve um "arranjo" ao ser a investigante enviada aos pais registrais, para que não fosse maculada a imagem de "bom moço" do investigado, pertencente a família de relevo na sociedade local, tendo sido a investigada, por sua vez, acuada, obrigada a entregar a filha.
>
> Nada fere mais uma alma do que se saber "enjeitada", quer seja por motivos de egoísmo e ocultação de conduta maliciosa, quer seja por razões de necessidade e sobrevivência.
>
> Sem dúvida, pela análise do processo, depreende-se que a investigante não pode ser penalizada pela conduta irrefletida dos pais biológicos, tampouco pela omissão dos pais registrais, apenas sanada, pelo que consta dos autos, quando a recorrente já contava com 50 anos de idade.[112]

No conflito de interesses relatado no julgado, nota-se que o conhecimento da origem biológica se sobrepôs ao direito à privacidade, garantido pela Constituição Federal. Mais uma vez entra em cena a técnica da ponderação para resolver o conflito, especialmente no que diz respeito à relativização de um direito da personalidade em face de outro.

O conhecimento da origem biológica deve ser analisado sob a ótica da Lei de Biossegurança, com destaque para a doação de embriões, sêmen e óvulos. Embriões, sêmen de doador masculino e óvulos doados apresentam a genética, respectivamente, de seus genitores e de seus doadores, e, certamente, utilizados em pessoas diversas, irão gerara celeuma de se revelar ou não a identidade do doador, para fins de auxílio no tratamento de doença genética do filho biológico.

A Lei de Biossegurança, no art. 5.º, permite a utilização dos embriões excedentários, ou seja, embriões humanos produzidos por fertilização *in vitro* e não utilizados no respectivo procedimento, para fins de pesquisa e terapia,

---

devem pautar as decisões. Recurso especial provido" (BRASIL. Superior Tribunal de Justiça. Recurso Especial 833.712-RS (2006/0070609-4), Rel. Min. Nancy Andrighi, j. 17.05.2007, *DJ* 04.06.2007. Disponível em: <www.stj.jus.br>. Acesso em: 18 ago. 2014).

[112] BRASIL. Superior Tribunal de Justiça. Recurso Especial 833.712-RS, Rel. Min. Nancy Andrighi, *DJ* 04.06.2007. Disponível em: <www.stj.jus.br>. Acesso em: 18 ago. 2014.

desde que se trate de embriões inviáveis e de embriões congelados há três anos ou mais, a partir do ano de 2005. A lei fixa como regra o necessário consentimento dos genitores.

A convicção do anonimato é premissa essencial para os doadores manterem o gesto altruísta de disposição e, nessa circunstância, o sigilo de sua identidade, segundo Anderson Schreiber.[113]

Assim, é necessário garantir o direito à privacidade da hipótese de doação de gametas, em face das circunstâncias que ocorrem, mas não há solução, ainda, caso haja o "conflito entre o direito à privacidade do doador e o direito à saúde do filho gerado, a se resolver, tendencialmente, em favor deste último", conforme Anderson Schreiber.[114] Mais uma vez a ponderação entra em cena para a atribuição da prevalência de um direito da personalidade sobre o outro, no caso descrito.

Em complemento, é relevante transcrever a assertiva de Flávio Tartuce, segundo a qual "não se pode esquecer que os direitos da personalidade são os relacionados com a dignidade da pessoa humana e com as três grandes gerações ou dimensões de direitos decorrentes da Revolução Francesa".[115] São eles:

> Direitos de primeira geração ou dimensão: princípio da liberdade. Direito da segunda geração ou dimensão: princípio da igualdade em sentido amplo (lato sensu) ou da isonomia.[116] [...] Direitos de terceira geração ou dimensão: princípio da fraternidade. Sugerem os direitos relacionados com a pacificação social, os direitos do consumidor, o direito ambiental e os direitos do trabalhador. [...] Direitos da quarta geração ou quarta dimensão, relacionados com o patrimônio genético do indivíduo, os números de identificação do DNA da pessoa natural. [...] Direitos de quinta geração ou quinta dimensão, relacionados com a proteção do ambiente ou intimidade virtual, existente no âmbito da Internet e do mundo cibernético.[117]

---

[113] SCHREIBER, Anderson. *Direitos da personalidade*, p. 177.

[114] Ibidem, loc. cit.

[115] TARTUCE, Flávio. *Direito civil, 1*: lei de introdução e parte geral, p. 163.

[116] Sobre o princípio da isonomia, Flávio Tartuce comenta a oração atribuída a Ruy Barbosa: "a lei deve tratar de maneira igual os iguais (princípio da igualdade *stricto sensu*), e de maneira desigual os desiguais (princípio da especialidade)" (ibidem, loc. cit.).

[117] TARTUCE, Flávio. *Direito civil, 1*: lei de introdução e parte geral, p. 163-164, grifo do original.

Flávio Tartuce ainda diz que, "à medida que o ser humano evolui, vão se desdobrando as gerações de direito", daí porque afirmar "[...] *que os direitos da personalidade são a herança da Grande Revoluçao Francesa"*.[118] Como se nota, deve-se reconhecer também a proteção do patrimônio genético como verdadeiro direito da personalidade.

Os direitos da personalidade são os direitos da pessoa desde a concepção, também resguardados ao nascituro, conforme será demonstrado a seguir.

3.2   As teorias relativas à personalidade civil do nascituro e a tutela da sua vida

Os direitos da personalidade relativos à pessoa devem ser estendidos aos nascituros, tese defendida por Silmara Juny de Abreu Chinellato e Almeida e, também, adotada neste trabalho, uma vez que "o nascituro é titular de direitos da personalidade, o que decorre da qualidade de pessoa, à qual são conferidos todos os direitos compatíveis com sua condição especial de estar concebido, no ventre materno, e ainda não ter sido dado à luz".[119]

O ordenamento jurídico reconhece determinados direitos e obrigações relativos ao nascituro, ou seja, no que concerne àquele já concebido e que ainda não nasceu. "A diferença está no fato de que os direitos e obrigações do nascituro são exercidos por pessoas que o representam", segundo Dimitri Dimoulis.[120]

Importa nesse contexto, primeiro, definir nascituro, a despeito de haver divergência terminológica.

No Direito Romano, conforme relata José Carlos Moreira Alves, o nascituro não é "ser humano – [pois] não preenche ainda o primeiro dos requisitos necessários à existência do homem: o nascimento – mas desde a concepção, já é protegido".[121] Efetivamente por estar protegido, no Direito justinianeu, surgiu "a regra geral de que o nascituro, quando se trata de vantagem em seu favor, se considera como se estivesse vivo (*in rerum natura esse*)".[122]

---

[118]   TARTUCE, Flávio. *Direito civil, 1*: lei de introdução e parte geral. p. 164.

[119]   ALMEIDA, Silmara Juny de Abreu Chinellato e. *Tutela civil do nascituro*. São Paulo: Saraiva, 2000. p. 292.

[120]   DIMOULIS, Dimitri. *Manual de introdução ao estudo do direito*. São Paulo: RT, 2011. p. 221.

[121]   ALVES, José Carlos Moreira. *Direito romano*, p. 96.

[122]   Ibidem, loc. cit. Sobre o conceito de nascituro (*in rerum natura esse*) no Direito Romano, há divergência sobre a expressão *in rerum natura esse* (existir na natureza das coisas) ou *in rebus humanis esse* (estar ou existir nas coisas humanas). As duas

Max Kaser, por sua vez, relata que, no Direito Romano, "JUSTINIANO determina a condição jurídica do filho SEMPRE a partir do momento do nascimento, a não ser que fosse mais vantajoso para ele tomar em conta o início da gravidez (C. 5, 27, 11, 4)".[123]

No Direito Romano justinianeu pesquisado por Hélcio Maciel França Madeira, "os juristas romanos atribuíram àquele *qui in utero est* inúmeros direitos, como o direito à vida, à sucessão, a alimentos, a ser imitido na posse, à aquisição dos diversos *status* ou das dignidades".[124] Além desses direitos específicos estabelecidos ao nascituro, o autor concluiu que os "juristas romanos do período imperial introduziram alguns princípios gerais que salvaguardavam ao *infans conceptus*".[125]

Os princípios enunciados na época pelos compiladores do *Digesto*, segundo Hélcio Maciel França Madeira, no primeiro e no último livro, foram as "rubricas *de status hominum* e *de verborum significatione*".[126] O romanista explica os dois princípios:

> 1. O nascituro é considerado *pro nato*, já existente na realidade humana (*in rebus humanis*), quando isso lhe for vantajoso. É o princípio dos *commoda* do nascituro que lhe garante a prática de atos favoráveis a ele antes mesmo de seu nascimento.
>
> 2. Ao nascituro, que está na natureza das coisas (*in rerum natura*), são reservados os direitos desde a concepção (*tempus conceptionis spectandum*), em quase todo o direito civil.[127]

Ainda com referência ao Direito Romano, do qual assenta a regra do início da personalidade no Direito Moderno, Caio Mário da Silva Pereira apostila que "a personalidade jurídica coincidia com o nascimento, antes do qual não havia falar em sujeito ou objeto de direito".[128] Assim, o feto era parte da mãe, não uma pessoa, e, por isso, não podia ter direitos. Porém, os

---

expressões são utilizadas, na doutrina da época, como nascituro (MADEIRA, Hélcio Maciel França. *O nascituro no direito romano justinianeu*: fontes, terminologia e princípios. 2002. Tese (Doutorado em Direito Civil) – Faculdade de Direito, Universidade de São Paulo, São Paulo, 2002. f. 58).

[123] KASER, Max. *Direito privado romano*, p. 101.

[124] MADEIRA, Hélcio Maciel França. Op. cit., f. 7, 81.

[125] Ibidem, loc. cit.

[126] Ibidem, loc. cit.

[127] Ibidem, p. 82.

[128] PEREIRA, Caio Mário da Silva. *Instituições de direito civil*, p. 216.

seus interesses eram resguardados na forma de antecipação presumida de seu nascimento. O autor também aduz:

> Operava-se desta sorte, uma equiparação do *infans conceptus* ao já nascido, não para considerá-lo pessoa, porém no propósito de assegurar os seus interesses, o que excluía a uma só vez os direitos de terceiros e qualquer situação contrária aos seus cômodos (*Digesto*, Livro I, tít. V, fr 7).[129]

No Direito Contemporâneo, o dissenso na construção do conceito de nascituro se dá em razão da dificuldade em identificar o momento em que o embrião ou zigoto possa começar a ser chamado de nascituro, conforme descrevem os autores Rodolfo Pamplona Filho e Ana Thereza Meirelles Araújo.[130] Os doutrinadores assim definem nascituro:

> O significado etimológico da palavra nascituro é "o que está por nascer". Portanto, ente já concebido (onde já ocorreu a fusão dos gametas, a junção do óvulo ao espermatozoide formando o zigoto ou embrião), nidado (implementado nas paredes do útero materno), porém não nascido.[131]

O conceito de nascituro descrito por Silmara Juny de Abreu Chinellato é mais completo ante a evolução dos direitos, da perinatologia, da genética e da biotecnologia. A Professora Titular da Universidade de São Paulo define nascituro como:[132]

> [...] a pessoa por nascer, já concebida no ventre materno. Tratando-se de fecundação "in vitro", realizada em laboratório, há necessidade da implantação do pré-embrião "in anima nobile", para que se desenvolva, a menos que se congele ou criopreserve, conforme nos ensinam os especialistas em reprodução humana assistida. A viabilidade de desenvolvimento depende, pois, da implantação do útero, onde se dará a nidação.[133]

---

[129] PEREIRA, Caio Mário da Silva. *Instituições de direito civil*, p. 216.

[130] PAMPLONA FILHO, Rodolfo; ARAÚJO, Ana Thereza Meirelles. Tutela jurídica do nascituro à luz da Constituição Federal. *Revista Magister de Direito Civil e Processual Civil*, n. 18, p. 33-48, maio-jun. 2007, p. 38.

[131] Ibidem, loc. cit.

[132] CHINELLATO, Silmara Juny de A. Estatuto jurídico do nascituro: a evolução do direito brasileiro. In: CAMPOS, Diogo Leite de; CHINELLATO, Silmara Juny de Abreu. *Pessoa humana e direito*, p. 413.

[133] CHINELLATO, Silmara Juny de Abreu. Direito da personalidade do nascituro. *Revista do Advogado*, n. 38, p. 21-22, 1992. A autora considerava nascituro "o pré-embrião, ou o pré-nascituro – segundo terminologia por nós proposta – É uma pessoa 'in

Com base no conceito apresentado, admite-se o posicionamento de Silmara Juny de Abreu Chinellato para este trabalho, considerando-se como nascituro o embrião pré-implantatório, condição que não lhe retira a qualidade de ser humano.[134]

No Direito Português, a conceituação de nascituro se assemelha ao que é seguido por este estudo. Nas palavras de Diogo Leite de Campos, "há uma vida humana e um ser humano desde a concepção. O nascituro não é um protoplasma, um ser humano parcial ou potencialmente, mas uma vida humana completa, perfeita, existente".[135]

Com o mesmo sentir, o autor português Mário Emílio Forte Bigotte Chorão enuncia o que se segue:

> [...] onde está o corpo humano (vivo), aí está a alma espiritual; onde está o produto da concepção, está o indivíduo humano; onde está o indivíduo humano, está a pessoa.
>
> Podemos considerar como equivalentes os termos ser humano, indivíduo humano e pessoa humana, e devemos reconhecer a coextensividade entre ser humano e pessoa (todos os seres humanos são pessoas).
>
> Para o personalismo metafisicamente fundado, a pessoa está presente *ab ovo/ab origine* – logo desde a concepção –, por certo em gérmen, mas já substancialmente (como sujeito existente *in se* e *per se*, de natureza corpóreo-espiritual).[136]

---

fieri", pois já dotado de carga genética própria, plenamente diferenciada quanto à do doador de sêmen e de óvulo" [...] "dadas suas peculiaridades, parece-nos deva ser objeto de previsão expressa consagrando a paridade entre embrião e pré-embrião, para que ambos se compreendam no conceito de nascituro que, destarte, teria sentido lato. Em outro trabalho 'Estatuto Jurídico do nascituro', lembra a autora a crítica de René Fridyman quanto à improbidade da palavra 'pré-embrião', pois de embrião já se trata, passando a utilizar da expressão nascituro implantado ou pré-implantado" (CHINELLATO, Silmara Juny de A. Estatuto jurídico do nascituro: a evolução do direito brasileiro. In: CAMPOS, Diogo Leite de; CHINELLATO, Silmara Juny de Abreu. Op. cit., p. 418).

[134] CHINELLATO, Silmara Juny de A. Estatuto jurídico do nascituro: a evolução do direito brasileiro. In: CAMPOS, Diogo Leite de; CHINELLATO, Silmara Juny de Abreu. *Pessoa humana e direito*, p. 419.

[135] CAMPOS, Diogo Leite de. O estatuto jurídico do nascituro. *Revista do Instituto dos Advogados de Minas Gerais – Nova Fase*, Belo Horizonte, n. 5, p. 219-226, 1999, p. 221.

[136] CHORÃO, Mário Emílio Forte Bigotte. *Bioética, pessoa e direito (Para uma recapitulação do estatuto do embrião humano)*. Lisboa, 2005. Disponível em: <http://www.ucp.pt/site/resources/documents/SCUCP/destaques-bioetica.pdf>. Acesso em: 6 jan. 2015.

Para a presente obra, tem-se como conceito de nascituro o do ser já concebido e nidado. E o embrião o ser concebido e vivo, também os embriões pré-implantatórios, por possuírem carga genética própria, tendo a proteção dos direitos da personalidade em razão de serem pessoas humanas. E, ainda, alude-se à aplicabilidade do princípio da dignidade da pessoa humana, cláusula geral constitucional que garante e efetiva todos os direitos da personalidade, ao nascituro e ao embrião pré-implantatório.

Sobre a natureza jurídica do nascituro podem ser apresentadas três teorias fundamentais, ensejando o início da vida em colisão com a condição jurídica do nascituro. São elas a teoria concepcionista, a teoria da personalidade condicional e a teoria natalista.

Para a teoria concepcionista, adotada neste trabalho, o nascituro tem personalidade jurídica, desde a sua concepção, e pode figurar como sujeito de direitos e de obrigações, possuindo a mesma natureza que a pessoa natural. "É aquela que sustenta que o nascituro é pessoa humana, tendo direitos resguardados pela lei", conforme ensina Flávio Tartuce.[137]

Sustenta-se que a teoria concepcionista foi adotada pela Lei de Biossegurança (Lei 11.105/2005), especialmente pelo art. 5.º, ao fixar algumas premissas necessárias para a utilização de células-tronco embrionárias, como a autorização dos genitores do embrião. A Lei 11.804/2008, que se refere aos Alimentos Gravídicos, também adotou a teoria concepcionista, em especial nos arts. 1.º e 2.º, pois prioriza a vida do nascituro.

Na decisão do Superior Tribunal de Justiça, no Recurso Especial 399.028/SP, também se adotou essa teoria, ao se conceder ao nascituro a indenização por danos morais pela morte do pai, anterior ao seu nascimento.[138] Ora, à época da ocorrência dos fatos, o nascituro foi considerado como pessoa humana, pois, caso contrário, não teria direito à referida indenização.

A proteção ao nascituro prevista no art. 2.º do Código Civil também é deferida ao natimorto, como consta no Enunciado 1[139] do Conselho da

---

[137] TARTUCE, Flávio. *Direito civil, 1*: lei de introdução e parte geral, p. 119.

[138] Veja-se ementa: "Morte do Pai. Dano Moral. Nascituro. Reconhecimento. O nascituro também tem direito aos danos morais pela morte do pai, mas a circunstância de não tê-lo conhecido em vida tem influência na fixação do *quantum*" (BRASIL. Superior Tribunal de Justiça. REsp 399.028-SP, Quarta Turma, Rel. Min. Sálvio de Figueiredo Teixeira, v.u., j. 26.02.2002, *DJU* 15.04.2002. Disponível em: <www.stj.jus.br>. Acesso em: 18 ago. 2014).

[139] Veja-se teor do referido Enunciado: "A proteção que o código defere ao nascituro alcança também o natimorto no que concerne aos direitos da personalidade, tais como nome, imagem e sepultura".

Justiça Federal e Superior Tribunal de Justiça, aprovado na *I Jornada de Direito Civil* de 2002, garantindo-se a ele o direito ao nome, à imagem e à sepultura.

São adeptos da teoria concepcionista, Maria Helena Diniz, Flávio Tartuce, Clayton Reis, Francisco Amaral, conforme exposto a seguir, e, ainda, como dito alhures, Rodolfo Pamplona Filho, Ana Thereza Meirelles Araújo e Silmara Juny de Abreu Chinellato.[140]

Maria Helena Diniz conclui que a "razão está com a *teoria concepcionista*, uma vez que o Código Civil resguarda desde a concepção os direitos do nascituro".[141] Ademais, o art. 1.597, VI, considera como filho o embrião excedente, decorrente de concepção artificial heteróloga. Assim, de acordo com a jurista, "Protegidos estão os direitos da personalidade do embrião, fertilizado *in vitro*, e do nascituro".[142]

Para Flávio Tartuce, "na doutrina civilista atual brasileira, prevalece o entendimento de que o nascituro é pessoa humana, ou seja, ele tem direitos reconhecidos em lei, principalmente os direitos existenciais de personalidade".[143] A doutrina cita que essa é a opinião da maioria dos civilistas da nova geração, caso de Pablo Stolze Gagliano, José Fernando Simão, Cristiano Chaves de Farias e Nelson Rosenvald.

Também se filiando aos concepcionistas, Clayton Reis afirma que "o nascituro é detentor de direitos – pessoa por nascer [...] um ser humano em sua ampla concepção, titular de uma personalidade, cujos direitos gozam de princípios que são intransmissíveis, irrenunciáveis, e não podem sofrer limitações em seu exercício".[144]

Francisco Amaral sustenta que o Código Civil adota a teoria concepcionista, conforme se depreende dos dispostos nos arts. 1.609, parágrafo único,

---

[140] Flávio Tartuce enumera os defensores da teoria concepcionista; além dos já citados nesta obra, acrescenta: Pontes de Miranda, Rubens Limongi França, Giselda Maria Fernandes Novaes Hironaka, Pablo Stolze e Rodolfo Pamplona Filho, Roberto Senise Lisboa, Cristiano Chaves de Farias e Nelson Rosenvald, Guilherme Calmon Nogueira da Gama, Antonio Junqueira de Azevedo, Gustavo Rene Nicolau e Renan Lotufo (TARTUCE, Flávio. *Manual de direito civil*, p. 1.119).

[141] DINIZ, Maria Helena. *Curso de direito civil brasileiro*: teoria geral do direito civil, p. 199.

[142] Ibidem, loc. cit.

[143] TARTUCE, Flávio. *Direito civil, 1*: lei de introdução e parte geral, p. 123.

[144] REIS, Clayton. A dignidade do nascituro. In: CORRÊA, Elídia Ap. de Andrade; GIACOIA, Gilberto; CONRADO, Marcelo (coords.). *Biodireito e dignidade da pessoa humana*. 2. reimpr. Curitiba: Juruá, 2009. p. 30-31.

542, 1.779 e 1.799, I.[145] O autor diz ainda que o "nascituro tem personalidade jurídica", é sujeito de direitos, sendo sujeito de relação jurídica.[146]

Como é possível notar, não somente a doutrina se refere à teoria concepcionista, mas as decisões prolatadas nos Tribunais brasileiros caminham no sentido de o nascituro ter capacidade processual, pois nascituro é pessoa.

Elencar julgados abre um leque de hipóteses para visualização da diversidade de situações da tutela do nascituro, em que se resguarda ou em que se reconhece seu direito como pessoa. Por exemplo, a possibilidade de os pais receberem indenização do seguro DPVAT correspondente ao nascituro falecido é, sem dúvidas, uma boa expressão da teoria concepcionista na prática.[147]

---

[145] Vejam-se os referidos dispositivos: "Art. 1.609. O reconhecimento dos filhos havidos fora do casamento é irrevogável e será feito: I – no registro do nascimento; II – por escritura pública ou escrito particular, a ser arquivado em cartório; por testamento, ainda que incidentalmente manifestado; [...] IV – por manifestação direta e expressa perante o juiz, ainda que o reconhecimento não haja sido o objeto único e principal do ato que o contém. Parágrafo único. O reconhecimento pode preceder o nascimento do filho ou ser posterior ao seu falecimento, se ele deixar descendentes"; "Art. 542. A doação feita ao nascituro valerá, sendo aceita pelo seu representante legal"; "Art. 1.779. Dar-se-á curador ao nascituro, se o pai falecer estando grávida a mulher, e não tendo o poder familiar. Parágrafo Único. Se a mulher estiver interdita, seu curador será o do nascituro"; "Art. 1.799. Na sucessão testamentária podem ainda ser chamados a suceder: I – os filhos, ainda não concebidos, de pessoas indicadas pelo testador, desde que vivas estas ao abrir-se a sucessão" (BRASIL. Planalto. Código Civil. Disponível em: <http://www.planalto.gov.br/ccivil_03/leis/2002/l10406.htm>. Acesso em: 6 maio 2015).

[146] AMARAL, Francisco. *Direito civil – introdução*, p. 221.

[147] Vejam-se as seguintes ementas:
"Recurso especial. Direito securitário. Seguro DPVAT. Atropelamento de mulher grávida. Morte do feto. Direito à indenização. Interpretação da Lei n.º 6.194/74. 1 – Atropelamento de mulher grávida, quando trafegava de bicicleta por via pública, acarretando a morte do feto quatro dias depois com trinta e cinco semanas de gestação. 2 – Reconhecimento do direito dos pais de receberem a indenização por danos pessoais, prevista na legislação regulamentadora do seguro DPVAT, em face da morte do feto. 3 – Proteção conferida pelo sistema jurídico à vida intrauterina, desde a concepção, com fundamento no princípio da dignidade da pessoa humana. 4 – Interpretação sistemático-teleológica do conceito de danos pessoais previsto na Lei n.º 6.194/74 (arts. 3.º e 4.º). 5 – Recurso especial provido, vencido o relator, julgando-se procedente o pedido" (BRASIL. Superior Tribunal de Justiça. Recurso Especial 1.120.676-SC (2009/0017595-0), Rel. Min. Massami Uyeda, Rel. p/ acórdão Min. Paulo de Tarso Sanseverino, Recorrente: Nivaldo da Silva e Outro Recorrido: Liberty Paulista Seguros S/A. Disponível em: <https://ww2.stj.jus.br/processo/revista/inteiroteor/?num_registro=200900175950&dt_publicacao=04/02/2011>. Acesso em: 17 abr. 2015).

Outros exemplos referentes à tutela do nascituro podem ser colacionados, como o fato de se permitir o registro do nome do natimorto no Livro "C" do Registro Civil, independentemente do tempo de semanas gestacionais.[148] E, também, a possibilidade da gestante pleitear alimentos gravídicos em proteção ao nascituro, e, posteriormente, com o nascimento do filho, esses referidos alimentos serem convertidos em pensão alimentícia.[149]

"Apelação cível. Seguros. Ação de indenização. Seguro DPVAT. Direito de receber a indenização correspondente ao nascituro. Possibilidade jurídica do pedido. A personalidade civil da pessoa começa do nascimento com vida; mas a lei põe a salvo, desde a concepção, os direitos do nascituro. Inteligência do art. 2.º do Novo Código Civil. Manutenção do termo inicial da correção monetária. Apelo desprovido" (BRASIL. Tribunal de Justiça do Rio Grande do Sul. Apelação Cível 70037901493, Sexta Câmara Cível, Rel. Ney Wiedemann Neto, j. 26.08.2010. Disponível em: <www.tjrs.jus.br>. Acesso em: 15 ago. 2014).

E, ainda:

"Seguro obrigatório. DPVAT. Natimorto. O art. 2.º, do CC, resguarda, desde a concepção, os direitos do nascituro. Dessa forma, inviabilizada a vida extrauterina, em decorrência de acidente de trânsito sofrido pela genitora do nascituro, legítima a pretensão veiculada na inicial. Valores devidos. Indexação em salários mínimos. Possibilidade excepcionalmente admitida pelos tribunais superiores e pelo TJRS. O salário mínimo a ser considerado é aquele em vigor à época do sinistro. Recurso ao qual se nega provimento" (BRASIL. Tribunal de Justiça do Rio Grande do Sul. Recurso Cível 71000854430, Terceira Turma Recursal Cível, Turmas Recursais – JEC, Rel. Eugênio Facchini Neto, j. 24.01.2006. Disponível em: <www.tjrs.jus.br>. Acesso em: 15 ago. 2014).

[148] Veja-se: "Apelação cível. Certidão de natimorto. Confecção indeferida em razão da idade gestacional. O conceito de natimorto colhido da medicina a partir da 22ª semana de gestação não pode afastar a pretensão à confecção de certidão de natimorto, se a legislação civil art. 2.º, CC/02 – confere personalidade jurídica ao nascituro desde a concepção. Precedentes. Apelação provida" (BRASIL. Tribunal de Justiça do Rio Grande do Sul. Apelação Cível 70013935192, Oitava Câmara Cível, Rel. José Ataídes Siqueira Trindade, j. 22.06.2006. Disponível em: <www.tjrs.jus.br>. Acesso em: 15 ago. 2014).

[149] Por todos, vejam-se:

"Agravo de instrumento. Ação de alimentos gravídicos. Possibilidade, no caso. 1. O requisito exigido para a concessão dos alimentos gravídicos, qual seja, 'indícios de paternidade', nos termos do art. 6.º da Lei n.º 11.804/08, deve ser examinado, em sede de cognição sumária, sem muito rigorismo, tendo em vista a dificuldade na comprovação do alegado vínculo de parentesco já no momento do ajuizamento da ação, sob pena de não se atender à finalidade da lei, que é proporcionar ao nascituro seu sadio desenvolvimento. 2. No caso, considerando os documentos que comprovam a gestação, as fotografias e, especialmente, as conversas mantidas entre a autora e o suposto pai em site de relacionamento, que evidenciam a existência de relação amorosa no período concomitante à concepção, há plausibilidade na indicação de paternidade

Tem-se, ainda, o reconhecimento da teoria concepcionista com o uso de medidas de proteção ao nascituro fundamentadas no Estatuto da Criança e do Adolescente (ECA). Cite-se, a propósito, a hipótese de a genitora não desejar ter prole e, após o nascimento da criança, deixá-la em abrigo para adoção.[150] Ainda, garantindo os direitos do nascituro, pelo ECA, é possível determinar que a gestante faça exame de ecografia morfológica de segundo trimestre, em pré-natal de alto risco.[151] Para findar a exemplificação, vale

---

realizada pela agravante, restando autorizado o deferimento dos alimentos gravídi-cos, no montante de 30% do salário mínimo. Agravo de instrumento parcialmente provido, por maioria" (BRASIL. Tribunal de Justiça do Rio Grande do Sul. Agravo de Instrumento 70058670852, Oitava Câmara Cível, Rel. Ricardo Moreira Lins Pastl, j. 10.04.2014. Disponível em: <www.tjrs.jus.br>. Acesso em: 15 ago. 2014, grifou-se). "Agravo de instrumento. Ação de investigação de paternidade, cumulada com alimen-tos. Pedido de fixação de alimentos provisórios. Descabimento, no caso. Arbitramento de alimentos gravídicos anteriormente. Após o nascimento com vida, os alimentos gravídicos ficam convertidos em pensão alimentícia em favor do menor até que uma das partes solicite a sua revisão, conforme dispõe o parágrafo único do art. 6.º da Lei n.º 11.804/08, de forma que é descabido novo arbitramento de pensionamento. Manutenção da decisão recorrida. Negado seguimento ao agravo de instrumento, por monocrática" (BRASIL. Tribunal de Justiça do Rio Grande do Sul. Agravo de Instrumento 70059824334, Oitava Câmara Cível, Rel. Ricardo Moreira Lins Pastl, j. 22.05.2014. Disponível em: <www.tjrs.jus.br>. Acesso em: 15 ago. 2014).

[150] Nesse sentido: "Apelação cível. Medida protetiva em favor de nascituro. ECA. Aban-dono de menor pelos pais biológicos. Abrigamento com vistas à adoção. Prevalência do interesse da criança. Precedentes. Sentença confirmada. Situação de fato em que a menor foi abrigada logo após o seu nascimento prematuro por meio de medida protetiva, em decorrência do abandono pelos pais biológicos, sendo a genitora usuária de substâncias entorpecentes (crack), não apresentando condições de cumprir com os deveres decorrentes do poder familiar, não havendo prova nos autos de alteração positiva dessa situação, tampouco condições de manter a criança inserida no nú-cleo familiar dos genitores (família extensa), dadas as circunstâncias que ilustram o caso concreto. Estudo social e psicológico favorável à medida. Histórico pregresso que comprova a não manutenção da guarda pela mãe também sobre seus outros seis filhos. Apelo desprovido" (BRASIL. Tribunal de Justiça do Rio Grande do Sul. Apelação Cível 70053268694, Sétima Câmara Cível, Rel. Sandra Brisolara Medeiros, j. 08.05.2013. Disponível em: <www.tjrs.jus.br>. Acesso em: 15 ago. 2014).

[151] Veja-se: "ECA. Saúde. Direito do nascituro ao atendimento de que necessita. Priorida-de legal. Obrigação do Poder Público de fornecê-lo. 1. O ECA estabelece tratamento preferencial a crianças e adolescentes, mostrando-se necessário o pronto fornecimento do atendimento de que necessitam o nascituro e a gestante, cuja família não tem condições de custear. 2. Há exigência de atuação integrada da União, dos Estados e dos Municípios para garantir o direito à saúde de crianças e adolescentes, do qual decorre o direito ao fornecimento do amplo atendimento à saúde. Inteligência dos art. 196 e 198 da CF e art. 11, § 2.º, do ECA. 3. A prioridade estabelecida pela lei

lembrar, mais uma vez, o julgado do superior tribunal de justiça que reconheceu ao nascituro o direito de receber indenização por danos morais, em razão da morte do pai.[152]

O nascituro, assim, deve ser considerado como pessoa para todos os fins jurídicos; qualquer outra teoria que fundamente a situação do nascituro de maneira diversa não deve prosperar, a exemplo do que ocorre com a teoria da personalidade condicional e a teoria natalista.

A teoria da personalidade condicional sustenta a personalidade do nascituro sob a condição de que nasça com vida. Sem o implemento dessa condição – nascer com vida –, não há personalidade.

Como adepto da teoria condicional, cite-se Washington de Barros Monteiro, para quem "o nascituro é pessoa condicional; [e] a aquisição da personalidade acha-se sob a dependência de condição suspensiva, o nascimento com vida".[153]

Para rebater essa visão, Flávio Tartuce explica que os direitos da personalidade não podem estar sujeitos a condição, termo ou encargo, como pretende justificar essa corrente. Isso porque, "essa linha de entendimento acaba reconhecendo que o nascituro não tem direitos efetivos, mas apenas direitos eventuais sob condição suspensiva, ou seja, também mera expectativa de direitos".[154] De certa maneira, para o autor, "a teoria da personalidade condicional é essencialmente natalista".[155] Concorda-se, nesta obra, plenamente com a posição de crítica.

Por sua vez, a teoria natalista defende a existência de personalidade jurídica somente após o nascimento com vida. É o que se depreende das

---

enseja a responsabilização do poder público, sendo irrelevante a alegação de escassez de recursos ou inexistência nos estoques, o que o obrigaria a alcançar o atendimento à saúde, ainda que obtido sem licitação, em estabelecimento particular, a ser custeado pelo Município. Recurso desprovido" (BRASIL. Tribunal de Justiça do Rio Grande do Sul. Apelação Cível 70058408626, Sétima Câmara Cível, Rel. Sérgio Fernando de Vasconcellos Chaves, j. 26.03.2014. Disponível em: <www.tjrs.jus.br>. Acesso em: 15 ago. 2014, grifou-se).

[152] Mais uma vez, transcreve-se a ementa para fins didáticos: "Morte do pai. Dor moral. Nascituro. Reconhecimento. O nascituro também tem direito aos danos morais pela morte do pai, mas a circunstância de não tê-lo conhecido em vida tem influência na fixação do *quantum*" (BRASIL. Superior Tribunal de Justiça. REsp 399.028-SP, Quarta Turma, Rel. Min. Sálvio de Figueiredo Teixeira, v.u., j. 26.02.2002, *DJU* 15.04.2002. Disponível em: <www.stj.jus.br>. Acesso em: 15 ago. 2014).

[153] MONTEIRO, Washington de Barros. *Curso de direito civil*: parte geral, p. 66.

[154] TARTUCE, Flávio. *Direito civil, 1*: lei de introdução e parte geral, p. 118-119.

[155] Ibidem, loc. cit.

lições de Caio Mário da Silva Pereira, quando afirma que a personalidade jurídica, no Direito Brasileiro, "tem começo no nascimento com vida. Dois são os requisitos de sua caracterização: o nascimento e a vida".[156]

Silvio Rodrigues também defende a teoria natalista. O autor descreve que, "Nascituro é o ser já concebido, mas que ainda se encontra no ventre materno. A lei não lhe concede personalidade, a qual só lhe será conferida se nascer com vida".[157] Nesse mesmo diapasão, têm-se as lições de Silvio de Salvo Venosa:

> O fato de o nascituro ter proteção legal, podendo inclusive pedir alimentos, não deve levar a imaginar que tenha ele personalidade tal como a concebe o ordenamento. Ou, sob outros termos, o fato de ter ele capacidade para alguns atos não significa que o ordenamento lhe atribuiu personalidade. Embora haja quem sufrague o contrário, trata-se de uma situação que somente se aproxima da personalidade, mas com esta não se equipara. A personalidade somente advém do nascimento com vida.[158]

O pensamento do ministro do Supremo Tribunal Federal, Ayres Britto, alinha-se com a teoria natalista, conforme se expressou na Ação Direta de Inconstitucionalidade nº3.510, relativa à Lei de Biossegurança:

> O Magno Texto Federal não dispõe sobre o início da vida humana ou o preciso instante em que ela começa. Não faz de todo e qualquer estádio da vida humana um autonomizado bem jurídico, mas da vida que já é própria de uma concreta pessoa, porque nativiva (teoria "natalista", em contraposição às teorias "concepcionista" ou da "personalidade condicional"). E, quando se reporta a "direitos da pessoa humana" e até a "direitos e garantias individuais" como cláusula pétrea, está falando de direitos e garantias do indivíduo-pessoa, que se faz destinatário dos direitos fundamentais "à vida, à liberdade, à igualdade, à segurança e à propriedade", entre outros direitos e garantias igualmente distinguidos com o timbre da fundamentalidade (como direito à saúde e ao planejamento familiar). Mutismo constitucional hermeneuticamente significante de transpasse de poder normativo para a legislação ordinária. A potencialidade de algo para se tornar pessoa humana já é meritória o bastante para acobertá-la, infraconstitucionalmente, contra tentativas levianas ou frívolas de obstar sua natural continuidade fisiológica.

---

[156] PEREIRA, Caio Mário da Silva. *Instituições de direito civil*, p. 219.
[157] RODRIGUES, Silvio. *Direito civil*: parte geral. 32. ed. São Paulo: Saraiva, 2002. v. 1, p. 36.
[158] VENOSA, Silvio de Salvo. *Direito civil*: parte geral. 9. ed. São Paulo: Atlas, 2009. p. 137.

Mas as três realidades não se confundem: o embrião é o embrião, o feto é o feto e a pessoa humana é a pessoa humana. Donde não existir pessoa humana embrionária, mas embrião de pessoa humana. O embrião referido na Lei de Biossegurança (*in vitro* apenas) não é uma vida a caminho de outra vida virginalmente nova, porquanto lhe faltam possibilidades de ganhar as primeiras terminações nervosas, sem as quais o ser humano não tem factibilidade como projeto de vida autônoma e irrepetível. O Direito infraconstitucional protege por modo variado cada etapa do desenvolvimento biológico do ser humano. Os momentos da vida humana anteriores ao nascimento devem ser objeto de proteção pelo direito comum. O embrião pré-implanto é um bem a ser protegido, mas não uma pessoa no sentido biográfico a que se refere a Constituição.[159]

De acordo com o posicionamento precitado, o não nascido não tem personalidade, mas, tão somente, expectativa de direitos. Essa teoria esbarra nos dispositivos do Código Civil e do Código Penal que tutelam direitos do nascituro, como o direito à vida. A propósito, Flávio Tartuce anota, em crítica à teoria natalista, igualmente seguida por este estudo:

> Do ponto de vista prático, a *teoria natalista* nega ao nascituro mesmo os seus direitos fundamentais, relacionados com a sua personalidade, caso do direito à vida, à investigação de paternidade, aos alimentos, ao nome e até à imagem. Com essa negativa, a *teoria natalista* esbarra em dispositivos do Código Civil que consagram direitos àquele que foi concebido e não nasceu. Essa negativa de direitos é mais um argumento forte para sustentar a total superação dessa corrente doutrinária.[160]

Silmara Juny de Abreu Chinellato refuta a teoria natalista, pois essa corrente não explica porque o art. 2.º do Código Civil confere direitos ao nascituro e não mera expectativa de direitos. De outro modo, a corrente natalista estaria erroneamente pautada pela afirmação de que no Direito Romano o nascituro não era considerado pessoa, conceito já afastado pelo professor italiano Pierangelo Catalano.[161]

---

[159] BRASIL. Supremo Tribunal Federal. Ação Direta de Inconstitucionalidade 3.510, Rel. Min. Ayres Britto, j. 29.05.2008, Plenário, *DJe* 28.05.2010. Disponível em: <www.stf.jus.br>. Acesso em: 15 ago. 2014.

[160] TARTUCE, Flávio. *A situação jurídica do nascituro: uma página a ser virada no direito brasileiro*. Disponível em: <http://www.flaviotartuce.adv.br/artigos/Tartuce_princfam.doc>. Acesso em: 24 fev. 2014.

[161] CHINELLATO, Silmara Juny de Abreu. Direito da personalidade do nascituro. *Revista do Advogado*, n. 38, p. 21-29.

A legislação também apresenta diversas situações jurídicas em favor do nascituro protegendo-o como sujeito de direito e de acordo com a teoria da concepção. Cite-se o direito à vida, previsto no art. 5.º da Constituição Federal, como um direito fundamental, isto é, "a Constituição Federal protege a vida de forma geral, inclusive uterina", segundo Alexandre de Moraes.[162]

Orlando Gomes sustenta que "desde a concepção asseguram-se direitos ao nascituro equiparado que é à pessoa, no seu interesse. [...] O nascituro pode ser reconhecido pelo pai, bem como adquirir bens por sucessão hereditária".[163]

Ainda a afastar os argumentos da teoria natalista, segue-se a orientação de Francisco Amaral em favor da teoria da concepção e nas diversas situações jurídicas de que o nascituro pode ser titular. Nesse contexto, podem ser citados o direito subjetivo à vida, o direito à titularidade da propriedade dos bens doados ou herdados, a proteção pela curatela do nascituro, o reconhecimento como filho, o fato de ser beneficiário de contrato em estipulação de favor de terceiro, a viabilidade de ser beneficiário de seguro de vida, o direito aos alimentos, o direito à indenização por morte de seus genitores, o direito a participar das relações processuais civis.[164] No tocante ao direito processual, as jurisprudências apontadas demonstram a possibilidade de os nascituros serem parte ativa ou passiva de demandas judiciais, o que vai ao encontro do entendimento adotado neste estudo.

A titularidade de situações jurídicas de direito material e de direito processual do nascituro permite mais uma vez afirmar o nascituro como sujeito de vários direitos, por isso mesmo, uma pessoa, como certifica Francisco Amaral.[165]

Ora, existem valores presentes na personalidade do nascituro desde a sua concepção. Nas palavras de Clayton Reis:

> Em fase anterior ao nascimento o novo ser humano já possuía a morfologia humana, apenas aguardando o momento adequado para ser expelido do ventre materno e, por consequência adquirir os direitos inerentes à sua condição de

---

[162] MORAES, Alexandre de. *Direito constitucional*. São Paulo: Atlas, 2008. p. 35.

[163] GOMES, Orlando. *Introdução ao direito civil*, p. 144.

[164] AMARAL, Francisco. O dano à pessoa no direito civil brasileiro. In: CAMPOS, Diogo Leite de; CHINELLATO, Silmara Juny de Abreu. *Pessoa humana e direito*, p. 132.

[165] AMARAL, Francisco. O dano à pessoa no direito civil brasileiro. In: CAMPOS, Diogo Leite de; CHINELLATO, Silmara Juny de Abreu. *Pessoa humana e direito*, p. 133.

nascido. As células-troncos presentes no espermatozoide e no óvulo materno eram humanas e, portanto, aptas para a geração de um ser humano.[166]

Na acepção de Silmara Juny de Abreu Chinellato e Almeida, os direitos da personalidade do nascituro admitem quatro categorias fundamentais: "o direito à vida como categoria autônoma, não integrante do direito à integridade física, por ser um direito condicionante, qual depende todos os demais", o direito à integridade física, o direito à integridade moral e o direito à integridade intelectual.[167]

Portanto, conclui-se que o nascituro é pessoa, é titular de direito material e processual, assim como qualquer ser humano. E esses direitos, na visão do presente estudo, devem ser estendidos ao embrião, conforme será desenvolvido a partir deste momento.

3.3 Direito dos Embriões – Tratamento Semelhante ao do Nascituro

Para os fins de delimitar os direitos dos embriões, cabe mais uma vez reproduzir o conceito de nascituro formulado neste trabalho. Assim, tem-se como nascituro o do ser já concebido e nidado. E, o embrião, o ser já concebido e vivo. Ambos possuem carga genética própria, tendo a proteção dos direitos da personalidade em razão de serem pessoas humanas, independente de o conceito de nascituro "ser nidado" e do conceito de embrião "ser ainda não nidado", nessa acepção ambos são pessoas para esta obra. O propósito, aqui, não é discutir a melhor denominação para cada fase da vida, como ocorre na medicina ou na biologia. Simplesmente, o embrião tem vida, por ser pessoa, bastando para a sua completa formação possuir meios para o seu desenvolvimento. Em complemento, para as deduções apresentadas, alude-se à aplicabilidade do princípio da dignidade da pessoa humana, cláusula geral constitucional que garante e efetiva todos os direitos da personalidade.

O fato de se entender que a proteção do nascituro alcança o embrião quer dizer que ambos possuem capacidade de direito, ambos possuem personalidade. Desse modo, é preciso que se proceda a uma pesquisa a fim de apurar

---

[166] REIS, Clayton. A dignidade do nascituro. In: CORRÊA, Elídia Ap. de Andrade; GIACOIA, Gilberto; CONRADO, Marcelo (coords.). *Biodireito e dignidade da pessoa humana*, p. 38.

[167] ALMEIDA, Silmara Juny de Abreu Chinellato e. *Tutela civil do nascituro*, p. 293.

os direitos do embrião, se semelhantes ou não aos do nascituro, para uma extensão de sinonímia entre as duas categorias, isto é, embrião e nascituro.[168]

Como não há definição jurídica positivada sobre o conceito de embrião, parte-se para a Biologia. Sem dificuldade de interpretação, nota-se que as nomenclaturas embrião e feto dizem respeito tão somente à diferença do período de vida, importantes para embriologia, pois nos diferentes estágios do desenvolvimento pré-natal permitem compreender as causas das más--formações congênitas. Keith L. Moore explica que "o conhecimento do médico clínico sobre o desenvolvimento normal do embrião e as causas das malformações congênitas contribui para dar ao embrião melhor oportunidade de se desenvolver normalmente".[169]

Para o campo da Medicina importa a referida distinção, pois técnicas médico-científicas ou medicamentosas podem ser utilizadas conforme o estágio do embrião e a necessidade de tratamento. Tem-se como exemplo o Diagnóstico Genético Pré-implantacional (PGD), que permite conhecer o sexo do embrião e detectar possíveis anomalias cromossômicas.[170]

---

[168] A presente obra alinha-se com o posicionamento de Silmara Juny de Abreu Chinella-to, que sustenta: "entre embrião implantado e não implantado pode haver diferença quanto à capacidade de direito, mas não quanto à personalidade. Esta é um quid, enquanto a capacidade é um *quantum*" (CHINELLATO, Silmara Juny de A. Estatuto jurídico do nascituro: a evolução do direito brasileiro. In: CAMPOS, Diogo Leite de; CHINELLATO, Silmara Juny de Abreu. *Pessoa humana e direito*, p. 417).

[169] MOORE, Keith L. *Embriologia básica*. Trad. Ariovaldo Vulcano. Rio de Janeiro: Guanabara, 1988. p. 6.

[170] De acordo com informação obtida no *site* de clínica de fertilização, as três maiores aplicações do PGD são:
"1. O sexo de um pré-embrião pode ser confiavelmente determinado através da FISH (*Fluorescent 'in situ' Hibridization*) usando '*probes*' (pedaços de DNA marcados) es-pecíficos para os cromossomas X ou Y, ou por análises de sequências cromossômicas usando a técnica de PCR (*Polymerase Chain Reaction*), técnica em que se realiza a expansão da quantidade de DNA contida em uma célula. Dessa forma, doenças ligadas ao sexo podem ser determinadas e evitadas.
2. A enumeração da composição cromossômica pode ser conseguida através da FISH, permitindo, assim, a determinação da ploidia (número de cromossomos) exata do pré-embrião concomitante com o diagnóstico de certas aneuploidias (alterações da quantidade e constituição dos cromossomos) mais comuns. Em mulheres com idade materna avançada, isso reduz o risco de dar à luz, por exemplo, a uma criança com trissomias, tais como a Trissomia do cromossomo 21 (Síndrome de Down). A FISH e também a PCR podem ser usadas também para detectar anomalias cromossômicas estruturais em casos de translocações balanceadas.

Entre os juristas, Silmara Juny de Abreu Chinellato explica que "embrião é apenas um dos estágios de desenvolvimento do ovo (zigoto, mórula, blástula, embrião e feto)".[171] Assim, nota-se que estudiosos do Direito seguem construções da embriologia, caminho igualmente trilhado por este trabalho.

Para o doutor em Biologia Molecular Eloi S. Garcia, "Um embrião é um ser humano, um ser que desenvolverá por toda a vida, se provido de nutrientes e ambientes adequados".[172] Entretanto, Christian de Paul de Barchifontaine apresenta cinco respostas da ciência para o início da vida, conforme descrito a seguir:

1. VISÃO GENÉTICA: A vida humana começa na fertilização, quando espermatozoide e óvulo se encontram e combinam seus genes para formar um indivíduo com um conjunto genético único. Assim é criado um novo indivíduo, um ser humano com direitos iguais aos de qualquer outro. É também a opinião da igreja católica.

2. VISÃO EMBRIOLÓGICA: a vida começa na 3.ª semana de gravidez, quando é estabelecida a individualidade humana. Isso porque até 12 dias após a fecundação o embrião ainda é capaz de dividir e dar origem a duas ou mais pessoas. É essa ideia que justifica o uso da pílula do dia seguinte e contraceptivos administrados nas duas primeiras semanas de gravidez.

3. VISÃO NEUROLÓGICA. O mesmo princípio da morte vale para a vida. Ou seja, se a vida termina quando cessa a atividade elétrica do cérebro, ela começa quando o feto apresenta atividade cerebral igual à de uma pessoa. O problema é que essa data não é consensual. Alguns cientistas dizem haver esses sinais cerebrais já na 8ª semana. Outros, na 20.ª.

4. VISÃO ECOLÓGICA: A capacidade de sobreviver fora do útero é que faz do feto um ser independente e determina o início da vida.

---

3. Defeitos Genéticos envolvendo um único gene (tais como Fibrose Cística, Anemia Falciforme, Doença de Tay-Sachs) e outras doenças comuns com alterações genéticas podem ser detectadas pela técnica de PCR" (Disponível em: <http://www.clinicafgo.com.br/obstetricia/crescimento-embrionario/#/obstetricia/crescimento-embrionario?&_suid=140459633184301696031559184 3295>. Acesso em: 5 jul. 2014).

[171] CHINELLATO, Silmara Juny de A. Estatuto jurídico do nascituro: a evolução do direito brasileiro. In: CAMPOS, Diogo Leite de; CHINELLATO, Silmara Juny de Abreu. *Pessoa humana e direito*, p. 418.

[172] GARCIA, Eloi S. *Genes*: fatos e fantasias. Rio de Janeiro: Fiocruz, 2006. p. 118.

Médicos consideram que um bebê prematuro só se mantém vivo se tiver pulmões prontos, o que acontece entre a 20.ª e a 24.ª semana de gravidez. Foi o critério adotado pela Suprema Corte dos EUA na decisão que autorizou o direito do aborto.

5. VISÃO METABÓLICA: Afirma que a discussão sobre o começo da vida humana é irrelevante, uma vez que não existe um momento único no qual a vida tem início. Para essa corrente, espermatozoide e óvulos são tão vivos quanto qualquer pessoa. Além disso, o desenvolvimento de uma criança é um processo contínuo e não deve ter um marco inaugural.[173]

Para o presente estudo, satisfaz o conceito de embrião na visão genética.

Com entendimento contrário ao de Christian de Paul de Barchifontaine sobre o início da vida na visão embriológica, Keith L. Moore define que "O desenvolvimento humano começa quando o óvulo é fertilizado pelo espermatozoide. Este desenvolvimento compreende uma sucessão de alterações que transforma o ovo fertilizado ou zigoto em um ser humano multicelular".[174]

---

[173] BARCHIFONTAINE, Christian de Paul de. Bioética e início da vida. In: MIGLIORE, Alfredo Domingues Barbosa et al. *Dignidade da vida humana*. São Paulo: LTr, 2010. p. 14.

[174] MOORE, Keith L. *Embriologia básica*, p. 1. O autor apresenta os estágios de desenvolvimento que ocorrem antes do nascimento, os quais, em razão da importância para o trabalho, são enumerados a seguir: "**Zigoto**: esta célula é o começo do ser humano. Ela resulta da fertilização do óvulo por um espermatozoide. A expressão 'ovo fertilizado' refere-se sempre a zigoto. **Clivagem**: a divisão ou clivagem do zigoto por mitose dá origem às células filhas chamadas de blastômeros. Os blastômeros tornam-se cada vez menores com as sucessivas divisões celulares. **Mórula**: Quando as divisões sucessivas atingem um estágio de 12 a 16 blastômeros, a massa de célula formada é chamada de mórula, porque tem, então, o aspecto de uma amora. **Blastocisto**: Depois que a mórula passa da trompa para o útero, nela se forma uma cavidade. Esta cavidade é conhecida como blastocele e, nesta fase, a mórula transforma-se em blastocisto. **Embrião**: as células do blastocisto que darão origem ao embrião surgem na massa celular interna. O termo embrião não é usualmente empregado até a formação do disco embrionário (8.º dia). O período embrionário estende-se até o término da oitava semana, período durante o qual todas as estruturas já entraram em formação. Ao término desse período estão presentes características que permitem caracterizar o embrião como embrião humano. **Feto**: Ao término do período embrionário, o embrião humano em desenvolvimento passa a ser chamado de feto. Durante o período fetal (9ª semana até o nascimento) muitos sistemas se desenvolvem" (ibidem, loc. cit., grifo do original).

Nessa mesma linha, Elio Sgreccia aduz ser o embrião "um indivíduo humano em desenvolvimento que, por isso, merece respeito que se deve a todo homem".[175] O autor recorre à genética para explicar o início da formação do ser: "No momento da fertilização, ou seja, da penetração do espermatozoide no óvulo, os dois gametas dos genitores formam uma nova entidade biológica, o zigoto, que carrega em si um novo projeto-programa individualizado, uma nova vida individual".[176] Como se sabe, oprojeto-programa é resultado da fusão dos vinte e três pares de cromossomos, assim,

> Os 46 cromossomos do zigoto representam, de fato, uma combinação de instruções qualitativamente nova, chamada em termos técnicos genótipo; essa nova combinação está apta a imprimir à célula que a possui um novo esquema de estrutura e de atividades.[177]

Consideradas todas essas lições, admite-se a terminologia *embrião* para se referir àqueles seres advindos da fecundação entre óvulo e espermatozoide, também, considerados os embriões excedentários, resultantes da fertilização *in vitro*. Justifica-se o posicionamento do presente estudo, haja vista a possibilidade de se produzirem células-tronco embrionárias humanas por transferência de núcleos somáticos para óvulos humanos enucleados, as quais se transformam em blastócitos, como se observa na embriologia e na biotecnologia. O blastócito produzido em decorrência da reprogramação de núcleos de células adultas pode chegar a produzir células-tronco embrionárias, o que não significa que sejam embriões normais, capazes de produzir bebês, segundo orienta Henri Atlan.[178]

O autor também explica a primeira etapa para a produção de células--tronco embrionárias por transferência de núcleo:

> Núcleos de células somáticas humanas (neste caso, fibroblastos de pele) podem ser "reprogramados" para se desenvolverem até reproduzirem artificialmente estrutura de blastócito, parecidas com embrião de aproximadamente cinco dias produzidos naturalmente por fecundação.[179]

---

[175] SGRECCIA, Elio. *Manual de bioética*: fundamentos e ética biomédica. São Paulo: Loyola, 1996. p. 354.

[176] Ibidem, p. 342.

[177] Ibidem, p. 342-243, grifo do original.

[178] ATLAN, Henri. *O útero artificial*. Trad. Irene Ernest Dias. Rio de Janeiro: Fiocruz, 2006. p. 54.

[179] Ibidem, p. 52.

Henri Atlan adverte que a denominação "embrião" é inapropriada para essas células e estruturas celulares produzidas artificialmente, sem fecundação. Isso, mesmo que nelas se encontrem algumas propriedades, dentre as quais a totipotência das células embrionárias.[180] Dessa maneira, a nomenclatura "embrião" não se aplica aos estudos das células-tronco embrionárias, uma vez que "implica reservar o nome 'embrião' exclusivamente para células ou conjunto de células suscetíveis de se desenvolver em organismos adultos após implantação uterina".[181]

Consoante Silmara Juny de Abreu Chinellato e Mário Emílio Bigotte Chorão, o embrião pré-implantatório é compreendido pelo vocábulo "nascituro", anotando-se que embrião é termo não jurídico, embora seja atualmente empregado nas leis e nos documentos internacionais.[182]

Assim, percebe-se que a nomenclatura *embrião* é utilizada como núcleo de pesquisa na engenharia genética, por se tratar de um organismo vivo, sendo também resultado do progresso e da evolução da ciência, na reprodução medicamente assistida. Diversos procedimentos utilizados pela engenharia genética incluem a manipulação de embriões humanos, seja para fins de pesquisa, seja para serem inseminados, seja para serem congelados, ou, ainda, para serem apenas destruídos ou descartados.

As inovações tecnológicas e as questões concernentes ao humanismo, embora recebidas pela comunidade acadêmica com reservas e suspeitas, vêm impulsionando as mudanças de paradigma – diz Henri Atlan ao defender o projeto do útero artificial – para salvar abortos espontâneos e para permitir a mulheres sem útero que procriem.[183]

Maria Helena Diniz alerta que as novas técnicas para criação de ser humano em laboratório merecem limitações legais para que não haja a *coisificação do ser humano*:

> [...] a manipulação dos componentes genéticos da fecundação, com o escopo de satisfazer o direito à descendência, o desejo de procriar de

---

[180] ATLAN, Henri. *O útero artificial*. p. 54.

[181] Ibidem, p. 54-64.

[182] CHINELLATO, Silmara Juny de A. Estatuto jurídico do nascituro: a evolução do direito brasileiro. In: CAMPOS, Diogo Leite de; CHINELLATO, Silmara Juny de Abreu. *Pessoa humana e direito*, p. 418; CHORÃO, Mário Emílio Forte Bigotte. *Bioética, pessoa e direito (Para uma recapitulação do estatuto do embrião humano)*. Disponível em: <http://www.ucp.pt/site/resources/documents/SCUCP/destaques--bioetica.pdf>. Acesso em: 6 jan. 2015.

[183] ATLAN, Henri. *O útero artificial*, p. 9.

determinados casais estéreis e a vontade de fazer nascer homens no momento em que se quiser e com os caracteres que se pretender, tendo em vista a perpetuação da espécie humana, entusiasmou a embriologia e a engenharia genética, constituindo um grande desafio para o direito e para a ciência jurídica pelos graves problemas ético-jurídicos que gera, trazendo em seu bojo a coisificação do ser humano, sendo imprescindível não só impor limitações legais às clínicas médicas que se ocupam da reprodução humana assistida, mas também estabelecer normas sobre responsabilidade civil por dano moral e/ou patrimonial que venha causar.[184]

A autora é avessa às novas técnicas de reprodução humana assistida, motivo pelo qual aponta algumas consequências que as técnicas conceptivas poderão acarretar. Assim, para Maria Helena Diniz, com a fertilização assistida, "poder-se-á ter uma legião de seres humanos feridos na sua constituição psíquica e orgânica", a possibilidade de incesto propiciado pelo anonimato do doador do material fertilizante com a perda da identidade genética do donatário, bem como a degeneração da espécie humana.[185]

De outro modo, Álvaro Villaça Azevedo se coloca favorável tão somente à inseminação homóloga, ou seja, "realizada com embrião constituído de espermatozoide do marido ou do companheiro, aplicado no óvulo da esposa ou companheira, no próprio útero destas; tudo sem que existam embriões excedentes".[186] Em outros termos, o autor manifesta-se contrário à inseminação heteróloga, com material próprio ou alheio, resultando em embriões a serem implantados em útero alheio, ou em útero próprio, com material alheio, e, ainda, não admite a reprodução *in vitro*.[187] Anote-se que a posição seguida por Álvaro Villaça é adotada por alguns países, como é o caso de Portugal.

Neste trabalho, adota-se o procedimento de reprodução assistida sem as últimas restrições apontadas, seguindo as lições de Jussara Maria Leal de Meirelles.[188]

Ainda que existam posicionamentos divergentes no que toca à aceitação ou não da inseminação artificial ou reprodução artificial homóloga ou

---

[184] DINIZ, Maria Helena. *O estado atual do biodireito*. 7. ed. rev., aum. e atual. São Paulo: Saraiva, 2010. p. 570.

[185] Ibidem, p. 572.

[186] AZEVEDO, Álvaro Villaça. Ética, direito e reprodução humana assistida. *Revistas dos Tribunais*, ano 85, v. 729, p. 43-51, jul. 1996, p. 51.

[187] AZEVEDO, Álvaro Villaça. Ética, direito e reprodução humana assistida. *Revistas dos Tribunais*, ano 85, v. 729, p. 51.

[188] MEIRELLES, Jussara Maria Leal de. *A vida humana embrionária e sua proteção jurídica*. Rio de Janeiro: Renovar, 2004. p. 4.

heteróloga, os métodos existem e, de acordo com a legislação vigente, são permitidos, considerando-se como filhos aqueles produzidos artificialmente, sem nenhuma distinção ou discriminação.

O desenvolvimento médico-científico obriga o ser humano a refletir e a discutir sobre a tutela jurídica do embrião, o qual, expressamente, no Código Civil, consta apenas no art. 1.597, no que se refere à filiação e à presunção de paternidade.[189]

Existem várias técnicas de reprodução humana assistida, conforme explica Ana Cláudia S. Scalquete, quais sejam, a inseminação artificial intrauterina (IIU); a fecundação *in vitro* e a transferência de embrião (FIVETE); a transferência intratubária de gametas (do inglês *Gametha Intra Fallopian Transfer* – GIFT); e a injeção intracitoplasmática do espermatozoide (ICSI).[190]

A propósito das categorias apontadas, Maria Helena Diniz esclarece as diferenças primordiais entre a fertilização *in vitro* e a inseminação artificial:

> A ectogênese ou fertilização in vitro caracteriza-se pelo método ZIFT (*Zibot Intra Fallopian Transfer*), que consiste na retirada do óvulo da mulher para fecundá-lo na proveta, com sêmen do marido ou de outro homem, para depois introduzir o embrião no seu útero ou no de outra. Como se vê, difere da inseminação artificial, que se processa mediante o método GIFT (*Gametha Intra Fallopian Transfer*), referindo-se à fecundação *in*

---

[189] Outras leis referem-se aos embriões, como a já mencionada Lei 11.105, de 24 de março de 2005, que dispôs sobre a Política Nacional de Biossegurança (essa lei regulamentou os incisos II, IV e V do § 1.º do art. 225 da Constituição Federal, estabeleceu normas de segurança e mecanismos de fiscalização de atividades que envolvam organismos geneticamente modificados, criou o Conselho Nacional de Biossegurança e reestruturou a Comissão Técnica Nacional de Biossegurança). Ainda podem ser citadas as resoluções a seguir: Resolução do Conselho Nacional de Saúde 466, de 12 de dezembro de 2012, publicada no *DOU* de 13 de junho de 2013, que aprova as diretrizes e normas regulamentadoras de pesquisas envolvendo seres humanos; Resolução Anvisa/DC 23, de 27 de maio de 2011, publicada no *DOU* de 30 de maio de 2011 e republicada no *DOU* de 12 de agosto de 2001, que dispõe sobre o regulamento técnico para o funcionamento dos Bancos de Células e Tecidos Germinativos; Resolução CFM 2.013/2013, que dispõe de anexo com as normas éticas para a utilização das técnicas de reprodução assistida; Resolução do Conselho Nacional de Saúde 466/2012, que aprova, no item III, os aspectos éticos da pesquisa envolvendo seres humanos.

[190] SCALQUETTE, Ana Cláudia S. *Estatuto da reprodução assistida*. São Paulo: Saraiva, 2010. p. 73.

vivo, ou seja, à inoculação do sêmen na mulher, sem que haja qualquer manipulação externa de óvulo ou embrião.[191]

Também com o intuito de definir as técnicas de reprodução assistida, Ana Cláudia S. Scalquette, sobre a ICSI, diz tratar-se de "técnica na qual ocorre a injeção de um único espermatozoide no citoplasma do óvulo, por meio de um aparelho especialmente desenvolvido, que contém microagulhas para injeção".[192]

Faz-se uma observação acerca das práticas de procriação, ainda que não seja objeto principal deste estudo, em especial no tocante às consequências decorrentes do processo biotecnológico. A liberdade de procriar é um interesse muito relevante, como afirma Fernando Araújo, mas a sua promoção como verdadeiro *direito* pode suscitar questões melindrosas.[193]

A propósito, Fernando Araújo alerta que "Os principais problemas que podem ocorrer resultam de questões de negligência técnica, da definição do destino a dar a embriões não utilizados, e da intervenção de 'terceiros' no fornecimento do ovócito e de sémen, ou na 'locatio'do útero".[194] O autor explica, ainda, que podem ocorrer questões complicadas de legitimidade no que tange ao resultado do processo, em face de uma divergência entre as figuras da mãe social e da mãe genética, ou seja, a mãe que põe em marcha o processo de fertilização – e a quem a criança contratualmente se destina – e a mãe genética, que fornece os ovócitos.[195]

Fernando Araújo também expõe o problema do destino dos pré-embriões não utilizados. O autor assim relata:

> [...] o caso "Davi v Davis", ocorreu a propósito da necessidade de definição do destino a dar, em resultado de divórcio entre progenitores, a pré-embriões criopreservados e excedentes, tendo o Tribunal Tennessee decidido que se tratava de pessoas sucetíveis de uma proteção contra a sua destruição, e não de coisas a serem repartidas, como tal, entre os cônjuges.[196]

---

[191] DINIZ, Maria Helena. *O estado atual do biodireito*, 7. ed., p. 569.

[192] SCALQUETTE, Ana Cláudia S. *Estatuto da reprodução assistida*, p. 73.

[193] ARAÚJO, Fernando. *A procriação assistida e o problema da santidade da vida*. Almedina: Lisboa, 1999. p. 19.

[194] Ibidem, p. 43.

[195] Ibidem, loc. cit.

[196] Ibidem, p. 47.

Outro problema apontado por Fernando Araújo diz respeito à hipótese de os pré-embriões ficarem "'*órfãos*' de ambos os progenitores, que morreram num acidente sem terem deixado quaisquer instruções quanto ao destino a dar àqueles".[197] Ainda, há de se considerar a questão ético-filosófica, no que se refere ao prolongamento artificial do processo reprodutivo; e a questão de foro sucessório, "que resulta da possibilidade de ocorrer uma inseminação '*post mortem*'".[198]

Como se nota, sem dúvidas, os processos de procriação assistida geram muitos desafios para os juristas; todavia, não se pode negar o direito à reprodução assistida em face dessas dificuldades. O papel do jurista deve ser o de apontar as soluções para esses casos complicados, de difícil solução.

Feitas essas considerações, propugna-se que os embriões devem ter resguardados seus direitos, assim como devem ser acolhidos os direitos dos nascituros, como pessoas, em especial tendo em vista seus direitos da personalidade e aplicabilidade do princípio da dignidade da pessoa humana.

Ressalta-se, como já mencionado, que a terminologia *embrião* deve ser utilizada para os seres advindos da fecundação entre óvulo e espermatozoide, também considerados os embriões excedentários, sucedidos da fertilização *in vitro*.

Desse modo, considerando que o embrião tem a proteção de direitos tal qual possui o nascituro, também possui direito à vida, direito à filiação e direito à adoção.

3.3.1   O direito à vida do embrião

José Afonso da Silva leciona que a vida "se instaura com a concepção (ou germinação vegetal), transforma-se, progride, mantendo sua identidade, até que mude de qualidade, deixando, então, de ser vida para ser morte".[199] Ainda de acordo com o autor, "tudo que se interfere em prejuízo deste fluir espontâneo e incessante contraria a vida [...] todo ser dotado de vida é *indivíduo*, isto é: algo que não se pode dividir, sob pena de deixar de *ser*".[200] Maria Helena Diniz, por sua vez, ressalta o fato de a vida ter "prioridade

---

[197] ARAÚJO, Fernando. *A procriação assistida e o problema da santidade da vida*, p. 49-50.

[198] Ibidem, p. 51.

[199] SILVA, José Afonso da. *Curso de direito constitucional positivo*, p. 197.

[200] Ibidem, loc. cit.

sobre todas as coisas, uma vez que a dinâmica do mundo nela se contém e sem ela nada terá sentido".[201]

O embrião tem vida, e, pela ontogenia humana, percebe-se a transformação morfológica do ser. Assiste razão a Maria Helena Diniz ao expressar:

> O aparecimento de um novo ser humano ocorre com a fusão dos gametas femininos e masculinos, dando origem ao zigoto, com um código genético distinto do óvulo e do espermatozoide. A fetologia e as modernas técnicas de medicina comprovam que a vida inicia-se no ato da concepção, ou seja, da fecundação do óvulo pelo espermatozoide, dentro ou fora do útero. A partir daí tudo é transformação morfológico-temporal, que passará pelo nascimento e alcançará a morte, sem que haja alteração do código genético, que é singular, tornando a vida humana irrepetível e, com isso, cada ser humano único.[202]

O encontro de duas células gaméticas diferentes entre si "ativa um novo projeto-programa, pelo qual o recém-concebido fica determinado e individuado", conforme lições de Elio Sgreccia.[203] O autor explica a formação do indivíduo da seguinte forma:

> A fusão do oócito com o espermatozoide dá origem a um novo sistema. Na primeira fase de encontro, da penetração da cabeça de um espermatozoide no citoplasma do oócito, já tem início a uma cadeia de atividades que indica com evidência que não são mais os dois sistemas que estão agindo independentemente um do outro, mas que se constituiu um "novo sistema", que começa a operar como uma "unidade", chamada precisamente de "zigoto" ou "embrião unicelular".[204]

É da concepção que se inicia a vida, constituindo, portanto, o marco inicial do desenvolvimento humano, que só estará completo na idade adulta. Nas palavras de Silmara Juny de Abreu Chinellato e Almeida, "a vida humana tem início quando um óvulo é fertilizado por um espermatozoide".[205] Não importa as etapas de desenvolvimento por ser esta contínua, como a implan-

---

[201] DINIZ, Maria Helena. *O estado atual do biodireito*. 4. ed. rev. e atual. conforme a Lei n. 11.105/2005. São Paulo: Saraiva, 2007. p. 22.

[202] DINIZ, Maria Helena. *O estado atual do biodireito*, 4. ed., p. 25.

[203] SGRECCIA, Elio. *Manual de bioética*: fundamentos e ética biomédica, p. 342.

[204] Ibidem, p. 342.

[205] ALMEIDA, Silmara Juny de Abreu Chinellato e. *Tutela civil do nascituro*, p. 112.

tação, o período embrionário e o fetal, o nascimento, a primeira e a segunda infância, e a puberdade.[206]

Ao delinear a natureza jurídica do embrião, Francisco Amaral questiona se este é pessoa ou coisa, para concluir que se trata do "começo de uma vida, o início de uma pessoa". Veja-se:

> Qual a natureza jurídica do embrião? É pessoa ou coisa? Considerando que a vida é um processo contínuo de desenvolvimento protegido pelo direito (CF, art. 5.º, *caput*), iniciando-se com a fecundação do óvulo, e que o embrião humano é o início desse processo, deve-se considerá-lo ser humano em potência e, como tal, revestido da dignidade própria da pessoa humana. *Não é simples conjunto de células, é o começo de uma vida, o início de uma pessoa humana.*[207]

Por todas essas palavras, o embrião deve gozar de proteção jurídica particular e específica, adequadas para seu estágio de desenvolvimento, de acordo com Héctor A. Mendoza Cárdenas e Sonia López García.[208] Esclareça-se que os autores professam que essa proteção não pode ser idêntica à conferida a uma pessoa já nascida, mas defendem um direito à vida.[209]

O direito à vida é um direito garantido pela Constituição Federal, por seu próprio fundamento, o qual se estende ao nascituro, como já observado, e, também, ao embrião. O direito à vida é um direito da personalidade, não sendo necessário nascer para adquiri-lo, acrescenta Francisco Amaral. Nas palavras do autor, "o nascimento não é condição para que a personalidade

---

[206] ALMEIDA, Silmara Juny de Abreu Chinellato e. *Tutela civil do nascituro.* p. 112.

[207] AMARAL, Francisco. *Direito civil* – introdução, p. 262-263, grifou-se.

[208] CÁRDENAS, Héctor A. Mendoza; GARCÍA, M. C. Sonia López. Inicio y fin de la vida: "aspectos biojurídicos". *Revista de Bioética y Derecho*, n. 22, p. 15-23, mayo 2011, p. 21.

[209] Ibidem, p. 22. Veja-se trecho do texto dos autores, consoante a legislação mexicana: "Entonces es posible concluir que, si bien una vida humana particular inicia con la unión de losgametos masculinos y femeninos, creemos que siguiendo una postura gradualista, la vida humana en sus diferentes etapas, merece diferentes formas de protección, y en sus inicios, es decir en el período embrionario, el ser humano no puede considerarse como una persona con plenos derechos. Creemos que en ese momento histórico de todo ser humano, el embrión debe gozar de una protección jurídica determinada, particular y especifica, que corresponda a su fase de desarrollo, protección que no puede ser idéntica a la de una persona yanacida. No existe, como la hemos sostenido, un derecho absoluto a la vida" (ibidem, p. 22).

se inicie, mas sim para que se consolide".[210] A individualidade é o suficiente para a aquisição da personalidade. Francisco Amaral ainda explica:

> [...] decorre do código genético, do genoma, surgido com a concepção, não sendo necessária a autonomia, ou a independência, que significa autossuficiência, o que nem todos os nascidos têm, por exemplo, os irmãos siameses, as pessoas em estado de coma, os já nascidos mas ligados a aparelhos.[211]

Sobre o direito à vida, Maria Helena Diniz ensina que "na vida intrauterina tem o nascituro e na vida extrauterina tem o embrião, concebido *in vitro*, personalidade jurídica formal, no que atina os direitos da personalidade, visto ter carga genética diferenciada desde a concepção, seja ela *in vivo*, ou *in vitro*".[212]

Observa-se que a Resolução CFM 2.013/2013 permite criopreservar espermatozoides, óvulos e pré-embriões, adotando as ideias seguidas pelo presente estudo:

> V – CRIOPRESERVAÇÃO DE GAMETAS OU EMBRIÕES
>
> 1 – As clínicas, centros ou serviços podem criopreservar espermatozoides, óvulos e embriões e tecidos gonádicos.
>
> 2 – O número total de embriões produzidos em laboratório será comunicado aos pacientes, para que decidam quantos embriões serão transferidos *a fresco*, devendo os excedentes, viáveis, serem criopreservados.
>
> 3 – No momento da criopreservação os pacientes devem expressar sua vontade, por escrito, quanto ao destino que será dado aos embriões criopreservados, quer em caso de divórcio, doenças graves ou falecimento de um deles ou de ambos, e quando desejam doá-los.
>
> 4 – Os embriões criopreservados com mais de *5 (cinco) anos poderão ser descartados* se esta for a vontade dos pacientes, e não apenas para pesquisas de células-tronco, conforme previsto na Lei de Biossegurança.[213]

Opina-se, aqui, que a criopreservação de embriões não é um problema para garantir o direito à vida, pois descongelados podem vir a ser implantados

---

[210] AMARAL, Francisco. O dano à pessoa no direito civil brasileiro. In: CAMPOS, Diogo Leite de; CHINELLATO, Silmara Juny de Abreu. *Pessoa humana e direito*, p. 132.

[211] Ibidem, loc. cit.

[212] DINIZ, Maria Helena. *Curso de direito civil brasileiro*: teoria geral do direito civil, p. 198.

[213] Disponível em: <www.ctnbio.gov.br/index.php/content/view/11992.html>. Acesso em: 3 jan. 2015, grifou-se.

e, consequentemente, gerados. O problema reside, isto sim, na possibilidade de esses embriões serem descartados como se um nada fossem, conforme se depreende do item 4, título V, da Resolução CFM 2.013/2013.

Na visão deste trabalho, que defende a teoria concepcionista, os embriões devem ter resguardado o direito à vida, como um direito fundamental e da personalidade. Uma solução para a problemática é permitir que os embriões excedentários sejam destinados para adoção, beneficiando aquelas pessoas que desejam ter filhos, como se verificará adiante.

3.3.2 O embrião e o direito à filiação

O embrião, além do direito à vida, tem direito à filiação. No Direito Brasileiro, como se sabe, a filiação é a relação de parentesco consanguíneo ou civil, ou seja, a relação existente entre pais e filho, em primeiro grau e em linha reta, estando ela relacionada à reprodução assistida.

Outrora se discutia, no Direito, a terminologia e quem eram considerados filhos legítimos ou ilegítimos. Os legítimos eram os advindos da relação matrimonial; e os ilegítimos, aqueles filhos cujos pais se encontravam impedidos para o casamento, denominados *filhos espúrios*.

A Constituição Federal de 1988 acabou com a distinção entre filiação legítima ou ilegítima, dispondo no art. 227, § 6.º, que todos os filhos são iguais, independentemente de suas origens. Assegura-se, assim, os mesmos direitos dos filhos biológicos aos filhos adotivos, dando a todos o direito de convivência familiar, independentemente da origem genética. Como é notório, o Código Civil, no art. 1.596, reafirma o princípio da igualdade dos filhos ao dispor que "Os filhos, havidos ou não da relação de casamento, ou por adoção, terão os mesmos direitos e qualificações, proibidas quaisquer designações discriminatórias relativas à filiação".

A filiação dá-se por meio da reprodução de forma natural ou de forma mecânica, inserida na classificação de filiação biológica e não biológica, diante da igualdade constitucional prevista.

De forma natural, o conceito de Genival Veloso de França, em medicina legal, traduz que o "espermatozoide depositado pela cópula no canal vaginal avança, penetrando no útero, sobe até a tuba uterina e, aí, encontrando o óvulo, fecunda-o, formando o ovo, sendo a unidade primeira da vida".[214] No

---

[214] FRANÇA, Genival Veloso de. *Medicina legal*. 8. ed. Rio de Janeiro: Guanabara Koogan, 2008. p. 250.

terço proximal da tuba uterina, desenvolve-se o ovo até a fase de blastócito e, em um espaço de aproximadamente oito dias, chega ao útero para a nidação, ou seja, a gravidez.[215]

A reprodução mecânica ou assistida, ou, ainda, inseminação artificial, é produzida em laboratório, ou por meio de auxílio médico. Para Maria Helena Diniz, "ter-se-á inseminação artificial quando o casal não puder procriar, por haver obstáculo à ascensão dos elementos fertilizantes pelo ato sexual, como esterilidade, malformação congênita, escassez de espermatozoides, obstrução do colo uterino etc.".[216]

Na concepção de Fernando Araújo, "Trata-se – fertilização *in vitro* – de fecundar ovócitos fora do corpo de uma mulher e de reimplantá-los já sob a forma de embriões".[217] O autor português explica também que "A mulher que fornece os ovócitos pode ser, ou não, aquela em que os embriões são implantados, podendo qualquer homem ser o doador do esperma utilizado na fertilização".[218]

No entanto, o art. 1.593 do Código Civil Brasileiro dispõe que "A relação de parentesco é natural ou civil, conforme resulte da consanguinidade ou outra origem". E a expressão "outra origem" descrita no referido artigo permite que se interprete a filiação por meio das técnicas de reprodução assistida. Como se depreende do Enunciado n°103, aprovado na *I Jornada de Direito Civil* de 2002:

> 103 – Art. 1.593: o Código Civil reconhece, no art. 1.593, outras espécies de parentesco civil além daquele decorrente da adoção, acolhendo, assim, a noção de que há também parentesco civil no vínculo parental proveniente quer das técnicas de reprodução assistida heteróloga relativamente ao pai (ou mãe) que não contribuiu com seu material fecundante, quer da paternidade socioafetiva, fundada na posse do estado de filho.[219]

---

[215] FRANCA, Genival Veloso de. *Medicina legal*. p. 250.

[216] DINIZ, Maria Helena. *O estado atual do biodireito*. 4. ed., p. 501.

[217] ARAÚJO, Fernando. *A procriação assistida e o problema da santidade da vida*, p. 43.

[218] ARAÚJO, Fernando. *A procriação assistida e o problema da santidade da vida*, p. 43.

[219] Disponível em: <www.cjf.jus.br>. Acesso em: 3 dez. 2014.

E, ainda, presumem-se filhos concebidos na constância do casamento aqueles advindos de filiação por reprodução artificial, nos termos do art. 1.597 do Código Civil.[220]

> [...]
>
> III – havidos por fecundação artificial homóloga, mesmo que falecido o marido;
>
> IV – havidos por qualquer tempo, quando se tratar de embriões excedentários, decorrentes de concepção artificial homóloga;
>
> V – havidos por inseminação artificial heteróloga, desde que tenha prévia autorização do marido.[221]

A fecundação homóloga produzida com o material genético dos cônjuges ou conviventes pode ou não gerar embriões excedentários. Ainda que no procedimento ocorra a extração de até dez óvulos, nem sempre todos são fecundados ou se transformam em embriões. Os embriões não implantados são os excedentários, os quais, conforme salientado, serão congelados ou deixados para pesquisa de células-tronco, consoante autorização do casal. Esses embriões, após cinco anos congelados, podem ser descartados.

A inseminação heteróloga é aquela ocorrida com o sêmen de um doador ou embrião de terceiros, desde que tenha prévia autorização do marido. Conforme o Enunciado 104, aprovado na *I Jornada de Direito Civil*, há presunção de paternidade relativa ou absoluta com a seguinte interpretação do art. 1.597:

> No âmbito das técnicas de reprodução assistida envolvendo o emprego de material fecundante de terceiros, o pressuposto fático da relação sexual é substituído pela vontade (ou eventualmente pelo risco da situação jurídica matrimonial) juridicamente qualificada, *gerando presunção absoluta ou relativa de paternidade* no que tange ao marido da mãe da criança concebida, *dependendo da manifestação expressa* (ou implícita) da vontade no curso do casamento.[222]

---

[220] Os incisos I e II do referido dispositivo legal, que definem a filiação por presunção com relação ao casamento, têm pouca relevância prática diante da paternidade certa obtida por meio do exame de DNA, motivo pelo qual se deixa de comentar.

[221] BRASIL. Planalto. Código Civil. Disponível em: <http://www.planalto.gov.br/ccivil_03/leis/2002/l10406.htm>. Acesso em: 5 dez. 2012.

[222] Disponível em: <http://www.cjf.jus.br/cjf/CEJ-Coedi/jornadas-cej/enunciados-aprovados-da-i-iii-iv-e-v-jornada-de-direito-civil/jornadas-de-direito-civil-enunciados-aprovados>. Acesso em: 5 dez. 2014.

Ana Cláudia S. Scalquette aduz que o dispositivo legal reconhece como filhos, por presunção, aqueles nascidos de fecundação artificial homóloga, inseminação artificial heteróloga, e os filhos havidos, a qualquer tempo, de embriões excedentários decorrentes da concepção artificial homóloga.[223]

A reprodução artificial tem amparo na Constituição Federal, art. 218, pois o Estado promoverá e incentivará o desenvolvimento científico, a pesquisa e a capacitação tecnológicas, com tratamento prioritário à pesquisa científica básica, tendo em vista o bem público e o progresso das ciências. Ademais, deve-se respeitar a Lei de Biossegurança 11.105/2005, a qual estabelece normas de segurança e mecanismos de fiscalização de atividades que envolvam organismos geneticamente modificados.

A Lei de Biossegurança não veda a reprodução artificial, ao contrário, permite, no art. 5.º, a utilização de células-tronco embrionárias obtidas de embriões humanos, produzidos por fertilização *in vitro* e não utilizados no respectivo procedimento, para fins de pesquisa e terapia, seja de embriões inviáveis, seja de embriões congelados há três anos ou mais, desde que haja consentimento dos genitores.

A Resolução CFM 2.013/2013 apresenta as normas éticas para o emprego das técnicas de reprodução assistida, com o propósito de superar a infertilidade humana como um problema de saúde, com implicações médicas e psicológicas.

As normas éticas para o emprego das técnicas de reprodução assistida têm o papel de auxiliar na solução dos problemas atinentes à reprodução humana, facilitando o processo de procriação, desde que haja probabilidade efetiva de sucesso e não incorra em risco grave de saúde para a paciente ou o possível descendente. Nos termos da Resolução mencionada, a idade máxima das candidatas à gestação é de cinquenta anos.

Para o procedimento, é necessário o consentimento informado e obrigatório para todos os pacientes. As técnicas de reprodução assistida cuja finalidade é a procriação humana não podem ser aplicadas com a intenção de selecionar o sexo ou qualquer outra característica biológica do futuro filho, exceto quando se trate de evitar doenças ligadas ao sexo do filho que venha a nascer.

A Resolução CFM 2.013/2013 determina o número máximo de oócitos e embriões a serem transferidos para a receptora, que não pode ser superior a quatro. Nas mulheres com até trinta e cinco anos, recomenda-se até dois

---

[223] SCALQUETTE, Ana Cláudia S. *Estatuto da reprodução assistida*, p. 22.

embriões; nas mulheres entre trinta e seis e trinta e nove anos, recomenda-se até três embriões; e, nas mulheres entre quarenta e cinquenta anos, a recomendação é de quatro embriões. Na hipótese de doação de óvulos e embriões, considera-se a idade da doadora no momento da coleta dos óvulos.

A filiação por meio da reprodução assistida pode acontecer entre casais, mas também é permitida para relacionamentos homoafetivos e pessoas solteiras, desde que todas sejam pessoas capazes.[224]

O disposto no § 7.º do art. 226 da Constituição Federal permite o planejamento familiar, fundado no princípio da dignidade da pessoa humana e da paternidade responsável. A Lei 9.263, de 12 de janeiro de 1996, que regulamentou o dispositivo constitucional, define, no art. 2.º, o planejamento familiar como um conjunto de ações de regulação da fecundidade que garanta direitos iguais de constituição, limitação ou aumento da prole, pela mulher, pelo homem ou pelo casal.

Ao tratar de planejamento familiar e admitindo direito dos transexuais à reprodução, Heloisa Helena Barboza, reconhece o sistema como "autonomia reprodutiva", sendo assegurado o acesso às informações e meios para sua efetivação, ao se atribuir ao Estado o dever de propiciar recursos educacionais e científicos para o exercício desse direito".[225]

No planejamento familiar também se inserem as técnicas de reprodução assistida, no consenso de o casal formar sua descendência. Nas palavras de Guilherme Calmon Nogueira da Gama:

> O consentimento de ambos, além de ser um aspecto fundamental no projeto parental, também se mostra relevante para fins de confirmar o cumprimento dos deveres inerentes à conjugalidade, entre eles o de respeito e de consideração recíprocos e de resguardo aos direitos da personalidade do outro. Independente da modalidade de técnica de reprodução assistida que venha a ser adotada – homóloga ou heteróloga –, o consentimento de ambos ratifica a comunhão da vida e, com base no modelo constitucional, representa a associação de ambos na vontade de procriar.[226]

---

[224] A Resolução CFM 2.013/2013 faz menção à decisão do Pleno do Supremo Tribunal Federal, na sessão de julgamento de 5 de maio de 2011, que reconheceu e qualificou como entidade familiar a união estável homoafetiva (Ação Direta de Inconstitucionalidade 4.277 e Arguição de Descumprimento de Preceito Fundamental 132).

[225] BARBOZA, Heloísa Helena. Direito dos transexuais à reprodução. In: DIAS, Maria Berenice (org.). *Direito das famílias*, p. 270.

[226] GAMA, Guilherme Calmon Nogueira da. *Direito civil*: família. São Paulo: Atlas, 2008. p. 352.

A vontade de procriar pode ir além da condição do ser humano. A propósito, referencia-se Eduardo de Oliveira Leite, o qual aduz que ao casal infértil é permitido buscar a procriação por meio da adoção de embrião. Trata-se de doação bilateral, de casal para casal, ao passo que a doação de óvulo é doação unipessoal, de uma mulher para outra.[227] Com relação aos aspectos médicos, o autor disserta:

> A doação de embrião é facilmente realizável. Trata-se da transferência de embrião congelado. Foi a equipe australiana de Trounson e Mohr quem obteve o primeiro nascimento de uma criança após fecundação "in vitro", congelamento-descongelamento e recolocação de embrião.[228]

A propósito dos aspectos jurídicos, Eduardo de Oliveira Leite assevera que "Os adágios 'mater semper certa est' e 'pater semper incertus est' tornaram-se relativos conduzindo o jurista a se interrogar sobre a validade de certos princípios tidos como adquiridos".[229] Isso porque a paternidade não se estabelece apenas no suporte biológico, mas também no psicossocial. Na relação de parentesco hoje diferenciada, "a criança pode ter três pais (o doador do esperma, o pai adotivo, o marido da mãe) pode igualmente ter três mães (a mãe biológica, a mãe portadora e a mãe de recepção)".[230]

A filiação de pais ou de apenas uma genitora é um direito. A mulher tem o direito à gestação e, dependendo de sua condição física, pode recorrer à adoção de embrião excedentários, garantindo para ambos, mulher e embrião, o princípio da dignidade da pessoa humana.

Conforme salientado e se defende neste estudo, o fato de a proteção do nascituro também alcançar o embrião significa que ambos possuem direitos – o direito à vida e o direito ao respeito à sua dignidade e à filiação, que, consecutivamente, garante o direito ao não abandono, ainda que ambos se encontrem em situações diferentes. O nascituro como "ser" nidado no ventre materno recebe pelo cordão umbilical todos os nutrientes para que ocorram as mutações celulares e nasça, assim, adquirindo direitos e deveres na ordem civil. O embrião, por sua vez, depende ainda da possibilidade de nidação. O tema será aprofundado no próximo capítulo.

---

[227] LEITE, Eduardo de Oliveira. *Procriações artificiais e o direito*: aspectos médicos, religiosos, psicológicos, éticos e jurídicos. São Paulo: RT, 1995. p. 63.

[228] Ibidem, p. 64.

[229] Ibidem, p. 201.

[230] Ibidem, loc. cit.

4

DA ADOÇÃO OU DOAÇÃO DE EMBRIÕES EXCEDENTÁRIOS

A mulher que deseja ser mãe procura completar, ou até mesmo encontrar, sua felicidade com o nascimento de um filho. Parece óbvia essa afirmativa, entretanto, para essa mulher não interessa a quantidade de medicamentos a ser ingerida quando ela decide submeter-se a métodos artificiais, vinculados à reprodução assistida. Ao decidir por conceber um descendente, tê-lo é o que importa.

Adotar os embriões excedentários, além de garantir a maternidade para a mulher, um direito fundamental, concede a esses embriões o direito à filiação. A propósito, Jones Figueirêdo Alves, no texto A Maternidade Celebrada, escreveu que "Não existe um estatuto jurídico da maternidade, microuniverso normativo que a celebre em sua multifacetada realidade de relação parental".[1] O autor também anota que "a infância era um relato de maus-tratos e de abandono afetivo, e nesse contexto de época, indiferentes as mães ao seu vínculo, a maternidade nada significava senão a mera capacidade de procriação, não dispondo de deveres ou direitos".[2]

A família hoje possui identidade peculiar, como explica Paulo Lôbo, uma vez que ela "busca sua identificação na solidariedade (art. 3.º, I, da Constituição), como um dos fundamentos da afetividade, após o indivi-

---

[1] ALVES, Jones Figueirêdo. *Maternidade celebrada*. Disponível em: <http://ibdfam.org.br/artigos/964/Maternidade+celebrada%22>. Acesso em: 15 nov. 2014.

[2] Ibidem. O autor comenta que a evolução se deu "com a 'revolução do sentimento', no alvorecer do Iluminismo, escola filosófica articuladora do amor romântico. Desse movimento, o amor tornou-se 'a razão principal para o casamento e para o filho ser considerado o fruto ou um dom desse amor', introduzindo a ideia do amor materno" (ibidem).

dualismo triunfante dos dois últimos séculos, ainda que não retome o papel predominante que exerceu no mundo antigo".[3]

A par dessas afirmações, deve-se entender que o vínculo de parentalidade familiar não é exclusivo do campo genético, pois os embriões excedentários podem ser recebidos como filhos e, após o nascimento, serem inseridos em uma estrutura familiar, diante da possibilidade da filiação heteróloga. Essa inclusão ocorrerá não só com a filiação heteróloga, pois os filhos havidos por adoção terão os mesmos direitos daqueles havidos na relação conjugal.

Como se sabe, a Constituição Federal de 1988 traz o conceito de entidade familiar de modo abrangente e resguarda proteção à família constituída pelo casamento, pela união estável, seja por casais heteroafetivos ou por pares homoafetivos e, ainda, a família monoparental.[4] Assim, reconhece-se a família

---

[3] LÔBO, Paulo Luiz Netto. *Direito civil*: famílias. 4. ed. São Paulo: Saraiva, 2011. p. 19.

[4] Nesse contexto, para o reconhecimento das entidades familiares homoafetivas, reproduz-se, mais uma vez, parte da ementa da Ação Direta de Inconstitucionalidade 4.277, do Distrito Federal, que teve como Relator o ministro Ayres Britto, a qual reconhece os pares homoafetivos em união estável: "3. Tratamento constitucional da instituição da família. Reconhecimento de que a Constituição Federal não empresta ao substantivo 'família' nenhum significado ortodoxo ou da própria técnica jurídica. A família como categoria sociocultural e princípio espiritual. Direito subjetivo de constituir família. Interpretação não reducionista. O *caput* do art. 226 confere à família, base da sociedade, especial proteção do Estado. Ênfase constitucional à instituição da família. Família em seu coloquial ou proverbial significado de núcleo doméstico, pouco importando se formal ou informalmente constituída, ou se integrada por casais heteroafetivos ou por pares homoafetivos. A Constituição de 1988, ao utilizar-se da expressão 'família', não limita sua formação a casais heteroafetivos nem a formalidade cartorária, celebração civil ou liturgia religiosa. Família como instituição privada que, voluntariamente constituída entre pessoas adultas, mantém com o Estado e a sociedade civil uma necessária relação tricotômica. Núcleo familiar que é o principal lócus institucional de concreção dos direitos fundamentais que a própria Constituição designa por 'intimidade e vida privada' (inciso X do art. 5.º). Isonomia entre casais heteroafetivos e pares homoafetivos que somente ganha plenitude de sentido se desembocar no igual direito subjetivo à formação de uma autonomizada família. Família como figura central ou continente, de que tudo o mais é conteúdo. Imperiosidade da interpretação não reducionista do conceito de família como instituição que também se forma por vias distintas do casamento civil. Avanço da Constituição Federal de 1988 no plano dos costumes. Caminhada na direção do pluralismo como categoria sociopolítico-cultural. Competência do Supremo Tribunal Federal para manter, interpretativamente, o Texto Magno na posse do seu fundamental atributo da coerência, o que passa pela eliminação de preconceito quanto à orientação sexual das pessoas [...] 6. Interpretação do art. 1.723 do Código Civil em conformidade

natural formada pelos pais ou qualquer deles e seus descendentes, ou, ainda, a família extensa ou ampliada, "aquela que se estende para além da unidade pais e filhos ou da unidade do casal, formada por parentes próximos com os quais a criança ou o adolescente convive e mantém vínculos de afinidade ou afetividade", como conceitua Flávio Tartuce.[5]

Nas explicações de Maria Berenice Dias, a nova ordem jurídica consagrou como fundamental o direito à convivência familiar, adotando a doutrina da proteção integral.[6] A criança se transformou em sujeito de direitos, diante da prioridade dada à dignidade da pessoa humana, abandonando-se a feição patrimonialista da família. Em complemento, proibiu-se qualquer designação discriminatória à filiação, assegurando-se os mesmos direitos e qualificações aos filhos nascidos ou não da relação de casamento e aos filhos havidos por adoção, conforme salientado.[7]

Maria Berenice Dias relata, ainda, o surgimento de uma nova linguagem na identificação dos vínculos de parentalidade, atinente ao vínculo afetivo paterno--filial, uma vez que "A paternidade passou a compreender o parentesco psicológico, que prevalece sobre a verdade biológica e a realidade legal", reconhecimento da filiação homoparental, constituída por dois pais ou duas mães, a qual, na acepção de João Baptista Villela, denomina-se "desbiologização da paternidade".[8]

As procriações artificiais alteraram a ordem natural da filiação, como expressa Eduardo de Oliveira Leite, pois "A verdadeira filiação só pode vingar

---

com a Constituição Federal (técnica da 'interpretação conforme'). Reconhecimento da união homoafetiva como família. procedência das ações. Ante a possibilidade de interpretação em sentido preconceituoso ou discriminatório do art. 1.723 do Código Civil, não resolúvel à luz dele próprio, faz-se necessária a utilização da técnica de 'interpretação conforme à Constituição'. Isso para excluir do dispositivo em causa qualquer significado que impeça o reconhecimento da união contínua, pública e duradoura entre pessoas do mesmo sexo como família. Reconhecimento que é de ser feito segundo as mesmas regras e com as mesmas consequências da união estável heteroafetiva" (BRASIL. Supremo Tribunal Federal. Ação Direta de Inconstitucionalidade 4.277/DF. Disponível em: <http://www.stf.jus.br/portal/processo/verProcessoTexto.asp?id=2987495&tipoApp=R.>. Acesso em: 15 mar. 2015).

[5] TARTUCE, Flávio. *Direito civil*: família. 10. ed. rev., atual. e ampl. Rio de Janeiro: Forense; São Paulo: Método, 2015. v. 5, p. 431.

[6] DIAS, Maria Berenice. Um direito: direito homoafetivo. In: DIAS, Maria Berenice (org.). *Direito das famílias*, p. 320.

[7] DIAS, Maria Berenice. Um direito: direito homoafetivo. In: DIAS, Maria Berenice (org.). *Direito das famílias*, p. 320.

[8] Ibidem, loc. cit.

no terreno da afetividade, da intensidade das relações que unem pais e filhos, independente da origem biológica-genética".[9]

Se, de um lado, tem-se a filiação de ordem natural, de outro, há a filiação por ato de vontade. Dessa maneira, Eduardo de Oliveira Leite pontua a existência da filiação resultante de um ato de vontade, a adoção, pois sem vontade esta não se faz presente. Nos dizeres desse autor, "Na adoção, a vontade é soberana e o fato biológico é absolutamente inútil".[10]

Apresentadas essas considerações, passa-se à análise da constituição da família por meio da adoção, em especial a adoção dos nascituros e dos embriões excedentários.

4.1 Da possibilidade de adoção de nascituros e de embriões

Neste estudo, defende-se a possibilidade da adoção de nascituros, assim como de embriões excedentários, na forma como ocorre a adoção de crianças e de adolescentes, mas com suas especificidades, observando-se regras que ainda devem ser elaboradas, *de lege ferenda*, nas hipóteses envolvendo os embriões.

Sobre a adoção, as regras para o seu deferimento são encontradas nos arts. 39 e seguintes do Estatuto da Criança e do Adolescente (ECA), sendo o procedimento e a competência jurisdicional atribuições exclusivas do Juízo da Infância e da Juventude.

Nos termos da lei, qualquer pessoa pode ser adotada, mas o adotante há de ser pelo menos dezesseis anos mais velho que o adotado, cumprindo-se a formalidade do art. 42, § 3.º, do ECA.

Dentre as regras tem-se que, além da diferença de idade, é necessário o consentimento dos pais ou dos representantes legais de quem se deseja adotar, de acordo com o art. 45 do Estatuto em questão. O consentimento do representante legal será desnecessário se provado que os pais sejam desconhecidos, estejam desaparecidos ou tenham sido destituídos do poder familiar. Ainda, insere-se no requisito do consentimento, a oitiva da criança e do adolescente, bem como a obrigatoriedade do estágio de convivência. O adolescente consentirá ou não em ser adotado, sendo determinante sua decisão. A criança, por sua vez, será ouvida por equipe profissional especializada.

---

[9] LEITE, Eduardo de Oliveira. *Procriações artificiais e o direito*: aspectos médicos, religiosos, psicológicos, éticos e jurídicos, p. 202.

[10] Ibidem, p. 205.

No que tange à legitimidade para pleitear a adoção e se inscrever perante o Cadastro Nacional da Adoção, esta é atribuída à pessoa maior de dezoito anos, independentemente dos elementos qualificadores, como estado civil, sexo e nacionalidade. Está apenas implícito que o adotante tenha condições morais e materiais de desenvolver a função de pai ou de mãe oferecendo ao adotado ambiente familiar adequado.

Percebe-se que, na época da alteração do Estatuto da Criança e do Adolescente, pela Lei 12.010/2009, ou mesmo no tratamento original do Código Civil de 2002 a respeito do tema, o legislador não mencionou expressamente a adoção de nascituro, muito menos a de embriões excedentários. Isso, a despeito de a adoção de nascituro ter sido prevista no art. 372 do Código Civil de 1916, alterado pela Lei 3.133, de 8 de maio de 1957, em que se previa a possibilidade de adotar incapaz e nascituro, desde que houvesse o consentimento do adotado ou de seu representante legal.

Sobre esse tratamento legislativo, José Carlos Teixeira Giorgis sustenta que "A adoção do nascituro, então, não se encontra mais autorizada pelo sistema jurídico em vigor".[11] O doutrinador sustenta que existiu a possibilidade jurídica de adoção do nascituro no Código Civil pretérito, mas com o consentimento do adotado, ou de seu representante quando se tratasse do indivíduo embrionário. "O catálogo protetivo dos infantes recomenda um estágio de convivência entre o adotante e o adotado, o que se revela incompatível em relação a um ser enclausurado no corpo feminino", anota José Carlos Teixeira.[12]

O autor também argumenta que a adoção não pode ser atrelada a acontecimento incerto, pois a sobrevivência do nascituro é mera cogitação, fato que gera conflito com a própria natureza do regime que aspira um parentesco definitivo e irrevogável, tornando a adoção de nascituro inviável.[13]

Nessa mesma linha, Carlos Roberto Gonçalves, referenciando Antônio Chaves, ensina:

> [...] considera por isso suprimida de nosso direito o que chama de "contrassenso do ponto de vista humano e do ponto de vista legal. Do humano, porque ninguém deveria ser facultado adotar uma criatura que

---

[11] GIORGIS, José Carlos Teixeira. *A adoção de nascituro*. Disponível em: <http://www.ibdfam.org.br/artigos/306/A+ado%C3%A7%C3%A3o+do+nascituro%22>. Acesso em: 16 nov. 2014.

[12] Ibidem.

[13] GIORGIS, José Carlos Teixeira. *A adoção de nascituro*. Disponível em: <http://www.ibdfam.org.br/artigos/306/A+ado%C3%A7%C3%A3o+do+nascituro%22>. Acesso em: 16 nov. 2014.

ainda não nasceu, que não se sabe se vai ou não nascer com vida, qual seu sexo, seu aspecto, sua viabilidade, sua saúde etc. Do ponto de vista jurídico, porque a dependência em que fica essa adoção, de um acontecimento futuro e incerto, importa numa verdadeira condiçao, que o art. 375 (do CC/1916) não admite".[14]

Assim, nota-se que os doutrinadores Antônio Chaves, Carlos Roberto Gonçalves, José Carlos Teixeira Giorgis e Maria Berenice Dias optam por afastar a adoção do nascituro.

Nos escritos de Maria Berenice Dias, lê-se que, "Para sustentar a inviabilidade, é invocada a Convenção de Haia, que exige o consentimento da mãe após o nascimento da criança, relativamente à adoção internacional".[15]

Guilherme Calmon Nogueira da Gama também considera inviável a adoção de nascituro, por entender que o Direito Brasileiro adota a teoria natalista relativa ao início da personalidade, e somente ao nascer com vida o recém-nascido adquire personalidade civil.[16] O autor profere as seguintes palavras:

> O tema suscita várias questões, mas a melhor solução é no sentido da inadmissibilidade da adoção do nascituro, salvo expressa previsão legal no sentido de admitir, por uma ficção jurídica, a possibilidade da adoção daquele, tal como era prevista no art. 327 do Código Civil 1916, mas que deixou de ser prevista no contexto do ECA.[17]

Apesar dos doutrinadores que negam a possibilidade da adoção de nascituro, e com todo respeito a esses opositores, nota-se que já na vigência do Código Civil de 1916 permitia-se a adoção de nascituro.

Washington de Barros Monteiro diz:

> Se incapaz o adotado, ou simples nascituro, deve intervir no ato seu representante legal. Nascituro, menor de 16 anos, ou interdito, o adotado será representado no ato pelo respectivo representante legal (pai, mãe, tutor e curador). Observe-se que, nesta matéria, não cabe suprimento judicial de consentimento.

---

[14] GONÇALVES, Carlos Roberto. *Direito civil brasileiro*: direito de família. 8. ed. rev. e atual. São Paulo: Saraiva, 2011. p. 398.

[15] DIAS, Maria Berenice. *Manual de direito das famílias*. 4. ed. rev., atual. e ampl. São Paulo: RT, 2007. p. 441.

[16] GAMA, Guilherme Calmon Nogueira da. *Direito civil*: família, p. 427.

[17] Ibidem, p. 428.

Se relativamente incapaz o adotado, intervirá pessoalmente no ato para exprimir sua concordância, assistido, porém, pelo representante legal, como nos demais atos jurídicos.[18]

Fica claro que a adoção de outrora era o que hoje se denomina negócio jurídico. A adoção tinha como requisito de existência a escritura pública, consoante dicção do art. 134 do Código Civil de 1916: "É, outrossim, da substância do ato *a escritura pública*: (Redação dada pelo Decreto do Poder Legislativo n.º 3.725, de 15.1.1919) I – nos pactos antenupciais e nas adoções [...]".[19]

Mas não é só, pois, à época, o art. 373 do Código Civil de 1916 assegurava o direito aos adotados de se desligarem da adoção no ano imediato que cessasse a incapacidade ou a tutela.

Washington de Barros Monteiro afirmava ser plausível a disposição legal, referindo-se ao art. 373 do Código Civil de 1916, haja vista que "Os incapazes não têm suficiente discernimento para aquilatar a gravidade do ato praticado. Faltam-lhe inteligência e vontade".[20]

A afirmativa de que outrora a adoção era considerada como hodiernamente um negócio jurídico evidencia-se pela possibilidade de ruptura bilateral. Nesse contexto, se expressa ainda Washington de Barros Monteiro:

> Ocorrerá ruptura bilateral quando ambas as partes nisso convierem. A adoção constitui verdadeiro contrato bilateral. A mesma vontade que aproxima adotante e adotado pode de novo separá-los e assim desfazer o vínculo. A adoção em regra é permanente, destinada a durar a vida inteira; mas, faculta-se aos interessados, de comum acordo, dissolver o liame.
>
> A dissolução amigável efetiva-se através de escritura pública, enquanto a outra, a unilateral, é promovida em juízo, por intermédio de ação ordinária, em que se demonstre a existência de algum dos casos que justifiquem a deserdação.[21]

O autor tratava a adoção prevista no Estatuto da Criança e do Adolescente como negócio unilateral, e aquela do Código Civil de 1916, como

---

[18]   MONTEIRO, Washington de Barros. *Curso de direito civil*: direito de família. Atual. por Ana Cristina de Barros Monteiro França Pinto. São Paulo: Saraiva, 2001. v. 2, p. 278.

[19]   BRASIL. Planalto. Código Civil. Disponível em: <http://www.planalto.gov.br/ccivil_03/leis/l3071.htm>. Acesso em: 18 out. 2014, grifou-se.

[20]   MONTEIRO, Washington de Barros. Op. cit., p. 279.

[21]   Ibidem, p. 281.

bilateral, pois os direitos e deveres do parentesco natural não se extinguiam pela adoção.[22]

Francisco Cavalcanti Pontes de Miranda, por sua vez, explicava que na ausência do consentimento do adotando ou representante legal, a adoção seria inexistente, pois, "se a adoção não teve o consentimento do adotando capaz, ou relativamente incapaz, ou se absolutamente incapaz o adotando, ou nascituro, não funcionou a pessoa que deveria representá-lo, não é nula – é inexistente".[23]

Em face dos motivos apontados, entende-se que, outrora, a adoção era um negócio jurídico, seja pela possibilidade de o ato ser realizado mediante escritura pública, seja pela exigência do consentimento do adotando ou representante legal do nascituro. Tratava-se de um negócio jurídico bilateral, dedução confirmada, ainda, pela possibilidade do distrato entre as partes.

Observa-se que ocorreram alterações substanciais durante a vigência do Código Civil de 1916. De início, a Lei 3.133/1957 atualizou o instituto, dando nova redação aos arts. 368, 369, 372, 374 e 377 da codificação anterior. A adoção sofreu, portanto, modificação no que tange à idade dos legitimados para adotar, que passou de cinquenta para trinta anos. Os casados poderiam adotar se decorridos cinco anos após o casamento. Também se estipulou a diferença de dezesseis anos entre adotante e adotado, bem como se incluiu o consentimento do adotado ou de seu representante legal, salvo se fosse incapaz ou nascituro. Na hipótese de dissolução do vínculo, foi alterada a questão da ingratidão para os casos em que se admitia a deserdação. Por fim, em razão dessas modificações, a adoção não dava direitos sucessórios ao adotado, se o adotante tivesse filhos legítimos ou legitimados.[24]

---

[22] MONTEIRO, Washington de Barros. *Curso de direito civil*: direito de família. p. 281.

[23] MIRANDA, Francisco Cavalcanti Pontes de. *Tratado de direito de família*. Atual. por Vilson Rodrigues Alves. Campinas: Bookseller, 2001. p. 240.

[24] Reitera-se que, pelas regras do Código Civil de 1916, e com base na análise do texto legal, verificou-se, neste trabalho, que a adoção se dava mediante escritura pública. Estavam legitimados para adotar os maiores de cinquenta anos, sem prole legítima, ou legitimada, mantendo somente adotado e adotante o vínculo de parentesco. O adotante tinha que ser, pelo menos, dezoito anos mais velho que o adotado. Ninguém poderia ser adotado por duas pessoas, salvo se fossem marido e mulher. Tutor ou curador só poderiam adotar após prestação de contas pela administração patrimonial. Havia a necessidade de expresso consentimento do guardião do adotando, menor ou interdito. Com a cessação da incapacidade civil, no ano subsequente, o adotado poderia se desligar da adoção, e a dissolução do vínculo poderia acontecer por manifestação das duas partes ou por ingratidão do adotado em face do adotante. Eram

Posteriormente à lei de 1957, inseriu-se, no Direito Brasileiro, a Lei 4.655, de 2 de junho de 1965, que tratou da legitimação adotiva, sem revogar os dispositivos do Código Civil de 1916. A referida lei versou sobre a legitimidade adotiva para os infantes com até sete anos, cujos pais não tinham condições prover a subsistência do filho.[25] Na vigência da Lei 4.655/1965, o juiz, com a participação do Ministério Público, deferia o período de três anos de guarda do menor para os requerentes. Após esse período, concedia a adoção mediante sentença constitutiva.

Nas regras do Código Civil de 1916, vigentes à época por meio da Lei 4.655/1965, dispensou-se o prazo de cinco anos de matrimônio, se comprovadas a esterilidade de um dos cônjuges por perícia médica e a estabilidade conjugal; porém, só poderiam adotar os menores as pessoas casadas, mediante requerimento devidamente instruído com a certidão de casamento. A ressalva ficou para o(a) viúvo(a) com mais de trinta e cinco anos, se provado que o menor já estava integrado a seu lar e onde vivia há mais de cinco anos. E, em se tratando de cônjuges desquitados, se já houvesse iniciada a guarda do menor, na constância do matrimônio.

A partir da Lei 4.655/1965 que inseriu a legitimidade adotiva, a adoção era deferida pelo juiz tendo em vista as conveniências do menor, o seu futuro e o seu bem-estar. Nesse caso, os pais adotivos passavam a serem considerados como se legítimos fossem do adotado, cessando os vínculos da filiação anterior. Assim, foi inserida, no sistema jurídico nacional, a ideia de adoção plena, com rompimento total dos vínculos anteriores.

Em complemento, com o advento da Lei 4.655/1965, a legitimação adotiva passou a ser irrevogável, independentemente da existência de filhos legítimos, diante da equiparação na filiação, com os mesmos direitos e deveres estabelecidos em lei, mas não no que se referia aos direitos sucessórios.

No linear do tempo, já em 1979, depara-se com a revogação da Lei 4.655/1965 pelo Código de Menores (Lei 6.697, de 10 de outubro de 1979).

---

mantidos os direitos e deveres do parentesco natural, transferindo apenas para o pai adotivo o pátrio poder.

[25] A Lei 4.655/1965 dispõe sobre a legitimação adotiva: "Art. 1.º É permitida a legitimação do infante exposto, cujos pais sejam desconhecidos ou hajam declarado por escrito que pôde ser dado, bem como do menor abandonado propriamente dito até 7 (sete) anos de idade, cujos pais tenham sido destituídos do pátrio poder; do órgão da mesma idade, não reclamando por qualquer parente por mais de um ano; e, ainda, do filho natural reconhecido apenas pela mãe, impossibilitado de prover a sua criação" (BRASIL. Planalto. Lei 4.655/1965. Disponível em: <http://www.planalto.gov.br/ccivil_03/leis/1950-1969/L4655.htm>. Acesso em: 27 nov. 2014).

O Código de Menores também não revogou os dispositivos do Código Civil, tratando este da adoção simples e com aplicabilidade aos menores que se encontrassem em situação irregular. Também atribuiu ao adotado o caráter de adoção plena, conferindo-lhe a situação de filho, passando a ter vínculo com os pais e parentes do adotando. Conforme descreve Tânia da Silva Pereira, "A adoção plena manteve o espírito da legitimação adotiva, mas estendeu o vínculo da adoção à família do adotante, inscrevendo, inclusive, o nome dos ascendentes do adotante, independentemente da concordância deles".[26]

Em 1990, com o advento do Estatuto da Criança e do Adolescente, "foram revogados os princípios do Código Civil de 1916 para os menores de dezoito anos que passaram a ser regidos pela nova lei", como pontua Tânia da Silva Pereira.[27]

Dessa forma, o Código Civil de 1916 permaneceu vigorando sobre a adoção aos maiores de dezoito anos e também a respeito dos *infans conceptus*. Nessa linha é o entendimento de Sérgio Abdalla Semião, que fundamenta a possibilidade da adoção do nascituro com a interpretação do art. 372 desse diploma civil anterior:

> No entanto, há de se observar que, no que se refere ao direito de ser adotado, o artigo 372 do Código Civil diz que não se pode adotar sem o consentimento do adotado, ou do seu representante legal, se for incapaz ou nascituro. Nota-se que, como foi transcrito o artigo na lei civil, o principal sujeito de direito é o adotante, e não o nascituro. Significa o mesmo que dizer que "adotante" (aquele que adota) não pode adotar sem o consentimento do adotado, ou de seu representante legal, se for incapaz ou nascituro. O sujeito da oração é o adotante. Entretanto, também não podemos chegar ao acúmulo de dizer que não há implicitamente, o direito do nascituro de se ver adotado, embora visivelmente secundário em relação ao direito do adotante. Porém, é, como dissemos, um dos direitos expressos em lei a favor do nascituro, que, em relação a ele, trata-se claramente de uma expectativa, pois dependerá sempre de seu nascimento com vida.[28]

Nota-se que a doutrina divergiu na época sobre a aplicabilidade da adoção no tocante ao nascituro, pois, como visto, a interpretação encontrava-se

---

[26] PEREIRA, Tânia da Silva. Adoção. In: PEREIRA, Rodrigo da Cunha; MADALENO, Rolf (coords.). *Direito de família*: processo teoria e prática. Rio de Janeiro: Forense, 2008. p. 145.

[27] Ibidem, loc. cit.

[28] SEMIÃO, Sérgio Abdalla. *Os direitos do nascituro*: aspectos cíveis, criminais e do biodireito. 2. ed. rev., atual. e ampl. Belo Horizonte: Del Rey, 2000. p. 81.

pautada não somente no Código Civil de 1916, mas também na aplicabilidade do Estatuto da Criança e do Adolescente. A propósito, segundo Maria Helena Diniz: "Se nascituro ou menor de dezoito anos, aplica-se o disposto na Lei n.º 8.069/90, art. 45, por ser adoção plena".[29]

Em 2002, o novo Código Civil recepcionou as diretrizes sobre a adoção ínsitas no Código Civil de 1916, mas sem mencionar a adoção de nascituro. Entretanto, teve seus dispositivos revogados com a Lei 12.010, de 3 de agosto de 2009, que trouxe as novas regras sobre a adoção, até então vigentes.

Márcio Martins Moreira aduz que o Estatuto da Criança e do Adolescente silencia sobre a adoção do nascituro, mas prevalece o entendimento segundo o qual o Código Civil de 2002 continua a reger a matéria, consoante art. 1.621. Para o autor, "A possibilidade jurídica de adoção do nascituro aviva outra vez a presunção legal de personalidade já concebida e outra vez reafirma sua condição de pessoa, ente humano capaz de direitos na órbita civil".[30]

O instituto da adoção atual difere daquele previsto na vigência do Código Civil de 1916. Hoje, tem-se uma adoção humanizada em que o adotado é filho em caráter pleno e irrevogável, independentemente da consanguinidade, pois, filhos são filhos, com iguais direitos e deveres na ordem civil, ou seja, participam do direito patrimonial e sucessório.

Caio Mário da Silva Pereira apontou alguns aspectos dessa evolução:

> A adoção moderna é marcada, essencialmente, pela busca de uma família para uma criança, superando a regra antiga da busca de uma criança para uma família.
>
> Para o novo século há que se romper com a cultura da adoção como *filiação de segunda classe*, muito presente na sociedade hodierna, para assumir a paternidade social como a "grande verdade", suplantando o excessivo biologismo, tão presente na cultura latina.[31]

É visível que a adoção perdeu o caráter contratualista de outrora. E, na doutrina contemporânea, encontram-se doutrinadores simpatizantes com

---

[29] DINIZ, Maria Helena. *Código Civil anotado*. 7. ed. atual. São Paulo: Saraiva, 2001. p. 339.

[30] MOREIRA, Márcio Martins. *A teoria personalíssima do nascituro*. São Paulo: Livraria Paulista, 2003. p. 51.

[31] PEREIRA, Caio Mário da Silva. *Direito civil*: alguns aspectos de sua evolução. Rio de Janeiro: Forense, 2001. v. I, p. 224.

a possibilidade de adoção do nascituro, dentre eles, Flávio Tartuce, quando afirma:

> [...] é possível o reconhecimento do nascituro como filho, conforme prevê especificamente o art. 1.609, parágrafo único, do CC. Se for possível reconhecê-lo como filho, por que não seria possível adotá-lo? Entendemos que há um contrassenso nesse entendimento que nega a possibilidade de adoção [...] a norma autorizadora para a adoção de nascituro é o Estatuto da Criança e do Adolescente (Lei n. 8.069/1990), conforme sustenta a própria Professora Silmara Chinelato [...].[32]

Conforme já assinalado, Silmara Juny de Abreu Chinellato e Almeida admite a adoção do nascituro como forma de tutela dos direitos de quarta geração da pessoa humana.[33] Relembre-se que essa jurista é uma das pioneiras na defesa dos direitos do nascituro e uma das principais defensoras da teoria concepcionista.

Arnaldo Marmitt, referenciado por Silvio de Salvo Venosa, aduz que o legislador estatutário perdeu a oportunidade de ser claro e completo a respeito da adoção de nascituro, pois, "Sem dúvida, a adoção do nascituro, se admitida, o que nos parece a melhor solução, deve ser feita, por analogia, de acordo com o Estatuto da Criança e do Adolescente, não podendo prevalecer interpretação literal, nesse caso".[34]

Paulo Luiz Netto Lôbo entende não haver impedimento legal para adoção de nascituro, pois:

> Todos os direitos da futura pessoa já estão reservados, caso o nascituro nasça com vida, inclusive o de ser adotado. Assim, a adoção pode ser deferida pelo juiz, ficando suspensa até que se confirme o nascimento com vida, quando produzirá todos os seus efeitos. Essa solução contempla melhor os princípios constitucionais da dignidade da pessoa humana e

---

[32] TARTUCE, Flávio. *A situação jurídica do nascituro: uma página a ser virada no direito brasileiro*. Disponível em: <http://www.flaviotartuce.adv.br/artigos/Tartuce_princfam.doc>. Acesso em: 24 fev. 2014.

[33] ALMEIDA, Silmara Juny de Abreu Chinellato e. Adoção de nascituro e a quarta era dos direitos: razões para se alterar o *caput* do artigo 1.621 do novo Código Civil. In: DELGADO, Mário Luiz; ALVES, Jones Figueirêdo (coord.). *Questões controvertidas no novo Código Civil*, p. 355.

[34] VENOSA, Silvio de Salvo. *Direito civil*: direito de família. 9. ed. São Paulo: Atlas, 2009. p. 272.

da solidariedade, assegurando uma família para a futura criança quando a gestante não deseje assumir a maternidade.[35]

A ausência de norma expressa sobre a *adoção de nascituro* não gera a conclusão final pela sua impossibilidade, mesmo porque o Código Civil resguarda os direitos do nascituro desde a concepção (art. 2.º). Assim, o presente estudo se filia ao posicionamento de Silmara Juny de Abreu Chinellato e Almeida que, conforme já se assinalou, admite a possibilidade da adoção, como forma de tutela dos direitos de quarta geração da pessoa humana.[36]

No conceito de quem é pessoa, para o presente estudo, tem-se a inclusão do nascituro e do embrião, que possuem direitos fundamentais garantidos pela Constituição Federal, dentre eles, os mais importantes, quais sejam, o direito à vida e o direito à dignidade. O Estatuto da Criança e do Adolescente não poderia ter redação diferente ao tratar dos direitos fundamentais da criança e do adolescente e reserva um capítulo específico para o assunto.

Assim, o Estatuto da Criança e do Adolescente impõe, nos arts. 4.º e 5.º, o dever da família, da comunidade, da sociedade em geral e do Poder Público de assegurar à criança, com absoluta prioridade, a efetivação dos direitos referentes à vida, à saúde, à alimentação, à dignidade, ao respeito, à convivência familiar e comunitária, dentre outros, punindo na forma da lei qualquer atentado, por ação ou omissão, aos direitos fundamentais. Na visão do presente estudo, não há dúvidas de que os comandos apontados têm aplicação irrestrita para os nascituros e para os embriões.

Observa-se que a preservação da vida do nascituro está na possibilidade de as gestantes serem vinculadas ao tratamento pré-natal e perinatal e, ainda, de as gestantes entregarem seus filhos para a adoção, as quais são obrigatoriamente encaminhadas à Justiça da Infância e da Juventude, por força do § 5.º do art. 8.º e parágrafo único do art. 13 do Estatuto mencionado.[37]

---

[35] LÔBO, Paulo Luiz Netto. *Direito civil*: famílias, p. 274.

[36] ALMEIDA, Silmara Juny de Abreu Chinellato e. Adoção de nascituro e a quarta era dos direitos: razões para se alterar o *caput* do artigo 1.621 do novo Código Civil. In: DELGADO, Mário Luiz; ALVES, Jones Figueirêdo (coord.). Op. cit., loc. cit.

[37] Veja-se a doutrina: "Ação de obrigação de fazer contra a gestante [...] o tratamento pré-natal e perinatal se constituem em verdadeiro direito do nascituro. Há gestantes em verdadeira situação de risco, citando-se como exemplos o uso de drogas e a pessoa portadora de HIV. Os agentes de saúde acompanham a evolução da gestante e no caso de omissão da mesma, devem comunicar ao Conselho Tutelar. Este órgão realiza o contato e na continuação da omissão no tratamento, deve levar o caso ao órgão ministerial. Nesse ponto, qual é a conduta do membro do *Parquet*? Alguns

A interpretação de Guilherme Freire de Melo Barros é no sentido de que a gestante seja orientada sobre as consequências do ato de entregar o filho para a adoção, mas não a obrigar a assumir a maternidade. Nas palavras do autor:

> [...] a diretriz principiológica que permeou as alterações trazidas pela Lei n. 12.010/2009 foi a da preservação da família natural. Dentro desse contexto, o novo parágrafo 5.º do artigo 8.º estabeleceu a necessidade do acompanhamento psicológico à mãe que externa seu desejo de entregar seu filho à adoção. O objetivo deve ser o de informar a gestante/mãe sobre a importância do vínculo familiar, da preservação da família, da alegria e da responsabilidade proporcionadas pela maternidade. Não me parece que a atuação deva ser dirigida exclusivamente a demover a gestante/mãe do intuito de entregar a criança a adoção. Ainda que se pretenda a preservação da família natural, a mulher não deve ser compelida, pressionada a criar a criança – sob pena de se arrepender em momento posterior e rejeitar a criança, o que e muito mais traumático, para ambos. O foco de atuação do auxílio psicológico deve ser o de informar devidamente a mulher acerca das consequências de seu ato, a fim de lhe permitir tomar a decisão mais adequada de forma livre e consciente.[38]

No entanto, a mulher não pode alegar impossibilidade de gestar em razão da falta de alimentos, ou acompanhamento médico, pois é da incumbência do Poder Público propiciar apoio alimentar à gestante e à nutriz, nos termos do § 3.º art. 8.º do ECA.

Os argumentos da doutrina que nega a possibilidade da adoção do nascituro por falta de consentimento do adotado ou estágio de convivência de embrião, a qual se denomina doutrina negativista, não possuem fundamentos. Ora, o nascituro terá o estágio de convivência após seu nascimento, pois, quando ainda no ventre materno, sua genitora já informou o desejo da *não maternidade*, e os trâmites legais permitiriam que a família substituta leve o bebê para casa por ocasião da alta do hospital, sem deixá-lo com outra

---

promotores da infância e da juventude, como é o caso de Praia Grande (SP), têm ofertado ação de obrigação de fazer contra a gestante, sendo essa obrigação a de comparecer ao serviço hospitalar. Deferido o pedido pelo magistrado, incumbe ao oficial de justiça, com toda cautela e conhecimento, levar a gestante ao referido tratamento" (ISHIDA, Valter Kenji. *Estatuto da Criança e do Adolescente*: doutrina e jurisprudência. 2. ed. São Paulo: Atlas, 2010. p. 17).

[38] BARROS, Guilherme Freire de Melo. *Estatuto da Criança e do Adolescente*. 43. ed. Salvador: JusPodivm, 2010. p. 32.

família substituta. Já na adoção do embrião, com a nidação, este passará por nove meses no ventre materno, "sentindo" a presença da sua genitora.

Não obstante os direitos do nascituro aqui previamente apresentados, cabe consignar que no Congresso Nacional tramita o Projeto de Lei 478/2007, de autoria dos deputados Luiz Bassuma e Miguel Martini. A referida projeção obteve aprovação e reformulação pela deputada Solange Almeida, da Comissão de Seguridade Social e Família, e, em 5 de junho de 2013, foi aprovado pela Comissão de Finanças e Tributação da Câmara. Atualmente, encontra-se na Comissão de Constituição e Justiça, pendente de análise.[39]

O *Estatuto do Nascituro* possui dispositivos diretamente relacionados ao objeto deste trabalho. Primeiro, no art. 2.º, admite o nascituro como ser humano concebido, mas ainda não nascido; também admite como seres humanos os embriões concebidos, ainda que *in vitro*, mesmo antes da transferência para o útero da mulher. Segundo, permite à mãe entregar o nascituro para adoção, consoante o disposto no art. 13, II.

Ainda que o Estatuto do Nascituro mencione tão somente a possibilidade da adoção do nascituro decorrente de estupro, a hermenêutica do dispositivo induz a uma interpretação extensiva, fato que viabilizará a hipótese de adoção de embriões excedentários, conforme opinião defendida nesta obra.

Propugna-se que o Direito de Família não pode ser interpretado sem sopesar interesses relevantes, como o direito à vida de um ser vivo, ou como o de uma criança, que não pode se manifestar sozinha. De maneira mais profunda escreve Belmiro Pedro Marxs Welter inserindo o Direito de Família além do somente genético, do afetivo e do ontológico, a família interpretada de forma tridimensional:

> O texto do direito de família não deve ser compreendido exclusivamente pela normatização genética, mas também pelos mundos (des)afetivo e ontológico, que são imprescindíveis à saúde física, mental, à inteligência, à educação, à estabilidade econômica, social, material, cultural, à dignidade e à condição humana, não bastando tão só a procriação, a origem genética, como também a ancestralidade afetiva, a recreação, a paz, a felicidade, a solidariedade familiar e o respeito ao modo de ser de cada ser humano.[40]

---

[39] Momento de estudo e pesquisa deste trabalho, 25 de outubro de 2014. No entanto, até o fechamento desta tese, em maio de 2015, continuava pendente de análise.

[40] WELTER, Belmiro Pedro Marxs. Teoria tridimensional do direito de família. *Revista do Ministério Público do RS*, Porto Alegre, n. 71, p. 127-148, jan.-abr. 2012, p. 138. Disponível em: <http://www.amprs.org.br/arquivos/revista_artigo/arquivo_1342124687. pdf>. Acesso em: 15 out. 2014.

Entende-se, nesse contexto, que o Direito de Família deve ser observado e aplicado em conformidade com a condição do ser humano. No caso em tela, essas afirmações dão sustento para o reconhecimento do direito à adoção do nascituro e do embrião excedentário. Nessa linha de pensamento posiciona-se Belmiro Pedro Marxs Welter, ao ministrar as seguintes lições:

> [...] É preciso despir-se dos preconceitos, da pré-compreensão do que é família, lei, decisão judicial ou um processo que desconstitui o vínculo genético, afetivo e ontológico, querendo dizer que *os conceitos prévios que dominam o ser humano comprometem o seu verdadeiro reconhecimento* do passado histórico, do presente e do futuro da família.[41]

Se a interpretação do Direito de Família deve ser dada de acordo com a condição humana de cada ser, e admitindo-se a teoria concepcionista a reconhecer direitos ao embrião, pois é considerado pessoa, os embriões excedentários podem ser sujeitos passivos no processo de adoção.

Ressalte-se que não apenas o direito do nascituro à vida está em foco, mas também o direito de uma mulher, em ver resguardado o princípio da dignidade humana, pela possibilidade de ser mãe, condição *in natura* do gênero humano feminino.

A mulher tem autonomia para decidir sobre a maternidade, sendo os direitos reprodutivos verdadeiros direitos humanos ou fundamentais. Em razão disso, caberia a ela o direito de optar pela adoção de embriões, pois estaria amparada pelo princípio da dignidade da pessoa humana. Mas não só, pois, pela da Lei do Planejamento Familiar, pelo Estatuto da Criança e do Adolescente e também pelo atual Código Civil, os seus direitos para tanto devem ser resguardados e tutelados.

---

[41] Ibidem, loc. cit. O autor anota que "o legislador e a comunidade jurídica do mundo ocidental têm causado muitos problemas sociais, com a compreensão do texto do direito de família apenas em parte do mundo genético, já que a normatização não alcança a realidade da vida, a existencialidade, os eventos, os episódios, os acontecimentos. E como a pessoa não é, e nem pode ser, compreendida como uma coisa, ela está sendo transformada em vítima de arrombamento, sem violência, de seus modos de ser-no-mundo-genético, de ser-no-mundo-(des) afetivo e de ser-no-mundo--ontológico. Para compreender o texto do direito de família, a interpretação não deve levar em conta o *ser-objeto*, a normatização do mundo genético, uma vez que há um mundo circundante em que é vislumbrado um ter-prévio, um ver-prévio e um preconceito sobre a Constituição do País e a condição humana tridimensional" (ibidem, p. 137).

Os direitos reprodutivos como direitos humanos foram reconhecidos no ano de 1994, na Conferência do Cairo, por 184 Estados, e nas Conferências Internacionais de Copenhague e Pequim, que reafirmaram esta concepção, no ano de 1995, segundo anota Flávia Piovesan.[42] A autora explica, que "embora não sejam tratados internacionais, mas declarações, ambos apresentam valor jurídico, na medida em que deles extraem-se princípios internacionais, que constituem importante fonte do Direito Internacional".[43] E, também, relata:

> A Conferência do Cairo realça ainda que as mulheres têm o direito individual e a responsabilidade social de decidir sobre o exercício da maternidade, assim como o direito à informação e acesso aos serviços para exercer seus direitos e responsabilidades reprodutivas, enquanto que os homens têm uma responsabilidade pessoal e social, a partir de seu próprio comportamento sexual e fertilidade, pelos efeitos desse comportamento na saúde e bem-estar de suas companheiras e filhos.[44]

Heloísa Helena Barboza reconhece o direito humano à escolha reprodutiva como opção pessoal absolutamente fundamental, em face "'[d] o direito à escolha reprodutiva', como direito à liberdade reprodutiva, relativa a 'se' e 'quando' reproduzir-se, ensejando incluir nessa escolha o 'como' reproduzir--se, relacionado às técnicas de reprodução artificial".[45]

Sobre a dignidade da pessoa humana, embora já descrito em capítulo antecessor, cabe aqui expor as considerações de Giselda Maria Fernandes Novaes Hironaka, ao abordar a questão da dignidade da pessoa humana e da cidadania, afirmando que "não é possível conceber, ou reconhecer, ou considerar a pessoa sem concebê-la, ou reconhecê-la, ou considerá-la como dotada de dignidade".[46]

A autora apresenta a concepção do autor francês Bernard Edelman que conclui sobre a dignidade nos seguintes termos: "Em duas palavras, se a liberdade é a essência dos direitos do homem, a dignidade é a essência da

---

[42] A autora referencia a propósito do Plano de Ação da Conferência sobre População e Desenvolvimento do Cairo de 1994 e a Declaração e Plataforma de Ação de Pequim de 1995.

[43] PIOVESAN, Flávia. *Direitos reprodutivos como direitos humanos*. Disponível em: <siteantigo.mppe.mp.br/.../Artigo_Direitos_reprodutivos_como_direitos_ humanos_-_Flv.doc>. Acesso em: 30 nov. 2014.

[44] Ibidem.

[45] BARBOZA, Heloísa Helena. Direito dos transexuais à reprodução. In: DIAS, Maria Berenice (org.). *Direito das famílias*, p. 269.

[46] HIRONAKA, Giselda Maria Fernandes Novaes. *Responsabilidade pressuposta*. Belo Horizonte: Del Rey, 2005. p. 166.

Humanidade".[47] Relata, ainda, que Bernard Edelman descreve a organização da dignidade não em um campo estreito de aplicação, mas, ao contrário, ele a reorganiza de forma ampla:[48]

> Textualmente, Bernard Edelman diz que "uma tal posição teórica – que supõe que se saiba, de modo preciso o que é 'a substância mesmo da pessoa humana' – não somente tenta esterilizar um conceito, mas ainda chega a discriminações dogmáticas entre as 'boas' aplicações deste conceito e as 'más' aplicações. *Seriam boas aplicações tudo que tivesse [por exemplo] traço de proteção do embrião ou ao fim da vida*, e [por outro lado] todas as ocorrências que visassem à escravidão (prostituição, trabalho em estado de vulnerabilidade...) seriam más aplicações, em revanche ao que tem aspecto de direito a uma moradia decente, a uma liberdade publicitária ou a permanência dos estrangeiros na França [...]".[49]

Extrai-se, dessa leitura, que a humanidade e os direitos do homem, embora em planos distintos, são atributos capazes "de dar ao conceito da dignidade a sua verdadeira dimensão, a sua verdadeira eficiência", como escreve Giselda Maria Fernandes Novaes Hironaka.[50] Essas lições demonstram, na visão deste trabalho, servir perfeitamente para fundamentar o direito das mulheres em adotar embriões excedentes.

Nesse contexto, inserem-se os direitos de uma mulher buscar a gestação, o direito de reprodução, seja pela liberdade de formar uma família, seja pela consciência de constituir prole por meio da reprodução artificial.

A maternidade e a adoção de embriões também são discutidas em congressos científicos sobre reprodução assistida e aceitas em respeito à dignidade humana. Assim apresenta Martha Ramírez-Gálvez:

> Os desenvolvimentos tecnológicos na reprodução humana permitem a possibilidade de adoção, em estágios mais primários da reprodução, inclusive no nível das células microscópicas, às quais, em muitos casos, lhes é atribuído o sentido de "filho", de pessoa, como neste depoimento de uma médica de 48 anos: "Eles estavam dentro de um tubo de ensaio. Tudo o que se via era a gotinha cor-de-rosa do soro anticoagulante sobre os embriõezinhos. Eles estariam mofando num freezer se eu não os tivesse

---

[47] HIRONAKA, Giselda Maria Fernandes Novaes. *Responsabilidade pressuposta*. Belo Horizonte: Del Rey. p. 166.

[48] Ibidem, p. 222.

[49] Ibidem, loc. cit., grifou-se.

[50] Ibidem, p. 223.

Cap. 4 · DA ADOÇÃO OU DOAÇÃO DE EMBRIÕES EXCEDENTÁRIOS | **153**

tirado de lá. Eu os alimentei dentro do meu útero durante nove meses. Eles não existiriam sem o meu corpo" (CARELLI, 2001).[51]

O depoimento pessoal de Carelli denota representar a essência do sentimento de uma gestante, pois somente a mulher possui todas as condições para gerar, ainda que possa existir um útero artificial.[52]

Não obstante tudo o que foi escrito até o presente momento, a possibilidade da adoção de embrião excedentário encontra-se inserida nos dispositivos da Lei 9.263, de 12 de janeiro de 1996, que regulamentou o art. 226, § 7.º, da Constituição de 1988 (Lei do Planejamento Familiar). O art. 9.º dessa Lei permite à família recorrer à técnica reprodutiva na obtenção de prole, utilizando-se de todos os métodos e técnicas de concepção cientificamente aceitos, desde que não se coloque em risco a vida e a saúde das pessoas.

O Código Civil, por sua vez, no art. 1.596, proíbe quaisquer designações discriminatórias relativas à filiação e reconhece a filiação heteróloga, presumindo o marido como pai na hipótese de casamento (art. 1.597).

Já se discutiu na *I Jornada de Direito Civil*, inclusive, acerca da maternidade presumida, conforme se depreende do Enunciado 129, o qual propõe inclusão de um artigo no final do Capítulo II, Subtítulo II, Capítulo XI, Título I, do Livro IV, com a seguinte redação:

> Art. 1.597-A. A maternidade será presumida pela gestação.
>
> Parágrafo único. Nos casos de utilização das técnicas de reprodução assistida, a maternidade será estabelecida em favor daquela que forneceu o material genético, ou que, tendo planejado a gestação, valeu-se da técnica de reprodução assistida heteróloga.

A justificativa para inclusão desse artigo é prever igualdade no tratamento entre homem e mulher infértil ou estéril que se valham das técnicas de reprodução assistida para suplantar suas deficiências reprodutivas.[53]

---

[51] RAMÍREZ-GÁLVEZ, Martha. Razões técnicas e efeitos simbólicos da incorporação do "progresso tecnocientífico": reprodução assistida e adoção de crianças. *Revista Sociedade e Estado*, v. 26, n. 3, set.-dez. 2011, p. 577. Disponível em: <http://dx.doi.org/10.1590/S0102-69922011000300008>. Acesso em: 7 jun. 2014.

[52] Refere-se, aqui, à ideia de Henri Atlan, defensor da possibilidade de salvar embriões de abortos espontâneos, para depois permitir a mulheres sem útero que procriem (ATLAN, Henri. *O útero artificial*, p. 64).

[53] Justificativa do Enunciado 129: "O dispositivo dará guarida às mulheres que podem gestar, abrangendo quase todas as situações imagináveis, como as técnicas de repro-

No âmbito da jurisprudência, o Superior Tribunal de Justiça decidiu favoravelmente à adoção unilateral de uma menor, filha gerada por inseminação artificial de doador desconhecido, nascida em 24 de junho se 2002, por uma convivente em união estável da genitora da menor. O caso em tela diz respeito a uma fecundação heteróloga, com a doação de gameta masculino, em que uma das conviventes gerou a criança.[54]

---

dução assistida homólogas e heterólogas, nas quais a gestação será levada a efeito pela mulher que será a mãe socioevolutiva da criança que vier a nascer. Pretende-se, também, assegurar à mulher que produz seus óvulos regularmente, mas não pode levar a termo uma gestação, o direito à maternidade, uma vez que apenas a gestação caberá à mãe sub-rogada".

[54] Veja-se: "Civil. Processual civil. Recurso especial. União homoafetiva. Pedido de adoção unilateral. Possibilidade. Análise sobre a existência de vantagens para a adotanda. I. Recurso especial calcado em pedido de adoção unilateral de menor, deduzido pela companheira da mãe biológica da adotanda, no qual se afirma que a criança é fruto de planejamento do casal, que já vivia em união estável, e acordaram na inseminação artificial heteróloga, por doador desconhecido, em c.c.v. II. Debate que tem raiz em pedido de adoção unilateral – que ocorre dentro de uma relação familiar qualquer, onde preexista um vínculo biológico, e o adotante queira se somar ao ascendente biológico nos cuidados com a criança –, mas que se aplica também à adoção conjunta – onde não existe nenhum vínculo biológico entre os adotantes e o adotado. III. A plena equiparação das uniões estáveis homoafetivas, às uniões estáveis heteroafetivas, afirmada pelo STF (ADI 4277/DF, Rel. Min. Ayres Britto), trouxe como corolário, a extensão automática àquelas, das prerrogativas já outorgadas aos companheiros dentro de uma união estável tradicional, o que torna o pedido de adoção por casal homoafetivo, legalmente viável. IV. Se determinada situação é possível ao extrato heterossexual da população brasileira, também o é à fração homossexual, assexual ou transexual, e todos os demais grupos representativos de minorias de qualquer natureza que são abraçados, em igualdade de condições, pelos mesmos direitos e se submetem, de igual forma, às restrições ou exigências da mesma lei, que deve, em homenagem ao princípio da igualdade, resguardar-se de quaisquer conteúdos discriminatórios. V. Apesar de evidente a possibilidade jurídica do pedido, o pedido de adoção ainda se submete à norma-princípio fixada no art. 43 do ECA, segundo a qual 'a adoção será deferida quando apresentar reais vantagens para o adotando'. VI. Estudos feitos no âmbito da psicologia afirmam que pesquisas [...] Têm demonstrado que os filhos de pais ou mães homossexuais não apresentam comprometimento e problemas em seu desenvolvimento psicossocial quando comparados com filhos de pais e mães heterossexuais. O ambiente familiar sustentado pelas famílias homo e heterossexuais para o bom desenvolvimento psicossocial das crianças parece ser o mesmo (FARIAS, Mariana de Oliveira e MAIA, Anacláudia Bortolozzi in: Adoção por homossexuais: a família homoparental sob o olhar da psicologia jurídica. Curitiba: Juruá, 2009, pp. 75/76). VII. O avanço na percepção e alcance dos direitos da personalidade, em linha inclusiva, que equipara, em *status* jurídico, grupos minoritários como os de orientação homoafetiva – ou aqueles que têm disforia de gênero – aos

É igualmente cabível citar a decisão prolatada pelo juiz Rafael Pagnon Cunha, no Processo 027/1.14.0013023-9 no Conselho Nacional de Justiça (CNJ 0031506-63.2014.8.21.0027), reconhecendo a possibilidade de constar no registro de uma criança duas maternidades e uma paternidade, isto é, as mães casadas entre si e o pai, doador dos gametas, todos suportam a filiação.[55]

---

heterossexuais, traz como corolário necessário a adequação de todo o ordenamento infraconstitucional para possibilitar, de um lado, o mais amplo sistema de proteção ao menor – aqui traduzido pela ampliação do leque de possibilidades à adoção – e, de outro, a extirpação dos últimos resquícios de preconceito jurídico – tirado da conclusão de que casais homoafetivos gozam dos mesmos direitos e deveres daqueles heteroafetivos. VIII. A confluência de elementos técnicos e fáticos, tirados da i) óbvia cidadania integral dos adotantes; ii) da ausência de prejuízo comprovado para os adotados; e iii) da evidente necessidade de se aumentar, e não restringir, a base daqueles que desejam adotar, em virtude da existência de milhares de crianças que longe de querer em discutir a orientação sexual de seus pais, anseiam apenas por um lar, reafirmam o posicionamento adotado pelo tribunal de origem, quanto à possibilidade jurídica e conveniência do deferimento do pleito de adoção unilateral. Recurso especial não provido" (BRASIL. Superior Tribunal de Justiça. REsp 1.281.093, Terceira Turma, Rel. Min. Nancy Andrighi, j. 18.12.2012. Disponível em: <http://stj. jusbrasil.com.br/jurisprudencia/23042089/recurso-especial-resp-1281093-sp-2011-0201685-2-stj/inteiro-teor-23042090>. Acesso em: 4 jan. 2015).

[55] Veja-se: "Processo n.º 027/1.14.0013023-9 (CNJ: 0031506-63.2014.8.21.0027) Natureza: Voluntária – Outros – Juiz Prolator: Juiz de Direito – Rafael Pagnon Cunha Procede a pretensão. Moderna, inovadora, mas, fundamentalmente – e o mais importante –, tapada de afeto. Na riquíssima experiência de um lustro de Jurisdição exclusiva de Família, pronunciava às pessoas, diária e diuturnamente, das poucas certezas que tinha: que afeto demais não é o problema; o problema é a falta (infinda, abissal) de afeto, de cuidado, de amor, de carinho. O que intentam Fernanda, Mariani e Luis Guilherme, admiravelmente, é assegurar à sua filha uma rede de afetos. E ao Judiciário, Guardador das Promessas do Constituinte de uma sociedade fraterna, igualitária, afetiva, nada mais resta que dar guarida à pretensão – por maior desacomodação que o novo e o diferente despertem. Não vislumbro necessidade de providências outras na espécie, embora louvável o cuidado do sensível Promotor de Justiça. As Mães são casadas entre si, o que lhes suporta a pretensão de duplo registro, enquanto ao Pai igualmente assiste tal direito. A desatualização do arcabouço legislado à velocidade da vida nunca foi impediente ao Judiciário Gaúcho; a lei é lampião a iluminar o caminho, não este, como já se pronunciou outrora; a principiologia constitucional dá guarida à (re)leitura proposta pela bem posta inicial. Muito haveria a ser escrito. Serviria o presente case ao articular de erudita e fundamentadíssima sentença. Não é o que esperam, entretanto, Fernanda, Mariani, Luis Guilherme e, mui especialmente, Maria Antônia (lindo nome); aguardam, sim, célere e humana decisão, a fim de adequar o registro civil da criança ao que a vida lhe reservou: um ninho multicomposto, pleno de amor e afeto. Forte, pois, na ausência de impedientes legais, bem como com suporte no melhor interesse da criança, o acolhimento da pretensão é medida que se

A jurisprudência permite demonstrar que o direito não é estático e precisa ser atualizado conforme o comportamento do homem na sociedade. O Direito de Família atual é constituído pela afetividade. Nas palavras de Flávio Tartuce, o Direito de Família deve ser analisado "do ponto de vista do afeto, do amor que deve existir entre as pessoas, da ética, da valorização da pessoa e da sua dignidade, do solidarismo social e da isonomia constitucional".[56]

Pode-se concluir pela possibilidade de uma mulher formar sua família por meio da adoção de embrião excedentário, afirmação essa que se coaduna com os ideais professados por Gerson Odilon Pereira, do Programa de Doutoramento em Bioética, na Faculdade de Medicina de Porto, em Portugal; e por Andrea Pacheco Pacifico, da Universidade de York, no Canadá. Ambos os estudiosos admitem a doação e a adoção como políticas para salvar os embriões humanos excedentes e congelados.[57]

Isso, igualmente ao que ocorre na Califórnia, nos Estados Unidos, com o programa de adoção de embriões congelados *snowflakes* ("Flocos de Neve"). Na agência *Nightlight Christian Adoptions* foram realizadas mais de 550 adoções de embriões. Essa agência auxilia uma família a adotar embriões, com o consentimento dos doadores. A família genética seleciona quem vai adotar seus embriões e é informada do resultado da adoção e da transferência.[58]

Embora o Estatuto da Criança e do Adolescente trate da adoção apenas de pessoa já nascida, a já mencionada Resolução CFM 2.013/2013, que não é lei, viabiliza a doação de embrião, ou de gametas, que ensejará a adoção por uma mulher ou casal. Ademais, a adoção encontra-se inserida nos princípios básicos da Constituição Federal, que preleciona a igualdade dos filhos e assegura à criança e ao adolescente prioridade absoluta, proteção e dignidade

---

impõe. Isso, posto, julgo procedente o pedido, para o fim de determinar a expedição de mandado ao Registro Civil, anotando-se a paternidade e a dupla maternidade (e respectivas ascendências), nos termos do pedido. No mandado deverá constar que os interessados fazem jus à gratuidade dos serviços extrajudiciais. Expeça-se, de pronto, mandado, dada a urgência da situação. Registre-se. Intimem-se. Santa Maria, 11 de setembro de 2014. Rafael Pagnon Cunha Juiz de Direito" (Disponível em: <http://www.ibdfam.org.br/jurisprudencia>. Acesso em: 5 jan. 2015).

[56] TARTUCE, Flávio. *Direito civil*: direito de família, p. 5. O autor anota as palavras de Giselda Maria Fernandes Novaes Hironaka, segundo a qual, "o Direito de Família é baseado mais na afetividade do que na estrita legalidade".

[57] PEREIRA, Gerson Odilon; PACIFICO, Andrea Pacheco. Doação e adoção como políticas para salvar os embriões humanos excedentes e congelados. *Rev. Bras. Saude Mater. Infant.* [*on-line*], 2010, v. 10, suppl. 2, p. s391-s397. Disponível em: <http://dx.doi.org/10.1590/S1519-38292010000600018>. Acesso em: 7 nov. 2014.

[58] Disponível em: <https://www.nightlight.org>. Acesso em: 8 nov. 2014.

humana (art. 227). Devem ser estendidos os princípios constitucionais ao nascituro e ao embrião como pessoas, ainda que tenham suas diversificações.

Daí a necessidade, *de lege ferenda*, no que tange a melhor cumprir os ensejos das pessoas que vivem em sociedade, as quais se pautam pela Resolução CFM 2.013/2013 para a procriação assistida.

Defende-se, neste trabalho, a adoção de embrião excedentário como garantia do direito de gestação de uma mulher, consecução do art. 1.596 do Código Civil e do art. 20 do ECA. Em razão disso, opina-se pelo acréscimo na redação do art. 1.618 do Código Civil, nos seguintes termos:

> Art. 1.618. A adoção de crianças e adolescentes será deferida na forma prevista pela Lei n. 8.069, de 13 de julho de 1990 – Estatuto da Criança e do Adolescente.
>
> *Parágrafo único. A adoção de nascituro poderá ser efetivada, nos termos do parágrafo único do artigo 13 do Estatuto da Criança e do Adolescente (Lei n.º 8.069/1990). A adoção de embrião excedentário dar-se-á na forma da lei.*

Eis a essência da presente obra. A justificativa para o acréscimo do parágrafo único do art. 1.618 do Código Civil dá-se, inicialmente, para adoção dos nascituros, haja vista o disposto no parágrafo único do art. 13 do ECA, que permite às gestantes manifestarem interesse em entregar seus filhos para adoção, sendo obrigatoriamente encaminhadas à Justiça da Infância e da Juventude.

A partir do momento em que a mulher descobre a gravidez, poderá optar em ser mãe (consequência natural da maternidade) ou por apenas carregar o nascituro no ventre até o nascimento e, após o trabalho de parto, o bebê poderá ser entregue para a família ou mãe substituta já cadastrada.[59]

À primeira vista, mostra-se como frio o sentimento da mulher que decide pela não maternidade e resolve entregar o filho a outrem, porém, a escolha é certa para aquelas que não possuem condição natural para criá-lo.

---

[59] Veja-se: "Art. 13. Os casos de suspeita ou confirmação de castigo físico, de tratamento cruel ou degradante e de maus-tratos contra criança ou adolescente serão obrigatoriamente comunicados ao Conselho Tutelar da respectiva localidade, sem prejuízo de outras providências legais. (Redação dada pela Lei n.º 13.010, de 2014)

Parágrafo único. As gestantes ou mães que manifestem interesse em entregar seus filhos para adoção serão obrigatoriamente encaminhadas à Justiça da Infância e da Juventude. (Incluído pela Lei n.º 12.010, de 2009)" (BRASIL. Planalto. Estatuto da Criança e do Adolescente (Lei 8.069). Disponível em: <http://www.planalto.gov.br/ccivil_03/Leis/L8069.htm>. Acesso em: 27 nov. 2014).

Ademais, é preciso considerar também as ocorrências reiteradas de recém--nascidos jogados em caçambas, descartados em sacos de lixo ou enterrados vivos, como se fossem um nada, uma coisa.

A inclusão da segunda parte do parágrafo único do art. 1.618 do Código Civil possibilita a adoção de embriões excedentários (estendidos àqueles criopreservados ou não), a qual garante o direito de uma mulher ser mãe e, ainda, o direito à vida do embrião.

Dessa forma, a segunda parte do parágrafo único do art. 1.618 do Código Civil sugere a criação de uma lei especial para regulamentar a adoção de embrião excedentário.

A proposta de criação da "Lei da Adoção de Embrião" seria uma medida protetiva para garantir a vida dos embriões excedentários viáveis, os quais poderão nascer e ser inseridos em uma família. Trata-se de uma medida de segurança, com o objetivo de se resguardar a origem genética do embrião, evitando-se, por exemplo, que irmão se relacione com irmã e constituam prole.[60] Sugere-se que essa lei crie um banco de dados dos doadores e receptores disponíveis. Ambos precisam ter o conhecimento e a certeza das consequências da doação do material genético e da adoção do embrião.

Outra sugestão é que a "Lei da Adoção de Embrião" desenvolva um procedimento adequado da adoção. Sugere-se a realização de um documento, ato jurídico unilateral e irretratável do receptor, no qual conste como seu, o filho advindo da adoção de embrião excedentário. Em contrapartida, o(s) doador(es) do material genético não poderá(ão) reclamar a filiação referente àquela criança que nasceu em outra família, haja vista a liberalidade pela entrega do material genético.

Ainda, a "Lei da Adoção de Embrião" poderia delimitar a quantidade de óvulos a ser fecundada no procedimento de reprodução assistida, consoante o número de embriões a ser implantado na mulher.

A "Lei da Adoção de Embrião" não atribuiria ao Poder Judiciário a decisão e o procedimento para adoção, como ocorre hodiernamente, por previsão do Estatuto da Criança e do Adolescente.

---

[60] A vedação do art. 1.521 do Código Civil, que proíbe o casamento entre irmãos, unilaterais ou bilaterais, e demais parentes colaterais até o terceiro grau, está relacionada às doenças genéticas. A título de exemplo, cite-se o *alto índice de mortalidade precoce; a deficiência mental; doença de Tay-Sachs, desordem neurodegenetariva* (BEIGUEL, B. *Genética de populações*. Cap. 5 O efeito da consanguinidade. Disponível em: <http://lineu.icb.usp. br/~bbeiguel/Genetica%20Populacoes/Cap.5.pdf>. Acesso em: 21 abr. 2015).

Contrário à proposta da "Lei da Adoção de Embrião", observa-se o Projeto de Lei 115/2015, que Institui o Estatuto da Reprodução Assistida, para regular a aplicação e utilização das técnicas de reprodução humana assistida e seus efeitos no âmbito das relações civis sociais, em seu art. 34, defere as regras previstas no Estatuto da Criança e do Adolescente para adoção de embriões . Referido projeto defende a criação de Conselho Nacional de Reprodução Assistida, um Cadastro Nacional de Adoção de Embriões, ficando a cargo do Poder Judiciário.[61]

Dessa forma, com a adoção de embrião excedentário, a mulher realizaria o desejo natural de ter filhos por meio da gestação, além de buscar uma solução para o problema da infertilidade e do destino aos embriões excedentários. Nesse contexto, expõe-se, a seguir, o entendimento de Martha Ramírez-Gálvez:

> A tecnologia reprodutiva parece constituir o principal operador e habilitador para atingir desejos naturalizados que reforçam a maternidade como essencial à realização feminina. A experiência corporal da maternidade é destacada para justificar a existência de programas de adoção de embriões ou o desenvolvimento de técnicas que permitam a concepção em idade avançada, em uma tentativa de superar e expandir os limites de uma natureza que teria ficado pequena para dar conta do mundo contemporâneo.[62]

A mulher procura na reprodução a satisfação de um desejo "natural e atávico"[63] de vivenciar a experiência corporal da gravidez, parto e amamentação, ancorada na naturalização do desejo de reprodução, como também expressa Martha Ramírez-Gálvez.[64]

---

[61] CÂMARA DOS DEPUTADOS. Projeto de Lei 115, de 2015. Institui o Estatuto da Reprodução Assistida, para regular a aplicação e utilização das técnicas de reprodução humana assistida e seus efeitos no âmbito das relações civis sociais. Disponível em: http://www.camara.gov.br/proposicoesWeb/fichadetramitacao? idProposicao=945504. Acesso em: 4 jul. 2015.

[62] RAMÍREZ-GÁLVEZ, Martha. Razões técnicas e efeitos simbólicos da incorporação do "progresso tecnocientífico": reprodução assistida e adoção de crianças. *Revista Sociedade e Estado*, v. 26, n. 3, p. 565-586. Disponível em: <http://dx.doi.org/10.1590/S0102-69922011000300008>. Acesso em: 7 jun. 2014.

[63] Expressão utilizada por Martha Ramírez-Gálvez, aqui empregada no sentido de herança ancestral, isto é, "Herança de certos caracteres físicos ou psíquicos de ascendentes remotos; semelhanças com avoengos" (FERREIRA, Aurélio Buarque de Holanda. *Pequeno dicionário brasileiro da Língua Portuguesa*. Rio de Janeiro: Editora Nacional, 1979. p. 128).

[64] RAMÍREZ-GÁLVEZ, Martha. Op. cit., loc. cit.

Em suma, conclui-se pela possibilidade da adoção de nascituro, nos termos do parágrafo único do art. 13 do ECA, e pela adoção de embrião excedentário, assertiva alicerçada no princípio da dignidade da pessoa humana e nos direitos fundamentais, como o direito à vida do embrião e o direito à maternidade.

4.2 Da viabilidade de escolha do pré-embrião

A adoção de embrião excedentário pende de legislação específica; entretanto, a prática já ocorre consoante as regras da Resolução CFM 2.013/2013. Trata-se de uma prática diferente da adoção institucional, que é regulamentada pelo Estatuto da Criança e do Adolescente.

No processo de habilitação para adoção (Estatuto da Criança e do Adolescente), os pretendentes respondem ao questionário sobre as condições da criança e as características daquela que pretendem adotar.

No estudo social realizado por equipe técnica, em face de a tramitação do processo de adoção acontecer por meio judicial, além dos dados de identificação pessoal do adotante, consta o histórico familiar, que retrata a constituição familiar, as relações parentais e comunitárias. A equipe analisa o aspecto econômico, isto é, se a renda familiar é suficiente para suprir de maneira satisfatória as necessidades do lar, além de verificar as condições de saúde do adotante e, por último, avalia o aspecto referente à adoção.

Nesse último item do questionário, o que diz respeito à adoção, a equipe técnica procura saber os motivos que induzem o postulante a adotar e as características da criança desejada. Com relação às características, define-se o sexo; a cor da pele; a cor do cabelo, se liso ou crespo; a idade; se aceita irmãos (de outra idade) ou se aceita gêmeos.

O relatório traz ainda questões que dependem tão somente da resposta "sim" ou "não", ou seja, se os adotantes aceitam ou não criança nas seguintes condições: com problemas físicos não tratáveis; com problemas físicos tratáveis graves; com problemas físicos mentais não tratáveis; com problemas físicos tratáveis leves; com problemas mentais tratáveis graves; com problemas psicológicos graves; com problemas psicológicos leves; portadora do vírus HIV positivo; portadora do vírus HIV negativo; proveniente de incesto; proveniente de estupro; vítima de estupro; vítima de atentado violento ao pudor; vitimizada (maus-tratos); com pais portadores de vírus HIV positivos; com pais viciados em álcool; com pais viciados em drogas.

Percebe-se que, na adoção prevista no Estatuto da Criança e do Adolescente, as características da criança são previamente escolhidas pelos adotantes. O objetivo é favorecer maior semelhança do adotado com a nova família adotante. O critério de seleção é feito pela equipe técnica, a qual irá escolher uma criança com as características almejadas para aqueles adotantes.

Não se mostra diferente na adoção de embrião, conforme se depreende da leitura da Resolução CFM 2.013/2013, item IV – Doação de Gametas ou Embriões, número 7, que dispõe: "A escolha dos doadores é de responsabilidade da unidade. Dentro do possível, deverá garantir que o doador tenha a maior semelhança fenotípica e imunológica e a máxima possibilidade de compatibilidade com a receptora". Ou seja, a escolha do fenótipo diz respeito à adoção de embrião de pais morenos ou loiros; cútis branca, negra ou parda, como ocorre no procedimento da adoção pelo Estatuto da Criança e do Adolescente.

O Projeto de Lei 115/2015, que institui o Estatuto da Reprodução Assistida, em seu art. 16, dispõe que "A escolha dos doadores é de responsabilidade do médico responsável pelo tratamento e deverá garantir, sempre que possível, que o doador tenha semelhança fenotípica, imunológica e a máxima compatibilidade com os receptores".[65]

Em pesquisa realizada na clínica de reprodução assistida *Infert*, sobre os critérios do banco de dados dos doadores, colheu-se a informação que

> O casal pode escolher o sêmen baseando-se nas características do doador, como a tipagem sanguínea, cor da pele, dos olhos e cabelos, estatura, constituição física etc. O sêmen de doador é rigorosamente testado contra doenças potencialmente transmissíveis e doenças genéticas.[66]

As clínicas de fertilização, por sua vez, possuem banco de sêmen de doadores voluntários e anônimos, para serem doados os gametas aos casais, cujo marido apresente infertilidade, que não possa ser tratada, ou doença hereditária conhecida, como por exemplo, hemofilia.[67] Da mesma forma, acontece a doação de óvulos, em que "os óvulos de uma mulher (doadora) são doados a outra (receptora). Essa doação ocorre entre mulheres que estejam realizando tratamento de infertilidade (doação compartilhada)".[68]

---

[65] CÂMARA DOS DEPUTADOS. Projeto de Lei 115, de 2015. Institui o Estatuto da Reprodução Assistida, para regular a aplicação e utilização das técnicas de reprodução humana assistida e seus efeitos no âmbito das relações civis sociais. Disponível em: http://www.camara.gov.br/proposicoesWeb/fichadetramitacao? idProposicao=945504. Acesso em: 4 jul. 2015.

[66] Disponível em: <http://www.infert.com.br/pagina/17/doacao-de-gametas>. Acesso em: 7 jun. 2014.

[67] Ibidem.

[68] Ibidem.

Ressalta-se que a escolha do embrião, consoantes as características fenotípicas dos pais, não interfere em nenhuma alteração do genótipo do embrião.[69] Admite-se, neste trabalho, a possibilidade de a clínica de reprodução escolher o embrião que presumidamente, ao nascer, terá as características mais próximas dos seus receptores. A clínica pode escolher embrião de pais morenos para os receptores morenos, por exemplo. Esclarece-se que não se trata de alteração do genótipo do embrião a ser implantado, ou escolha do embrião com pesquisa dos genes para verificação das referidas características, o que constituiria manipulação genética.

Entretanto, Flávio Tartuce expõe a seguinte questão:

> Seria possível a criação de *cardápio de espermas* em bancos de sêmen, em que o casal escolhe o material genético de acordo com as características gerais dos doadores? Nesse sentido, seria possível *criar um ser humano geneticamente superior*? Por quê?
>
> A resposta é NÃO para ambas as indagações e de forma contundente. Não seria possível ou mesmo recomendável no campo ético-jurídico a criação de cardápios de espermas em bancos de sêmen, na busca da criação de um ser humano perfeito. Vale ainda dizer que a clonagem ou reprodução equânime de seres humanos encontra-se vedada expressamente pelo art. 6.º, VI da Lei de Biossegurança. Do ponto de vista ético, a Resolução 1957/2010 do Conselho Federal de Medicina é categórica: "As técnicas de RA não devem ser aplicadas com a intenção de selecionar sexo (sexagem) ou qualquer outra característica biológica do futuro filho, exceto quando se trate de evitar doenças ligadas ao sexo do filho que venha nascer".[70]

Flávio Tartuce nega a possibilidade de um casal receptor escolher o material genético conforme as características dos doadores. Cabe ressaltar, que a fundamentação do referido autor se baseia nos ensinamentos de Maria Helena Diniz, conforme transcrição a seguir:

> Esse fato revela a intenção de inseminar mulheres com caracteres proeminentes, supondo que se logrará o nascimento de crianças dotadas de capacidades físicas intelectuais superiores ao normal, indicando a volta

---

[69] A propósito, o "conjunto de informações contidas nos cromossomos de uma célula denomina-se genoma, e o DNA (ácido desoxirribonucleico) é o portador da mensagem genética, podendo ser imaginado como uma longa fita onde estão escritas, em letras químicas, os caracteres de cada ser humano, sendo, por isso, sua imagem científica" (DINIZ, Maria Helena. *O estado atual do biodireito*, p. 460).

[70] TARTUCE, Flávio. *Direito civil*: direito de família, p. 386.

das experiências eugênicas e racistas, com o escopo de "melhorar" os padrões da espécie humana, apresentando-se, como diz Roberto Pereira Lira, como uma prática revivida do nacional-socialismo de Hitler, inspirado na teoria de Gobineau, propugnando a pureza da raça ariana (O estado..., 2002, p. 499).[71]

No trecho já referenciado, Maria Helena Diniz explica a impossibilidade "do uso de técnicas para criação de homens programados ou obtenção de embrião geneticamente superior ou com caracteres genéticos predeterminados, como, por exemplo, seleção de sexo ou aperfeiçoamento da raça humana".[72]

Maria Helena Diniz adverte que "A manipulação genética envolve riscos e uma séria afronta à dignidade humana (CF, art. 1.º, III)".[73] Para a autora, "constituem atos atentatórios ao patrimônio genético da humanidade e à dignidade do ser humano não apenas a manipulação em embriões humanos sem qualquer finalidade terapêutica [...] como também as tentativas de alterar patrimônio genético" para melhoria do genótipo, "visando a criação de um suposto genoma perfeito, por meio de técnicas de depuração genética, e a solução de certos problemas sociais".[74]

Entretanto, a doutrinadora citada entende ser possível a análise molecular para diagnóstico genético, nos seguintes termos:

> Lícita será a análise molecular do genoma humano para sequenciação total ou mapeamento genético com a finalidade de identificar a função dos genes que integram o cromossomo humano, atendendo a um programa específico em saúde e diagnóstico genético que assegure o direito à identidade, esclareça conflitos relativos à filiação, reconstruindo laços parentais com base em técnicas de identificação pessoal por meio do DNA, e solucione delitos, podendo até mesmo levar à criação de um banco de dados genéticos. [...] mas também, havendo fim terapêutico conducente a melhorar o estado de saúde de um paciente, a manipulação de células somáticas, por não serem responsáveis pelo processo de reprodução humana e de transferência de patrimônio genético.[75]

De acordo com o Projeto Genoma Humano (PGH), Maria Helena Diniz assevera: "O mapeamento e sequenciamento do genoma humano revelará a

---

[71] TARTUCE, Flávio. *Direito civil*: direito de família, p. 340.

[72] DINIZ, Maria Helena. *O estado atual do biodireito*, p. 595.

[73] Ibidem, p. 500.

[74] Ibidem, p. 502-503.

[75] Ibidem, p. 501-502.

informação necessária para o desenvolvimento biológico humano".[76] A autora explica que esse recurso possibilita a *identidade de genes* por clonagem[77] e o *diagnóstico e tratamento de doença genética*.[78]

A engenharia genética[79] é definida pela Lei de Biossegurança como sendo a "atividade de produção e manipulação de moléculas de ADN/ARN recombinante".[80] Permite-se a pesquisa genética humana, entretanto, algumas práticas na engenharia genética são vedadas. Das normas que impedem a engenharia genética, tem-se a Lei de Biossegurança, conforme o inciso III do art. 6.º, que proíbe a engenharia genética em célula germinal humana, zigoto humano e embrião humano. A Resolução CFM 2.013/2013 descreve, nos princípios gerais, item 4, o que se segue:

> As técnicas de RA não podem ser aplicadas com a intenção de selecionar o sexo (presença ou ausência de cromossomo Y) ou qualquer outra característica biológica do futuro filho, exceto quando se trate de evitar doenças ligadas ao sexo do filho que venha a nascer.[81]

---

[76] DINIZ, Maria Helena. *O estado atual do biodireito*, p. 466.

[77] Como exemplo de clonagem de genes, indica-se para leitura: LIMA, Beatriz Dolabela de. A produção de insulina humana por pesquisa engenharia genética. *Biotecnologia Ciência & Desenvolvimento*, n. 23, p. 28-33, nov.-dez. 2001.

[78] DINIZ, Maria Helena. Op. cit., p. 467. A autora explica: "a) A *identidade de genes* por clonagem, como se deu com o gene da fibrose cística, da distrofia miotônica, da doença de Huntington, da retinoblastoma, da síndrome de Kallmann, da doença Von Hippel-Lindau, do tumor de Wilms etc.; b) O diagnóstico e tratamento de doença genética, pois o conhecimento dos genes é primordial para o tratamento de doenças oriundas de alterações genéticas, como se dá com diferentes formas de câncer. Deveras, o efeito mais imediato do projeto do Genoma Humano é a disponibilidade de testes genéticos que possibilitam a confirmação de diagnósticos, evitando a realização de exames dolorosos para o paciente, a identificação dos portadores de um gene patogênico e o fornecimento de informações pré-sintomáticas, incluindo o risco de doenças futuras e morte precoce" (ibidem, p. 467-468).

[79] A engenharia genética é um conjunto de técnicas que envolvem a manipulação de genes de um determinado organismo. "Constitui um ramo da ciência genética que utiliza procedimentos técnicos idôneos para a transformação de certas informações genéticas para as células de um organismo" (SGRECCIA, Elio. Engenharia genética humana: problemas éticos. In: DINIZ, Maria Helena. Op. cit., p. 460).

[80] Art. 3.º, IV, da Lei 11.105/2005.

[81] CONSELHO FEDERAL DE MEDICINA – CFM. *Código de Ética Médica* – Resolução 2.013/2013. Disponível em: <ww.portalmedico.org.br/resolucoes/CFM/2013/2013_2013.pdf>. Acesso em: 20 abr. 2015.

Cap. 4 · DA ADOÇÃO OU DOAÇÃO DE EMBRIÕES EXCEDENTÁRIOS | **165**

E, ainda, o art. 16 do Código de Ética Médica proíbe o médico de "intervir sobre o genoma humano com o objetivo de modificá-lo, exceto em terapias gênicas – mas é vedada, de qualquer modo, a ação em células germinativas que resulte na modificação genética da descendência".[82]

Por todo o exposto e com alicerce no princípio da dignidade da pessoa humana e nos direitos fundamentais, discorda-se de procedimento que possa alterar o genoma do embrião; a escolha do sexo na procriação assistida; a criação de seres geneticamente modificados (embrião geneticamente manipulado). O embrião é merecedor de proteção de sua vida.

Também, pelo princípio da dignidade da pessoa humana e pelos direitos fundamentais, uma pessoa pode adotar um embrião excedentário que tenha maior probabilidade de semelhança com as suas características. Resta claro que a escolha do embrião defendida neste estudo não se refere à manipulação genética, tampouco ao desenvolvimento de técnica para saber os genes do embrião. Apenas entende-se cabível o(s) adotante(s) ter(em) como filho um embrião que, ao nascer, terá maior semelhança com a sua família. Ressalta--se que, para isso, não há nenhuma manipulação ou experimento com o embrião a ser adotado.

---

[82] CONSELHO FEDERAL DE MEDICINA – CFM. *Código de Ética Médica* – Resolução 1.931/2009. Capítulo III – Responsabilidade profissional. Disponível em: <http://www.portal.cfm.org.br/index.php?option=com_content&view=article&id=20658: codigo-de-etica-medica-res-19312009-capitulo-iii-responsabilidade-profissional& catid=9:codigo-de-etica-medica-atual&Itemid=122>. Acesso em: 20 abr. 2015.

5

DAS CONSEQUÊNCIAS DA ADOÇÃO DE EMBRIÕES EXCEDENTÁRIOS

Conforme assinalado no capítulo anterior deste trabalho, o embrião excedentário e implantado no útero de uma mulher pode definir uma nova família. Com o sucesso da reprodução assistida o embrião nidado receberá da mãe todos os nutrientes para a vida até que ocorra o nascimento.

Essa filiação induz observar as implicações diante do Direito Privado, como a situação da gestação unilateral e o princípio da paternidade responsável; a possibilidade ou não do filho gerado por meio da doação de gametas ou embriões conhecer o(s) pai(s) biológico(s); a (im)possibilidade de se pleitear alimentos aos doadores, bem como os direitos patrimoniais relativos ao Direito Sucessório. Veja-se, a seguir, de modo sucessivo e pontual.

5.1 Gestação unilateral e o princípio da paternidade responsável

Pensar na gestação unilateral direciona aos direitos reprodutivos, os quais são analisados no âmbito dos direitos humanos e das Convenções Internacionais. Também, deve-se avaliar o tema em conformidade com a Constituição Federal Brasileira, que traça diretrizes de proteção à família e, no campo dos direitos fundamentais, assegura os direitos individuais da pessoa humana.

Na descrição de Flávia Piovesan, os direitos reprodutivos são integrantes dos direitos humanos e, portanto, universais e indivisíveis, conforme aventa a Declaração Universal de 1948. Diz-se *indivisíveis*, pois a citada Convenção elimina todas as formas de discriminação racial, de discriminação contra a mulher, e consagra os direitos da criança. Da mesma forma a Declaração de Direitos Humanos de Viena de 1993, ao afirmar, no parágrafo 18, que os direitos humanos das mulheres e das meninas são parte inalienável, integral e indivisível dos direitos humanos universais. Essa concepção igualmente é reiterada da plataforma de ação de Pequim, de 1995.[1]

Sabe-se que com a Declaração dos Direitos Humanos o indivíduo passou a ser considerado plenamente como sujeito de direito, respeitando-se assim a sexualidade e a mulher em seu gênero. A propósito, Flávia Piovesan explica:

> Para a Convenção, a discriminação contra a mulher significa "toda distinção, exclusão ou restrição baseada no sexo e que tenha por objeto ou resultado prejudicar ou anular o reconhecimento, gozo, exercício pela mulher, independentemente de seu estado civil, com base na igualdade do homem e da mulher, dos direitos humanos e das liberdades fundamentais nos campos político, econômico, social, cultural e civil ou em qualquer outro campo" (art. 1.º). Isto é, a discriminação significa toda distinção, exclusão, restrição ou preferência que tenha por objeto ou resultado prejudicar ou anular o reconhecimento, gozo ou exercício pela mulher, em igualdade de condições, dos direitos humanos e liberdades fundamentais.[2]

A mulher tem nos direitos humanos e no princípio da dignidade da pessoa humana o respaldo para tomar as decisões sobre a sua maternidade e, especialmente, de querer ou não gerar outro ser, decidindo sobre a própria vida.

Ao analisar o Relatório de Cairo, da Conferência Internacional sobre População e Desenvolvimento, ocorrida em setembro de 1994, no Egito, depara-se com quinze princípios que orientam a cooperação internacional e a solidariedade universal, com destaque aos direitos reprodutivos. Cabe salientar o "Princípio 4", que assim expressa:

> O progresso na igualdade e equidade dos sexos, a emancipação da mulher, a eliminação de toda espécie de violência contra ela e a garantia de poder ela própria controlar sua fecundidade são pedras fundamentais de programas relacionados com população e desenvolvimento. Os direitos humanos da mulher e da menina são parte inalienável, integral e indivisível dos direitos humanos universais. A plena e igual participação da mulher na vida civil, cultural, econômica, política e social, nos âmbitos nacional, regional e

---

[1] PIOVESAN, Flávia. *Direitos reprodutivos como direitos humanos*. Disponível em: <siteantigo.mppe.mp.br/.../Artigo_-_Direitos_reprodutivos_como_direitos_humanos_-Flv.doc>. Acesso em: 30 nov. 2014.

[2] PIOVESAN, Flávia. *Direitos reprodutivos como direitos humanos*. Disponível em: <siteantigo.mppe.mp.br/.../Artigo_-_Direitos_reprodutivos_como_direitos_humanos_-Flv.doc>. Acesso em: 30 nov. 2014.

internacional, e a erradicação de todas as formas de discriminação com base no sexo são objetivos prioritários da comunidade internacional.[3]

De acordo com esse "Princípio 4", a mulher pode controlar sua fecundidade e planejar sua família. Mas não é só. O capítulo VII da Conferência de Cairo descreve os direitos de reprodução e a saúde reprodutiva. Nele, vê-se que a pessoa pode ter uma vida sexual segura e satisfatória, bem como possuir a capacidade de reproduzir e a liberdade de decidir a quantidade de filhos que pretende ter. O direito de reprodução assegura à mulher o direito de passar pela gestação e pelo parto com segurança, dando aos casais a melhor chance de terem um filho sadio. Inclui assistência à saúde reprodutiva, prevenindo e resolvendo problemas, por meio de métodos e técnicas de reprodução, compreendendo, também, a saúde sexual, cuja "finalidade é a intensificação das relações vitais e pessoais e não simples aconselhamento e assistência relativos à reprodução e a doenças sexualmente transmissíveis".[4]

Viu-se que a mulher pode optar em ser mãe ou não, pois cabe somente a ela a decisão sobre o direito da reprodução. Ao Estado não compete intervir nesse direito da mulher, nem na decisão a respeito da quantidade de filhos que ela deva ter. No entanto, o ente público pode assegurar a efetividade da reprodução, hodiernamente por meio da reprodução assistida.

A esse respeito, Flávia Piovesan enfatiza que o Estado tem duplo papel:

> Vale dizer, a plena observância dos direitos reprodutivos impõe ao Estado um duplo papel. De um lado, demanda políticas públicas voltadas a assegurar a toda e qualquer pessoa um elevado padrão de saúde sexual e reprodutiva, o que implica garantir acesso a informações, meios, recursos, dentre outras medidas. Por outro lado, exige a omissão do Estado em área reservada à decisão livre e responsável dos indivíduos acerca de sua vida sexual e reprodutiva, de forma a vedar a interferência estatal, coerção, discriminação e violência em domínio da liberdade, autonomia e privacidade do indivíduo.[5]

O Estado deve dar proteção especial à família, independentemente de sua formação ser ou não monoparental, definida, nesse contexto, pela gestação unilateral. O art. 226, § 7.º, da Constituição Federal demonstra que ao

---

[3] RELATÓRIO DE CAIRO. Disponível em: <http://www.unfpa.org.br/Arquivos/relatorio-cairo.pdf>. Acesso em: 6 jan. 2015.

[4] RELATÓRIO DE CAIRO. Disponível em: <http://www.unfpa.org.br/Arquivos/relatorio-cairo.pdf>. Acesso em: 6 jan. 2015.

[5] PIOVESAN, Flávia. *Temas de direitos humanos*. São Paulo: Saraiva, 2009. p. 278.

Estado compete propiciar recursos educacionais e científicos para o exercício do planejamento familiar e da paternidade responsável, fundado no princípio da dignidade da pessoa humana.

Como salientado, o planejamento familiar pode ser exercido pela mulher, ou por qualquer pessoa, mas a paternidade responsável cabe ao genitor, ou ao doador de sêmen, ou, ainda, ao doador de embrião. É nessa seara que se interroga sobre a existência ou não de conflito entre o direito de reprodução da mulher por meio da gestação unilateral e a paternidade responsável.

A esse respeito, pontue-se que o Enunciado 127, aprovado na *I Jornada de Direito Civil*, traz proposição sobre o art. 1.597, III, no sentido de alterá--lo para constar somente "havidos por fecundação artificial homóloga" e exclusão do trecho "mesmo que falecido o marido". A proposta de alteração da lei justifica-se pelo fato de não ser aceitável o nascimento de uma criança sem pai, conforme observância dos princípios da paternidade responsável e da dignidade da pessoa humana.

Flávio Tartuce acentua:

> [...] A proposta é polêmica, mas encontra-se muito bem fundamentada em princípios que protegem a criança que nascerá. De forma indireta, há a tutela dos direitos do nascituro, o que confirma a *tese concepcionista*. Porém, há quem critique a proposta, por discriminar a mulher, supondo que ela não teria condições de criar o filho sozinha. [...].[6]

O autor ainda descreve que há na doutrina quem "veja inconstitucionalidade do art. 1597, inc. III, diante da expressão 'mesmo que falecido o marido', admitindo a inseminação *post mortem*".[7] Entretanto, o que importa "é regular a filiação, atendendo primacialmente aos interesses do novo ser", conforme narrativa de José de Oliveira Ascensão.[8]

Em que pese a opinião dos juristas que aprovaram o Enunciado 127, entende-se que o art. 1.597 do Código Civil trata da filiação em decorrência do casamento e da união estável e, por isso, da questão da presunção da paternidade. Considera-se o fundamento da expressão "não ser aceitável o nascimento de uma criança sem pai" demasiadamente conservador, quiçá

---

[6]   TARTUCE, Flávio. *Direito civil*: direito de família, p. 378.

[7]   Ibidem, loc. cit.

[8]   ASCENSÃO, José de Oliveira. Procriação medicamente assistida e relação de paternidade. In: HIRONAKA, Giselda Maria Fernandes Novaes; TARTUCE, Flávio; SIMÃO, José Fernando (coords.). *Direito de família e das sucessões* – temas atuais. São Paulo: Método, 2009. p. 355.

surreal. Assim, discorda-se totalmente desse fundamento, por contrariar o comportamento da família na vida real.

A proteção das crianças é primordial, pois esses seres não expressam suas vontades verbalizando-as, salvo pelo choro. Só com o passar da idade, elas expõem suas aspirações, mas ainda sem a noção das consequências de suas atitudes, o que é próprio da imaturidade, daí porque a lei as considera absolutamente incapazes.

O *direito à maternidade unilateral* encontra resguardo na possibilidade de a mulher adotar uma criança sozinha, pois prevalecem o interesse e as vantagens para a criança, como dispõem os arts. 41, § 1.º, e 43 do ECA. Esse também é o entendimento jurisprudencial.[9]

A gestação unilateral também é possível por meio da adoção de embrião excedentário ou pela doação de sêmen, conforme se depreende da Resolução CFM 2.013/2013, a qual permite o uso de técnicas de reprodução assistida para pessoas solteiras.

Em resposta à indagação se há existência ou não de conflito entre o direito de reprodução da mulher por meio da gestação unilateral e a paternidade responsável, opina-se negativamente. Primeiro, porque o princípio da paternidade responsável conduz o pai a manter sua prole em consonância com o princípio da dignidade da pessoa humana, vale dizer, com amor, respeito,

---

[9]   Por todos: "Agravo regimental. Recurso especial. Razões que não alteram o entendimento firmado na decisão agravada. Ação de adoção unilateral cumulada com pedido de destituição de poder familiar. Art. 148, III, do Estatuto da Criança e do Adolescente. Competência da Justiça da Infância e da Juventude. Primazia do interesse do menor. Nulidade do processo por cerceamento de defesa. Prejuízo não demonstrado. Abandono do adotando reconhecido nas instâncias ordinárias. Revisão. Impossibilidade. Súmula N.º 07/STJ. 1. Consoante artigo 148, inciso III, do Estatuto da Criança e do Adolescente, 'a Justiça da Infância e da Juventude é competente para conhecer dos pedidos de adoção e seus incidentes'. 2. Impossibilidade da anulação do processo por cerceamento de defesa, pois, apesar da intimação dos patronos do genitor para a audiência de oitiva do adotando ter se realizado apenas na véspera do ato, não foi demonstrado o prejuízo. 3. Caso concreto em que não houve alegação de vício a inquinar o depoimento do menor, bem como o consentimento deste ao pedido de adoção foi atestado nos relatórios dos estudos sociais realizados. 4. Reconhecido nas instâncias ordinárias, com base nos fatos e provas dos autos, o abandono do adotando pelo seu genitor, a pretensão de revisão deste entendimento esbarra no óbice da Súmula n.º 07/STJ. Precedentes. 5. Recurso especial desprovido" (BRASIL. Superior Tribunal de Justiça. AgRg no REsp 1.099.959/DF, Terceira Turma, Rel. Min. Paulo de Tarso Sanseverino, j. 15.05.2012, *DJe* 21.05.2012. Disponível em: <www.stj.jus.br>. Acesso em: 5 jan. 2015).

assistência moral, assistência material e assistência educacional. Segundo, na visão desta obra, os direitos distintos são aqueles relativos à gestação unilateral e ao princípio da paternidade responsável, haja vista prevalecerem os interesses do menor no que se refere a uma vida digna e saudável. Terceiro, percebe-se no dia a dia que uma criança não pode ter prejuízos intelectuais, morais ou de formação, caso viva somente com a presença materna.

Ademais, em defesa do direito da mulher em gestar por meio da doação de sêmen, tem-se a decisão do STJ, prolatada pela ministra Nancy Andrighi, reconhecendo a possibilidade de a companheira da mãe biológica adotar, na hipótese de união estável homoafetiva em que a adotanda é fruto de planejamento do casal, que se definiu pela concepção mediante inseminação artificial heteróloga.[10]

Em caso semelhante, depara-se com a decisão da Justiça do Rio de Janeiro, reconhecendo o direito de um casal de mulheres registrar a filha, proveniente da procriação assistida heteróloga, em uma situação de dupla maternidade.[11]

---

[10] Veja-se a ementa do aresto: "Civil. Processual civil. Recurso especial. União homoafetiva. Pedido de adoção unilateral. Possibilidade. Análise sobre a existência de vantagens para a adotanda" (BRASIL. Superior Tribunal de Justiça. REsp 1.281.093/SP, Rel. Min. Nancy Andrighi, j. 18.02.2012, *DJe* 04.02.2013. Disponível em: <www.stj.jus.br>. Acesso em: 5 jan. 2015).

[11] O teor da decisão é o que se segue: "Apelação cível. Direito civil e processual civil. Jurisdição voluntária. Pedido de declaração de dupla maternidade. Parceiras do mesmo sexo que objetivam a declaração de serem genitoras de filho concebido por meio de reprodução assistida heteróloga, com utilização de gameta de doador anônimo. Ausência de disposição legal expressa que não é obstáculo ao direito das autoras. Direito que decorre de interpretação sistemática de dispositivos e princípios que informam a constituição da república nos seus artigos 1.º, inciso III, 3.º, inciso IV, 5.º, *caput*, e 226, § 7.º, bem como decisões do STF e STJ. Evolução do conceito de família. Superior interesse da criança que impõe o registro para conferir-lhe o *status* de filho do casal. 1. O elemento social e afetivo da parentalidade sobressai-se em casos como o dos autos, em que o nascimento do menor decorreu de um projeto parental amplo, que teve início com uma motivação emocional do casal postulante e foi concretizado por meio de técnicas de reprodução assistida heteróloga. 2. Nesse contexto, à luz do interesse superior da menor, princípio consagrado no artigo 100, inciso IV, da Lei n.º 8.069/90, impõe-se o registro de nascimento para conferir-lhe o reconhecimento jurídico do *status* que já desfruta de filho das apelantes, podendo ostentar o nome da família que a concebeu. 3. Sentença a que se reforma. 4. Recurso a que se dá provimento" (BRASIL. Tribunal de Justiça do Rio Grande do Sul. AC 0017795-52.2012.8.19.0209, 20.ª C. Cív., Rel. Des. Luciano Silva Barreto, j. 07.08.2013. Disponível em: <http://www.ibdfam.org.br/jurisprudencia/2312/Declara%C3%A7%C3%A3o%20de%20dupla%20maternidade.%20Parcerias%20do%20mesmo%20sexo%20que%20objetivam%20declara%C3%A7%C3%A3o%20

Nessa linha, concorda-se com o posicionamento de Guilherme Calmon Nogueira da Gama, quando afirma:

> A informação genética não pode ter, por si só e assim considerada isoladamente, qualquer relevância no campo do estabelecimento de vínculos de parentesco, ainda mais quando se encontra dissociada de qualquer fato jurídico de índole sexual – ou seja, a conjunção carnal – o que demonstra a completa impossibilidade de se pretender que o doador seja reconhecido como pai jurídico da criança que nasceu em virtude da utilização de qualquer uma das técnicas de reprodução assistida heteróloga. *Ainda que, eventualmente, a criança não tenha pai jurídico, nos casos de mulheres sozinhas que resolveram se submeter à inseminação artificial ou fertilização* in vitro, *não é possível que o doador seja reconhecido como seu pai jurídico.*[12]

A paternidade responsável existe e deve ser exigida quando há presença de um pai, em uma relação de parentesco, não para os ausentes, como ocorre na doação de sêmen, visto como ato de mera liberalidade.

A propósito, João Batista Villela questiona, em texto sobre a *desbiologização da paternidade*, "Qual seria, pois, esse *quid* específico que faz de alguém um pai, independentemente da geração biológica?".[13] O próprio autor responde:

> Se se prestar atenta escuta às pulsações mais profundas da longa tradição cultural da humanidade, não será difícil identificar uma persistente intuição que associa a paternidade antes com o serviço que com a procriação. *Ou seja: ser pai ou ser mãe não está tanto no fato de gerar quanto na circunstância de amar e servir.*[14]

A leitura do texto citado leva à compreensão de que a desbiologização da paternidade é, ao mesmo tempo, um fato e uma vocação, ou seja, uma consciência de exercício. Observe-se o enfoque dado por João Batista Villela na hipótese de reprodução assistida:

> É aqui, sobretudo, que cumpre estimar a importância do chamado bebê de proveta. Como proeza tecnológica, o fenômeno não será mais espetacular

---

para%20serem%20genitoras%20de%20filho.%20Reprodu%C3%A7%C3%A3o%20 assistida>. Acesso em: 7 maio 2015).

[12] GAMA, Guilherme Calmon Nogueira da. *Direito civil*: família, p. 353, grifou-se.

[13] VILLELA, João Baptista. *Desbiologização da paternidade*, p. 408. Disponível em: <http://www.direito.ufmg.br/revista/index.php/revista/article/view/1156>. Acesso em: 2 fev. 2015.

[14] Ibidem, grifou-se.

que muitos outros a que assistimos a intervalos cada vez mais curtos. Mas como corte profundo na continuidade sexo-reprodução, pode estar significando um largo passo no rumo de novas e insuspeitadas liberdades. A possibilidade de obter gratificação sexual sem os riscos da gravidez e, já agora, a possibilidade inversa, de promover *a reprodução sem atividade sexual, com a fecundação in vitro, tenderão a fazer da paternidade rigorosamente um ato de opção*. Antes, não se podia ter o sexo sem aceitar, ao menos eventualmente, os ônus da paternidade. Possível um sem os outros, a escolha se depura, aperfeiçoa-se e cresce em legitimidade. Efetivamente: quanto mais se enfraquecem as relações entre as duas distintas responsabilidades a que se tem aqui referido, tanto mais caminha a condição de pai do signo da necessidade para o da autonomia.

Chegados à plenitude desse novo estágio, *os filhos*, mais do que nunca, *serão* experimentados não como o salário do sexo, mas como o *complemento livremente buscado e assumido de um empenho de personalização*, que lança suas raízes *no mais poderoso dinamismo transformacional do homem*, que é o dom de si mesmo.[15]

A par dessas afirmações, entende-se que possuidor do espermatozoide não pode ser considerado *pai por imposição*, mediante ato decisório em ação de investigação de paternidade, pelo simples fato de ter doado o sêmen para a procriação. Deve ser considerado pai aquele que, sem imposição, almejou o exercício da paternidade, desenvolvendo sua função com afeto e amor.

Nesse contexto, conclui-se pela possibilidade da gestação unilateral, a qual não interfere no princípio da paternidade responsável. A adoção de embrião excedentário dá ao embrião uma nova família, fato que impede de ele, ao nascer, buscar no doador do material genético os efeitos da paternidade, conforme se verá a seguir.

5.2 Da possibilidade do filho conhecer os pais biológicos

É direito de qualquer pessoa conhecer sua história de vida. Todavia, isso não implica o reconhecimento da filiação, mesmo porque pai, entende-se, é aquele que busca a paternidade, como ocorre na hipótese da filiação socioafetiva.

Com foco, mais uma vez, da questão no princípio da dignidade da pessoa humana, justificar-se-ia uma resposta positiva para que o filho nascido

---

[15] VILLELA, João Baptista. *Desbiologização da paternidade*, p. 408. Disponível em: <http://www.direito.ufmg.br/revista/index.php/revista/article/view/1156>. Acesso em: 2 fev. 2015.

por meio da adoção de embrião excedentário ou doação de sêmen tivesse o direito de conhecer o(s) pai(s) biológico(s). No entanto, esse direito seria confrontado com o direito do(s) pai(s) biológico(s), que em um ato altruístico participou(aram) da reprodução assistida favorecendo interesse de terceiros, no caso, da genitora.

Sobre a impossibilidade de o filho conhecer o(s) pai(s) biológico(s) na hipótese de reprodução assistida, a Resolução CFM 2.013/2013 dispõe que "Obrigatoriamente será mantido o sigilo sobre a identidade dos doadores de gametas e embriões, bem como dos receptores"; e, ainda, que "Os doadores não devem conhecer a identidade dos receptores e vice-versa".

Observe-se que a referida Resolução utiliza a expressão *não devem*. Porém, isso não significa que *não possam* conhecer a identidade dos doadores. De qualquer maneira, por motivos médicos, e em situações especiais, as informações sobre os doadores podem ser fornecidas entre os médicos, resguardando-se a identidade civil do doador. Nesse sentido, o Enunciado 405 do Conselho da Justiça Federal e Superior Tribunal de Justiça, aprovado na *V Jornada de Direito Civil*, consagra, no tocante ao art. 21 do Código Civil, que "As informações genéticas são parte da vida privada e não podem ser utilizadas para fins diversos daqueles que motivaram seu armazenamento, registro ou uso, salvo com autorização do titular".

Dessa forma, o teor do Enunciado doutrinário citado resguarda ao titular do material genético a preservação da identidade e o respeito ao direito à intimidade, quando exprime que o uso das informações genéticas deve ser antecedido de autorização do seu titular. Para Hildeliza Lacerda Tinoco Boechat Cabral e Dayane Ferreira Camarda, ainda que pela técnica da ponderação, a quebra da identidade do doador deve constar em lei. As autoras ponderam:

> [...] é de grande relevância que a quebra do sigilo da identidade do doador de gametas que deu origem à outra pessoa seja prevista em lei, assim como as demais regras pertinentes às técnicas de reprodução assistida humana, contudo, observados certos critérios como maturidade suficiente do interessado (recomenda-se maioridade civil) e a imperiosa necessidade da obtenção dessa informação, devidamente demonstrada.[16]

---

[16] CABRAL, Hildeliza Lacerda Tinoco Boechat; CAMARDA, Dayane Ferreira. *Intimidade* versus *origem genética: a ponderação de interesses aplicada à reprodução assistida heteróloga*. Disponível em: <http://www.ibdfam.org.br/_img/artigos/Pondera%C3%A7%C3%A3o%20de%20interesses%20aplicada%20%C3%A0%20reprodu%C3%A7%C3%A3o%20assisitida%2010_02_2012.pdf>. Acesso em: 7 nov. 2014.

Pois bem. Se, de um lado, tem-se o doador anônimo, conforme preceitua a Resolução CFM 2.013/2013, de outro, há o filho que busca sua identidade genética. Sobre a dualidade de posições e colisão de direitos, Hildeliza Lacerda Tinoco Boechat Cabral e Dayane Ferreira Camarda opinam por se aplicar a ponderação, nos seguintes termos:

> [...] faz-se importante reafirmar que, quando se tratar de colisão entre princípios ou direitos fundamentais, um deverá ceder espaço ao outro, valendo-se da técnica de ponderação de interesses. No tocante ao direito à intimidade do doador de gametas em colisão com direito à identidade genética do filho gerado via reprodução assistida heteróloga, deverá se sacrificar um direito fundamental que *naquele caso concreto* se afigure menos capaz de assegurar um direito de personalidade, prestigiando-se aquele que melhor atenda à dignidade da pessoa humana.[17]

Em que pese a aplicabilidade da ponderação, seja no tocante à intimidade dos doadores ou à identidade genética do filho, propugna-se, nesta obra, pela possibilidade do filho conhecer os doadores, pois as características genéticas constituem elementos de sua identificação.

A jurisprudência impera nesse sentido. Veja-se excerto de acórdão sobre o tema:

> [...] Não devem ser impostos óbices de natureza processual ao exercício do direito fundamental à busca da identidade genética, como natural emanação do direito de personalidade de um ser, de forma a tornar-se igualmente efetivo o direito à igualdade entre os filhos, inclusive de qualificações, bem assim o princípio da paternidade responsável. Hipótese em que não há disputa de paternidade de cunho biológico, em confronto com outra, de cunho afetivo. Busca-se o reconhecimento de paternidade com relação à pessoa identificada. (RE 363.889, Rel. Min. Dias Toffoli, julgamento em 2-6-2011, Plenário, *DJE* de 16-12-2011, com repercussão geral.) No mesmo sentido: RE 649.154, Rel. Min. Celso de Mello, decisão monocrática, julgamento em 23-11-2011, *DJE* de 29-11-2011.[18]

---

[17] CABRAL, Hildeliza Lacerda Tinoco Boechat; CAMARDA, Dayane Ferreira. *Intimidade* versus *origem genética: a ponderação de interesses aplicada à reprodução assistida heteróloga*. Disponível em: <http://www.ibdfam.org.br/_img/artigos/Pondera%C3%A7%C3%A3o%20de%20interesses%20aplicada%20%C3%A0%20reprodu%C3%A7%C3%A3o%20assisitida%2010_02_2012.pdf>. Acesso em: 7 nov. 2014.

[18] BRASIL. Supremo Tribunal Federal. RE 363.889-DF. Disponível em: <http://stf.jusbrasil.com.br/jurisprudencia/20998282/recurso-extraordinario-re-363889-df-stf>. Acesso em: 14 maio 2015.

Nessa mesma linha, tem-se a decisão do Tribunal do Rio Grande do Sul, segundo a qual, diante dos direitos da personalidade, qualquer pessoa pode investigar sua identidade genética.[19]

Investigar a identidade genética não implica o dever de amar, de se criar laço familiar ou de responsabilizar o doador com seu patrimônio para com a criança que nasceu da técnica conceptiva. Para Jussara Maria Leal de Meirelles, "poderá ou não gerar parentesco, com as consequências patrimoniais respectivas".[20] O Enunciado 111 do Conselho da Justiça Federal e Superior Tribunal de Justiça, aprovado na *I Jornada de Direito Civil*, assim fundamenta o problema da relação de parentesco:

> 111 – Art. 1.626: a adoção e a reprodução assistida heteróloga atribuem a condição de filho ao adotado e à criança resultante de técnica conceptiva heteróloga; porém, enquanto na adoção haverá o desligamento dos vínculos entre o adotado e seus parentes consanguíneos, na reprodução assistida heteróloga sequer será estabelecido o vínculo de parentesco entre a criança e o doador do material fecundante.

Na visão deste estudo, é possível o filho conhecer os pais biológicos, mas não se estende a esse filho o direito de buscar estabelecer o vínculo de parentesco. Apenas prioriza-se o direito de conhecer sua identidade genética, como verdadeiro direito da personalidade, e, ainda, mormente a hipótese de o filho possuir moléstia hereditária, bem como para evitar a possibilidade de casamento entre irmãos. A propósito, consigne-se a existência de decisão do Superior Tribunal de Justiça, favorável à possibilidade do reconhecimento da origem genética.[21]

---

[19] Segue ementa do aresto: "Apelação cível. Ação de investigação de paternidade. Anulação de registro civil. Direito personalíssimo de a filha investigar sua identidade genética paterna. Não submissão a prazos extintivos. Possibilidade jurídica do pedido. À autora assiste o direito de investigar e conhecer sua ascendência genética paterna, apurando se o pai registral não é o biológico, o que, como corolário do direito de personalidade, não se submete a prazos extintivos. Possibilidade jurídica do pedido evidenciada. Apelação provida. Sentença desconstituída" (BRASIL. Tribunal de Justiça do Rio Grande do Sul. Apelação Cível 70046906129, Oitava Câmara Cível, Rel. Des. Ricardo Moreira Lins Pastl, j. 16.02.2012. Disponível em: <www.tjrs.jus.br>. Acesso em: 6 jan. 2015).

[20] MEIRELLES, Jussara Maria Leal de. *Reprodução assistida e exame de DNA*: implicações jurídicas. Curitiba: Genesis, 2004. p. 81.

[21] Veja-se ementa: "Família. Investigação de paternidade. Impedimento do reconhecimento da paternidade biológica ante a existência de paternidade socioafetiva. Inviabilidade. Direito ao conhecimento da origem genética. Entendimento contrá-

Retoma-se a doutrina para anotar que, para Débora Gozzo, o direito ao conhecimento da ascendência biológica é um direito fundamental da pessoa, tendo relação com o livre desenvolvimento da personalidade. "Esse direito, portanto, é fundamental para que ela possa se desenvolver plenamente como ser humano que é".[22] Da mesma forma se posiciona Pietro Perlingieri, ao dizer que "O menor tem o direito de conhecer as próprias origens não somente genéticas, mas culturais e sociais".[23] Acrescenta o autor:

> O patrimônio genético – e acordo com a concepção pela qual a estrutura se adapta à função – não é totalmente insensível no seu devir às condições de vida nas quais a pessoa opera. Conhecê-lo significa não apenas evitar o incesto, possibilitar a aplicação da proibição de núpcias entre parentes, mas, responsavelmente, estabelecer uma relação entre o titular do patrimônio genético e quem nasce.[24]

Em complemento, na referência de Pietro Perlingieri consta a possibilidade de "responsavelmente" estabelecer uma relação entre quem nasce e o doador do material genético. Isso não significa, para o autor a responsabilidade em relação ao parentesco. Um pouco adiante do seu texto, aduz o jurista italiano que "Dúvidas surgem sobre a possibilidade de o doador reconhecer o

---

rio à jurisprudência desta Corte Superior. Necessidade de revolvimento do quadro fático-probatório. Súmula n.º 7 do STJ. Restabelecimento da sentença de procedência. Recurso especial provido. 1. Os precedentes desta Corte que privilegiam a paternidade socioafetiva em detrimento da biológica o fazem de forma a proteger os interesses daquele registrado como filho. 2. Hipótese em que a demanda foi promovida pelo filho que apenas adulto soube de sua real origem genética. 3. Esta Corte firmou entendimento no sentido de que a existência de vínculo socioafetivo com o pai registral não impede o acolhimento de pedido investigatório promovido contra o pai biológico. Precedentes. 4. O conhecimento da filiação biológica é direito da personalidade, indisponível, imprescritível e afeto ao princípio constitucional da dignidade da pessoa humana. 5. Se o Tribunal local, soberano na análise probatória, reconheceu o vínculo biológico entre as partes, a alteração desse entendimento demandaria reavaliação do conjunto dos fatos trazidos aos autos, o que é vedado nos termos da Súmula n.º 7 do STJ. 6. Recurso especial provido" (BRASIL. Superior Tribunal de Justiça. REsp 1.458.696-SP (2014/0127998-5), Terceira Turma, Rel. Min. Moura Ribeiro, j. 16.12.2014, *DJe* 20.02.2015. Disponível em: <http://www.ibdfam.org.br/jurisprudencia>. Acesso em: 28 abr. 2015).

[22] GOZZO, Débora. O direito fundamental à intimidade *x* o direito fundamental à identidade genética. In: DIAS, Maria Berenice (org.). *Direito das famílias*, p. 424.

[23] PERLINGIERI, Pietro. *O direito civil na legalidade constitucional*, p. 827.

[24] Ibidem, loc. cit.

nascido somente para fins patrimoniais e sucessórios, mas lhe deverá sempre ser atribuído o direito ao reconhecimento".[25]

A permissão para que o pai biológico tenha direito de ver reconhecida sua paternidade jurídica configura um direito fundamental da pessoa, conforme explica o próprio Pietro Perlingieri, em tese compartilhada por este estudo.[26]

Em se tratando de identidade genética, percebe-se que tanto a criança que recebeu o material como o doador do sêmen podem se conhecer. Isso já vem acontecendo no Estado da Califórnia, nos Estados Unidos, por meio do programa de adoção de embriões congelados, o qual permite que os casais com embriões excedentários selecionem a família que irá receber a doação de embrião.[27]

Estabelecida a possibilidade de o filho conhecer sua origem genética, passa-se à análise, na esfera do Direito de Família, de questões envolvendo filiação e investigação de paternidade, bem como o pleito alimentar.

5.3 Das consequências para o direito de família

De acordo com as premissas tradicionais do Direito de Família Brasileiro, a filiação biológica prevalecia sobre a filiação socioafetiva, quando entre si se conflitavam.

Atualmente, em diversos Tribunais, as decisões sobrelevam a parentalidade socioafetiva. A propósito, Flávio Tartuce anota que, "No Superior Tribunal de Justiça, o tema da socioafetividade parental vem sendo debatido de forma crescente, o que pode ser percebido pelas inúmeras decisões publicadas em seus informativos de jurisprudência".[28]

As transformações no Direito de Família "são fruto da identificação dos direitos humanos como valor fundante da pessoa humana", aduz Maria Berenice Dias, e, por isso, "são direitos merecedores da tutela".[29] Os princípios constitucionais atuaram nessa transformação; consequentemente, vários são

---

[25] PERLINGIERI, Pietro. *O direito civil na legalidade constitucional.* p. 828.

[26] Ibidem, loc. cit.

[27] Informação obtida no *site* referente ao programa da Nightlight Christian Adoptions. Couples with remaining embryos are choosing embryo donation through programs like Snowflakes because they are able to select the family who receives their embryo donation. Disponível em: <https://www.nightlight.org/snowflakes-embryo-donation--adoption/>. Acesso em: 6 fev. 2015.

[28] TARTUCE, Flávio. *Direito civil*: direito de família, p. 395.

[29] DIAS, Maria Berenice. *Manual de direito das famílias*, p. 54.

os princípios do Direito de Família que emergem da Constituição Federal. Entretanto, e sem pretensão de se aprofundar nos princípios, pois, como expressa Maria Berenice Dias, "Cada autor traz quantidade diferenciada de princípios, não se conseguindo sequer encontrar um número mínimo em que haja consenso",[30] far-se-á o exame de alguns desses princípios que, diretamente, visam à proteção da personalidade humana.

Para tanto, enumeram-se os seguintes princípios: princípio da dignidade da pessoa humana; princípio da liberdade; princípio da igualdade e respeito à diferença; princípio da solidariedade familiar; princípio da proteção integral à criança e ao adolescente; princípio da proibição de retrocesso social; princípio da afetividade; e princípio da função social da família.

O *princípio da dignidade da pessoa humana*, considerado como universal, um macroprincípio, atribui o máximo de dignidade para todas as entidades familiares.[31]

O *princípio da liberdade*, que guarda relação com o princípio da igualdade, avaliados no rol da primeira geração de direitos, e com o fim de garantir o respeito à dignidade da pessoa humana, tem por finalidade assegurar a liberdade individual, como por exemplo, a liberdade de escolha do seu par, de constituir um casamento ou uma união estável, a liberdade de participar da vida da família, de adotar etc.[32]

O *princípio da igualdade e de respeito à diferença* assegura tratamento isonômico e proteção igualitária a todos os cidadãos. Assim, "A ideia central é garantir a igualdade, o que interessa particularmente ao direito, pois está ligada à ideia de justiça".[33] Esse princípio alcança os vínculos de filiação, ao proibir qualquer designação discriminatória; ao possibilitar de forma livre o planejamento familiar; ao viabilizar a organização e direção da família como direitos e deveres dos cônjuges; e ao tratar da guarda dos filhos.

O *princípio da solidariedade familiar*, na acepção de Maria Berenice Dias, "tem origem nos vínculos afetivos, dispõe de conteúdo ético, pois contém em suas entranhas o próprio significado da expressão solidariedade, que compreende a fraternidade e a reciprocidade. A pessoa só existe enquanto coexiste".[34] A solidariedade social tem guarida na Constituição Federal, e, como ensina Flávio Tartuce, "Por razões óbvias, esse princípio acaba reper-

---

[30] DIAS, Maria Berenice. *Manual de direito das famílias*, p. 56.
[31] Ibidem, p. 59.
[32] Ibidem, p. 60.
[33] Ibidem, p. 62.
[34] Ibidem, p. 63.

Cap. 5 · DAS CONSEQUÊNCIAS DA ADOÇÃO DE EMBRIÕES EXCEDENTÁRIOS | **181**

cutindo nas relações familiares, eis que a solidariedade deve existir nesses relacionamentos pessoais".[35] É o princípio da solidariedade que concretiza a obrigação alimentar entre parentes, pois são reciprocamente credores e devedores de alimentos.

Por sua vez, o *princípio da proteção integral à criança e ao adolescente* decorre do art. 227 da Constituição Federal, que prevê assegurar com absoluta prioridade, à criança e ao adolescente, o direito à vida, à saúde, à alimentação, à educação, ao lazer, à profissionalização, à cultura, à dignidade, ao respeito, à liberdade e à convivência familiar e comunitária. O art. 3.º do ECA também determina que a criança e o adolescente gozam de todos os direitos fundamentais inerentes à pessoa humana.[36] Nesse diapasão, para Flávio Tartuce, "essa proteção integral pode ser percebida pelo princípio de melhor interesse da criança, ou *best interest of the child*, conforme reconhecido pela Convenção Internacional de Haia, que trata da proteção dos interesses das crianças".[37]

O *princípio da proibição de retrocesso social*, com incidência clara no Direito de Família, é explicado por Maria Berenice Dias. Para a jurista:

> A partir do momento em que o Estado, em sede constitucional, garante direitos sociais, a realização desses direitos não se constitui somente em uma *obrigação positiva* para a sua satisfação – passa a haver também uma *obrigação negativa* de não se abster de atuar de modo a assegurar a sua realização. O legislador precisa ser fiel ao tratamento isonômico assegurado pela Constituição, não podendo estabelecer diferenciações ou revelar preferências. Todo e qualquer tratamento discriminatório levado a efeito pelo legislador ou pelo Judiciário mostra-se flagrantemente inconstitucional.[38]

A título de aprofundar-se sobre o *princípio da proibição de retrocesso social*, ressalte-se que a Constituição Federal de 1988 garante proteção à família, as diretrizes são de direito subjetivo (pluralidade familiar, igualdade entre filhos e igualdade entre homem e mulher na relação familiar). Assim, não podem sofrer limitação por meio da legislação ordinária, o que caracterizaria o retrocesso.

O *princípio da afetividade* é aquele que gera compromisso de assegurar afeto, o sentimento de dar e receber amor, amizade, dedicação, afeição, ternura, pois são valores unívocos. O afeto como direito fundamental está na

---

35   TARTUCE, Flávio. *Direito civil*: direito de família, p. 13.
36   DIAS, Maria Berenice. Op. cit., p. 65.
37   TARTUCE, Flávio. Op. cit., p. 22.
38   DIAS, Maria Berenice. *Manual de direito das famílias*, p. 66, grifo do original.

Constituição Federal, no rol de direitos individuais e sociais, como forma de garantir a dignidade de todos.[39] Flávio Tartuce assevera que

> O afeto talvez seja apontado, atualmente, como o principal fundamento das relações familiares. Mesmo não constando a expressão *afeto* do Texto Maior como sendo de direito fundamental, pode-se afirmar que ele decorre da valorização constante da dignidade humana.[40]

Pode-se dizer que o princípio da afetividade interfere nas decisões judiciais que envolvem conflitos entre a filiação de vínculo biológico e a filiação de vínculo afetivo. Decisões jurisprudenciais recentes, aqui expostas, priorizaram o vínculo afetivo, ao contrário de outrora, quando prevalecia o vínculo biológico.

Por último, cite-se o *princípio da função social da família*, apontando as colocações de Pablo Stolze Gagliano e Rodolfo Pamplona Filho, com as quais este estudo compartilha:

> Numa perspectiva constitucional, a *funcionalização social da família* significa o respeito ao seu caráter eudemonista, enquanto ambiência para a realização do projeto de vida e de felicidade de seus membros, respeitando-se, com isso, a dimensão existencial de cada um [...].
>
> De fato, a principal função da família e a sua característica de meio para a realização de nossos anseios e pretensões. Não é mais a família um fim em si mesmo, conforme já afirmamos, mas, sim, o meio social para a busca de nossa felicidade na relação com o outro.[41]

Percebe-se que, hoje, a família não pode ser analisada fora do contexto social. A família é a base da sociedade, como consta expressamente na Constituição Federal. Dessa forma, todos os princípios narrados de modo sucinto permitem direcionar uma resposta sobre as consequências da adoção do embrião excedentário, como segue adiante.

5.3.1 Filiação versus *investigação de paternidade*

Os filhos podem ter tripla parentalidade, quais sejam: a biológica, a registral e a socioafetiva. Não há dúvida sobre a filiação biológica, pois essa decorre

---

[39] DIAS, Maria Berenice. *Manual de direito das famílias*. p. 67.
[40] TARTUCE, Flávio. *Direito civil*: direito de família, p. 23.
[41] GAGLIANO, Pablo Stolze; PAMPLONA FILHO, Rodolfo. *Novo curso de direito civil*: direito das famílias. São Paulo: Saraiva, 2011. v. 6, p. 97-98, grifo do original.

Cap. 5 · DAS CONSEQUÊNCIAS DA ADOÇÃO DE EMBRIÕES EXCEDENTÁRIOS | **183**

da existência da vida, a qual se constitui "pela união de gametas sexuais, um masculino e outro feminino, formando novo agrupamento de genes [...] Esse encontro único ensejará a criação de um novo código genético, que dará uma individualidade biológica", como expressa Adalgisa Wiedemann Chaves.[42]

A filiação registral, por sua vez, "se consubstancia quando da lavratura do assento do nascimento de uma criança" consoante definição de Adalgisa Wiedemann Chaves. A autora complementa:

> Aqueles que comparecem perante o Oficial de Registro Civil, declarando-se como pai e mãe do infante recém-nascido, passam a ser considerados, para fins legais, como sendo os genitores daquela criança, assumindo todos os encargos decorrentes dessa condição, ficando imbuídos do poder familiar.[43]

Essa filiação, por ser pública e documental, identifica a pessoa no ordenamento jurídico e gera aos pais todos os deveres do poder familiar, como os alimentos e a mútua assistência, ainda que a filiação em foco seja meramente registral.

Já a filiação por afetividade, que pode ou não ser biológica, envolve os vínculos afetivos e sociais, o que por vezes a doutrina e a jurisprudência chamam de *posse de estado de filho*, conforme pontua Adalgisa Wiedemann Chaves.[44]

Em outras palavras, Paulo Luiz Netto Lôbo assevera que "o estado de filiação é gênero do qual são espécies a filiação biológica e a filiação não biológica". O autor leciona, ainda, que "o estado de filiação de cada pessoa é único e de natureza socioafetiva, desenvolvido na convivência familiar, embora derive biologicamente dos pais, na maioria dos casos".[45]Assim, "O filho é titular do estado de filiação, da mesma forma que o pai e a mãe são titulares dos estados de paternidade e de maternidade, em relação a ele", conclui Paulo Luiz Netto Lôbo.[46]

---

[42] CHAVES, Adalgisa Wiedemann. A tripla parentalidade (biológica, registral e socio-afetiva). *Revista Brasileira de Direito de Família – IBDFAM*, Porto Alegre, v. 7, n. 31, ago.-set. 2005, p. 147.

[43] Ibidem, loc. cit.

[44] CHAVES, Adalgisa Wiedemann. A tripla parentalidade (biológica, registral e socio-afetiva). *Revista Brasileira de Direito de Família – IBDFAM*, Porto Alegre, v. 7, n. 31, p. 149.

[45] LÔBO, Paulo Luiz Netto. Direito ao estado de filiação e direito à origem genética: uma distinção necessária. *Revista CEJ*, v. 8, n. 27, p. 47-56, 2004, p. 48.

[46] Ibidem, loc. cit.

Diante do exposto, e como assunto principal deste trabalho é a adoção de embrião excedentário, o tema situa-se na paternidade por meio da procriação assistida heteróloga, como não biológica ou afetiva. E, exatamente pelo fato de o pai ter permitido que a mãe buscasse a inseminação artificial heteróloga, ele não pode se valer do disposto no art. 1.601 do Código Civil, para contestar a paternidade. A impossibilidade de contestar a paternidade se estende, também, à filiação não biológica constituída por meio da adoção regular. O cônjuge ou companheiro que permitiu a procriação heteróloga consentiu com a adoção de embrião ou sêmen.

Esses estados de filiação não biológica são irreversíveis e invioláveis, conforme interpreta Paulo Luiz Netto Lôbo, e, portanto, não podem ser "contraditados por investigação de paternidade ou maternidade, com fundamento na origem biológica, que apenas poderá ser objeto de pretensão e ação com fins de tutela do direito da personalidade".[47] Se ao pai não cabe negar a paternidade do filho advindo da procriação heteróloga, pois anuiu com o procedimento biotecnológico, diversa não poderia ser a solução para o filho que pretendesse buscar a filiação biológica paterna.[48]

No entanto, considera-se que o filho advindo da reprodução assistida heteróloga não terá a paternidade biológica, mas sim a paternidade afetiva. Lembre-se que, hoje, o afeto é o principal fundamento das relações familiares, segundo também expressa Flávio Tartuce.[49]

O filho pode ter uma relação paterna socioafetiva, conforme a jurisprudência dominante, especialmente do Superior Tribunal de Justiça. Como exemplo, pode-se citar o julgado em que prevaleceu o vínculo socioafetivo, diante do registro voluntário de filiação, mesmo sabendo não ser o pai biológico.[50] Ainda, entende-se que o pai biológico não possui direito de des-

---

[47] LÔBO, Paulo Luiz Netto. *Direito ao estado de filiação e direito à origem genética*: uma distinção necessária. p. 48.

[48] O consentimento do pai em participar da procriação assistida heteróloga confirma seu ato de vontade unilateral e de mera liberalidade em adotar o embrião, assunto devidamente explicado no Capítulo 4 deste trabalho.

[49] TARTUCE, Flávio. *Direito civil*: direito de família, p. 22.

[50] Veja-se ementa: "Negatória de paternidade. Registro civil. Inocorrência de vício de consentimento. Filiação socioafetiva. Descabimento da AJG. 1. O ato de reconhecimento de filho é irrevogável (art. 1.º da Lei n.º 8.560/92 e art. 1.609 do CCB). 2. A anulação do registro, para ser admitida, deve ser sobejamente demonstrada como decorrente de vício do ato jurídico (coação, erro, dolo, simulação ou fraude). 3. Se o autor registrou a criança há mais de trinta anos, mesmo sabendo da grande probabilidade desta não ser sua filha, e a tratou sempre como filha, então não pode pretender

truir a relação de afeto, quando qualificado como terceiro em uma relação socioafetiva parental.[51]

Em situação de extrema particularidade, importa transcrever a decisão do STJ sobre a paternidade socioafetiva dos avós, conforme se depreende do seguinte trecho do acórdão do Recurso Especial:

> Explicaram que são avós do menor apenas no papel, pois adotaram a mãe do infante, quando esta contava apenas 8 (oito) anos de idade, estando ela, à época, grávida em razão de abuso sexual sofrido. O menor foi registrado apenas em nome da mãe, com informações desatualizadas, pois sua genitora, após o registro do filho, alterou seu próprio nome, questão não retificada no assento da criança. Concretizada pelos requerentes a adoção da mãe do menor, o infante passou, desde o nascimento, a ser cuidado por eles em todos os aspectos como se filho fosse, inclusive, em razão de a mãe do menor, à época do parto, contar, repita-se, 9 (nove) anos de idade, portanto, sem a menor condição de assumir um filho, seja em que esfera fosse, psicológica, sociológica, econômica etc.
>
> Vê-se, pois, que se cuida de regularização de filiação socioafetiva, ainda que o recorrente pretenda alegar ser mero caso de adoção de descendente

---

a desconstituição do vínculo, pela inexistência do liame biológico. 4. É inequívoca a voluntariedade do ato, pois a autora nasceu quase dois anos antes do casamento do autor com a genitora da ré, não havendo dúvida alguma sobre a paternidade socioafetiva. Recurso desprovido" (BRASIL. Tribunal de Justiça do Rio Grande do Sul. AC 70058658790, Sétima Câmara Cível, Rel. Sérgio Fernando de Vasconcellos Chaves, j. 16.04.2014. Disponível em: <http://www.ibdfam.org.br/jurisprudencia>. Acesso em: 28 abr. 2015).

[51] Veja-se ementa: "Ação anulatória de registro de nascimento. Anseio do pai genético em ver revista a qualificação paterna no registro da criança. Estudo social. Demonstração de existência de relação paterno-filial entre o pai socioafetivo e a criança. Prevalência dos interesses da menor. Provimento negado. A filiação socioafetiva é aquela em que se desenvolvem durante o tempo do convívio, laços de afeição e identidade pessoal, familiares e morais. À luz do princípio da dignidade humana, bem como do direito fundamental da criança e do adolescente à convivência familiar, traduz-se ser mais relevante a ideia de paternidade responsável, afetiva e solidária, do que a ligação exclusivamente sanguínea. O interesse da criança deve estar em primeiro lugar, uma vez que é inegável que em casos de convivência habitual e duradoura com pessoas estranhas ao parentesco, o menor adquire vínculos de confiança, amor e afetividade em relação a estas pessoas. Esse vínculo não pode ser destruído por terceiro, mesmo que com base em laços sanguíneos, se afronta os interesses da criança, colocando-a em situação de instabilidade e insegurança jurídica e emocional" (BRASIL. Tribunal de Justiça de Minas Gerais. Apelação Cível 1.0624.06.010781-7/001, Primeira Câmara Cível, Rel.ª Des.ª Vanessa Verdolim Hudson Andrade, publ. 23.09.2011. Disponível em: <http://www.ibdfam.org.br/jurisprudencia>. Acesso em: 12 abr. 2015).

por ascendente. O caso é muito mais do que isso. [...] Assim o fez por não ser mero caso de adoção de neto por avós, mas sim de regularização, de filiação socioafetiva.[52]

Os julgados mencionados confirmam a prevalência da paternidade socioafetiva sobre a biológica, motivo pelo qual não se entende possível a ação de investigação de paternidade a ser proposta pelo filho gerado por meio da procriação assistida heteróloga em face do doador do sêmen.

No entanto, é possível encontrar decisão divergente, como a mencionada a seguir, mas observa-se que nela não se comprovou a relação socioafetiva. Como ocorreu na Ação de Investigação de Paternidade proposta por V. A. S. em face de G. S. B., afirmando que sua mãe, na juventude, manteve relações

---

[52] Veja-se aresto: "Estatuto da Criança e do Adolescente. Recurso especial. Ação de adoção c/c destituição do poder familiar movida pelos ascendentes que já exerciam a paternidade socioafetiva. Sentença e acórdão estadual pela procedência do pedido. Mãe biológica adotada aos oito anos de idade grávida do adotando. Alegação de negativa de vigência ao art. 535 do CPC. Ausência de omissão, obscuridade ou contradição no acórdão recorrido. Suposta violação dos arts. 39, § 1.º, 41, *caput*, 42, §§ 1.º e 43, todos da Lei n.º 8.069/90, bem como do art. 267, VI, do Código de Processo Civil. Inexistência. Discussão centrada na vedação constante do art. 42, § 1.º, do ECA. Comando que não merece aplicação por descuidar da realidade fática dos autos. Prevalência dos princípios da proteção integral e da garantia do melhor interesse do menor. Art. 6.º do ECA. Incidência. Interpretação da norma feita pelo juiz no caso concreto. Possibilidade. Adoção mantida. Recurso improvido. 1. Ausentes os vícios do art. 535, do CPC, rejeitam-se os embargos de declaração. 2. As estruturas familiares estão em constante mutação e para se lidar com elas não bastam somente as leis. É necessário buscar subsídios em diversas áreas, levando-se em conta aspectos individuais de cada situação e os direitos de 3.ª Geração. 3. Pais que adotaram uma criança de oito anos de idade, já grávida, em razão de abuso sexual sofrido e, por sua tenríssima idade de mãe, passaram a exercer a paternidade socioafetiva de fato do filho dela, nascido quando contava apenas 9 anos de idade. 4. A vedação da adoção de descendente por ascendente, prevista no art. 42, § 1.º, do ECA, visou evitar que o instituto fosse indevidamente utilizado com intuitos meramente patrimoniais ou assistenciais, bem como buscou proteger o adotando em relação a eventual 'confusão mental e patrimonial' decorrente da 'transformação' dos avós em pais. 5. Realidade diversa do quadro dos autos, porque os avós sempre exerceram e ainda exercem a função de pais do menor, caracterizando típica filiação socioafetiva. 6. Observância do art. 6.º do ECA: na interpretação desta Lei levar-se-ão em conta os fins sociais a que ela se dirige, as exigências do bem comum, os direitos e deveres individuais e coletivos, e a condição peculiar da criança e do adolescente como pessoas em desenvolvimento. 7. Recurso especial não provido" (BRASIL. Tribunal de Justiça de Santa Catarina. REsp 1.448.969-SC (2014/0086446-1), Rel. Min. Moura Ribeiro, j. 03.11.2014. Disponível em: <http://www.ibdfam.org.br/jurisprudencia>. Acesso em: 12 abr. 2015).

sexuais com o investigado, culminando com a sua concepção, apesar de encontrar-se registrada em nome do de J. M. S. A decisão, nessa situação, foi favorável à paternidade biológica, pois não se comprovou a paternidade afetiva.[53]

No intuito de confirmar o posicionamento expresso no presente estudo, recorre-se às lições de Maria Berenice Dias: "a identificação dos vínculos de parentalidade não pode mais ser buscada exclusivamente no campo genético", em face das facilidades dos métodos de reprodução assistida que permitem a qualquer pessoa realizar o sonho de ter um filho.[54] A explicação da autora, a seguir, também serve para as premissas fixadas neste trabalho:

> *Não há como identificar o pai com o cedente do espermatozoide.* Também não dá para dizer se a mãe doa o óvulo, a que cede o útero ou aquela que faz uso do óvulo de uma mulher e do útero de outra para gestar um filho, sem fazer parte do processo procriativo. Submetendo-se a mulher a qualquer desses procedimentos, torna-se mãe, o que acaba com a presunção de que a maternidade é sempre certa. Porém, sendo ela casada, surge a presunção de que seu marido é o pai.[55]

Com o fortalecimento do vínculo familiar na parentalidade socioafetiva, não há impedimento para o magistrado permitir o duplo registro da criança, reconhecendo a multiparentalidade, conforme narra Flávio Tartuce:

> [...] anote-se a inédita sentença prolatada pela Magistrada Deisy Chisthian Lorena de Oliveira Ferraz, da comarca de Arquimedes, Estado de Rondônia, determinando o duplo registro da criança, em nome do pai biológico e do pai socioafetivo, diante do pedido de ambos para que a multiparentalidade fosse reconhecida.[56]

---

[53] Veja-se ementa: "Ação de investigação de paternidade. Exame de DNA. Vínculo biológico demonstrado. Paternidade socioafetiva. Ausência. Ônus da prova. Prevalência do vínculo genético. Direito de personalidade. Dignidade da pessoa humana. 1. Toda e qualquer pessoa tem direito incontestável de requerer o reconhecimento de sua paternidade, sendo que a existência de pai registral não impede a propositura de ação de investigação de paternidade, prevalecendo à paternidade biológica quando não demonstrado cabalmente o vínculo socioafetivo" (BRASIL. Tribunal de Justiça de Minas Gerais. AC 10080080130604003, Oitava Câmara Cível, Rel. Teresa Cristina da Cunha Peixoto, j. 27.03.2014. Disponível em: <http://www.ibdfam.org. br/jurisprudencia>. Acesso em: 12 abr. 2015).

[54] DIAS, Maria Berenice (org.). *Direito das famílias*, p. 321.

[55] Ibidem, loc. cit., grifou-se.

[56] TARTUCE, Flávio. *Direito civil*: direito de família, p. 398.

188 | ADOÇÃO DE EMBRIÕES EXCEDENTÁRIOS À LUZ DO DIREITO BRASILEIRO

Nesse contexto, é importante mencionar o Projeto de Lei do Senado, PLS 470/2013, da senadora Lídice da Mata, que dispõe sobre o Estatuto das Famílias, no qual defere investigar a filiação sem gerar relação de parentesco, nos termos do dispositivo colacionado a seguir:

> Art. 86. É admissível a qualquer pessoa, cuja filiação seja proveniente de adoção, filiação socioafetiva, posse de estado ou inseminação artificial heteróloga, o conhecimento de seu vínculo genético, sem gerar relação de parentesco.
>
> Parágrafo único. O ascendente genético pode responder por subsídios necessários à manutenção do descendente, salvo em caso de inseminação artificial heteróloga.[57]

Observa-se que a investigação da paternidade, para a pessoa fruto da inseminação artificial heteróloga, é cabível pela proposição legislativa. Entretanto, há a ressalva do não reconhecimento de vínculo de parentesco. A investigação seria apenas para satisfazer os direitos da personalidade, em face da disposição gratuita do embrião e do termo de aceite dos pais ou apenas da mãe em conceber um filho.

Os institutos da filiação e da investigação de paternidade na hipótese de adoção de embrião excedentário se contradizem, pela sua própria essência; além da prevalência jurisprudencial da parentalidade socioafetiva. Contudo, esse pensamento pode ser alterado no futuro, quando os próprios doadores passarem a escolher as famílias que receberão o embrião ou sêmen.

Pelo exposto e concluindo pela possibilidade dos filhos advindos da reprodução heteróloga conhecerem os pais biológicos sem gerar a relação de parentesco, cabe analisar se há ou não direito aos alimentos.

5.3.2 *Da possibilidade de pleito alimentar em relação aos pais genéticos*

Os alimentos representam um dos principais elementos que compõem os direitos da personalidade, pois assegura a sobrevivência do alimentado, o que resguarda o direito à vida com dignidade. A obrigação alimentar pode surgir em razão do parentesco e deverá ser fixada de modo compatível com a condição social entre o alimentante e o alimentado, inclusive para atender às necessidades da educação, como se depreende do texto legal, especialmente do art. 1.694 do Código Civil. Ademais, os alimentos devem compreender as necessidades vitais do indivíduo, as quais encontram amparo no princípio

---

[57] BRASIL. Senado Federal. PLS 470/2013. Disponível em: <www.senado.gov.br/atividade/materia/getPDF.asp?t=140057&tp=1>. Acesso em: 14 maio 2015.

da dignidade da pessoa humana. Flávio Tartuce menciona que "os alimentos estão muito mais fundamentados na solidariedade familiar do que na própria relação de parentesco, casamento ou união estável".[58]

Como é notório, o art. 6.º da Constituição Federal traz os direitos sociais, os quais servem para definir o conceito dos alimentos, pois abarca a educação, a saúde, a alimentação, o trabalho, a moradia, o lazer, a segurança, a previdência social, a proteção à maternidade e à infância.[59]

Nesse contexto, Waldyr Grisard Filho afirma que o Estado avocou a si a proteção da família e, em especial, da criança, dividindo com os particulares o custo necessário para a vida. O autor assim explica:

> Nessa trama parental encontram-se as pessoas reciprocamente obrigadas à prestação de alimentos, os ascendentes e os descendentes, qualquer grau, e os colaterais de segundo grau. Daí que todas estas pessoas são, potencialmente, sujeito ativo e passivo da relação alimentária, pois, ao direito de exigir alimentos corresponde o dever de prestá-los.[60]

Os alimentados podem ser os ascendentes e os descendentes, mas também os nascituros, consoante disposição da Lei 11.804/2008, que regulamenta os chamados *alimentos gravídicos*. A lei favorece o bom desenvolvimento do nascituro, embora os alimentos sejam pagos para a gestante, que, juntamente com o pai, tem o dever de garantir a ele, nascituro, uma gestação saudável e segura.

Fernanda Martins Simões e Carlos Maurício Ferreira escrevem que os alimentos gravídicos têm por finalidade proporcionar "um nascimento com dignidade à criança, com vista a uma procriação responsável, com o comprometimento integrado e solidário dos genitores; é, pois, salvaguardar o direito à vida do nascituro".[61] Os alimentos gravídicos abarcam o fornecimento de uma alimentação qualitativa e diferenciada aos nascituros, como se depreende do dispositivo da Lei 11.804/2008, colacionado a seguir:

> Art. 2.º Os alimentos de que trata esta Lei compreenderão os valores suficientes para cobrir as despesas adicionais do período de gravidez e que

---

[58] TARTUCE, Flávio. *Direito civil*: direito de família, p. 480.

[59] Idem.

[60] GRISARD FILHO, Waldyr. Os alimentos nas famílias reconstituídas. In: DELGADO, Mário Luiz; ALVES, Jones Figueirêdo (coord.). *Questões controvertidas no novo Código Civil*, p. 376-377.

[61] SIMÕES, Fernanda Martins; FERREIRA, Carlos Maurício. *Alimentos gravídicos*: a evolução do direito a alimentos em respeito à vida e ao princípio da dignidade humana. Curitiba: Juruá, 2013. p. 209.

sejam dela decorrentes, da concepção ao parto, inclusive as referentes à alimentação especial, assistência médica e psicológica, exames complementares, internações, parto, medicamentos e demais prescrições preventivas e terapêuticas indispensáveis, a juízo do médico, além de outras que o juiz considere pertinentes.[62]

O nascituro e as crianças encontram-se agasalhados pela lei para pleitearem alimentos, em uma eventualidade de abandono material e em hipóteses de necessidade. Nesse sentido é a jurisprudência dominante, a qual busca cumprir com a finalidade da lei, vale dizer, proporcionar ao nascituro seu desenvolvimento sadio.[63]

A propósito, mencionou-se linhas atrás o parágrafo único do art. 86 do PLS 470/2013, denominado Estatuto das Famílias, com a permissão do ascendente genético responder por subsídios necessários à manutenção do descendente, porém com a vedação na hipótese de inseminação artificial heteróloga.

Como a filiação decorrente da inseminação artificial heteróloga não gera parentalidade entre a criança e o doador do sêmen ou embrião, os alimentos não podem ser pleiteados, pois, como visto, inexiste a relação de parentesco entre eles.

João Baptista Villela sustenta que a paternidade, por essência, não se marca pelo conteúdo biológico, eis que "As consequências da procriação

---

[62] BRASIL. Planalto. Alimentos gravídicos. Lei 11.804, de 05.11.2008. Disponível em: <http://www.planalto.gov.br/ccivil_03/_ato2007-2010/2008/lei/l11804.htm>. Acesso em: 20 fev. 2015.

[63] Veja-se ementa: "Agravo de instrumento. Ação de alimentos gravídicos. Possibilidade, no caso. 1. Os 'indícios de paternidade' exigidos para a concessão dos alimentos gravídicos, nos termos do art. 6.º da Lei n.º 11.804/08, devem ser examinados, em sede de cognição sumária, sem muito rigorismo, tendo em vista a dificuldade na comprovação do alegado vínculo de parentesco já no momento do ajuizamento da ação, sob pena de não se atender à finalidade da lei, que é proporcionar ao nascituro seu sadio desenvolvimento. 2. No caso, considerando os exames médicos que comprovam a gestação e os documentos a evidenciar a existência de relacionamento amoroso no período concomitante à concepção (fotografia, declaração de terceiro e mensagens de celular), há plausibilidade na indicação de paternidade realizada pela agravante, restando autorizado o deferimento dos alimentos gravídicos, no montante de 30% do salário mínimo. Agravo de instrumento parcialmente provido, por monocrática" (BRASIL. Tribunal de Justiça do Rio Grande do Sul. AI 70058752916, Oitava Câmara Cível, Rel. Ricardo Moreira Lins Pastl, j. 05.03.2014. Disponível em: <http://www.ibdfam.org.br/jurisprudencia>. Acesso em: 10 dez. 2014).

submetem-se, por sua natureza, ao regime jurídico da responsabilidade civil e não ao da paternidade".[64]

O autor diferencia a responsabilidade dos alimentos, individualizando os dois estatutos: sustento e alimentos. "Portanto, a quem pela sua conduta contribuiu a pôr uma vida humana no mundo, duas possibilidades oferecem: assumir-lhe a paternidade ou assumir os custos de sua criação e educação".[65] Desse modo, para João Baptista Villela, o pai que assume a paternidade deve sustento ao filho menor, sendo certo que "os alimentos estão submetidos a controles de extensão, conteúdo e forma de prestação".[66]

Ainda que o autor não se expresse claramente sobre a hipótese de a procriação ter sido concebida por meio da adoção de embrião excedentário, diverge-se do seu posicionamento.

Tende-se pela incoerência dos filhos advindos da adoção de embrião excedentário exigir daquele que dispôs gratuitamente de embrião ou de sêmen. Entretanto, se houver possibilidade vindoura de os próprios doadores passarem a escolher as famílias que receberão o embrião ou sêmen, o elemento volitivo dos alimentos pode ocorrer.

No Direito Comparado, Maria Celina Bodin de Moraes e Carlos Nelson Konder narram que a Agência de Proteção à Criança da Grã-Bretanha (CSA) forçou um bombeiro britânico a pagar pensão alimentícia a duas crianças concebidas por meio de inseminação artificial, em face da doação de sêmen para as mães. Ainda que as partes tenham feito acordo pela não responsabilidade alimentar, a condenação ocorreu pelo fato de a inseminação não ter sido realizada em clínicas licenciadas, pois, "segundo a lei britânica, apenas doadores anônimos, que doaram sêmen por meio de clínicas de fertilidade licenciadas, estão isentos de responsabilidades legais com os filhos".[67] Os autores referem-se ainda à existência de um projeto de lei da Câmara dos Lordes, que "prevê a aplicação de direitos e deveres iguais (inclusive responsabilidade financeira) para os dois membros do casal do mesmo sexo que têm filhos".[68]

---

[64] VILLELA, João Baptista. Procriação, paternidade e alimentos. In: CAHALI, Francisco José; PEREIRA, Rodrigo da Cunha. *Alimentos no Código Civil*. São Paulo: Saraiva, 2005. p. 132.

[65] Ibidem, p. 142.

[66] Ibidem, loc. cit.

[67] MORAES, Maria Celina Bodin de; KONDER, Carlos Nelson. *Dilemas de direito civil-constitucional*. Rio de Janeiro: Renovar, 2012. p. 387.

[68] Ibidem, loc. cit.

Considera-se essa conclusão da Justiça britânica um contrassenso. No caso em tela, o bombeiro foi obrigado a fazer exame de DNA e, por ser o pai biológico das crianças, foi considerado legalmente responsável pela manutenção dos filhos. O fato de as mulheres conhecerem o doador do sêmen não deve implicar a paternidade por imposição institucional.

Cotejados os efeitos da adoção de embriões criopreservados na esfera do Direito de Família, passa-se a averiguar a possibilidade de esse filho ser reconhecido como descendente do doador perante o Direito Sucessório.

5.4   Direito Sucessório: do reconhecimento como descendente

O Direito Sucessório tem como fundamento a transmissão da titularidade de direitos e obrigações que compunham o acervo do ser humano que falece, ou seja, de dar destino aos bens e direitos do falecido, transferindo-os para seus herdeiros legítimos ou testamentários e legatários. Tem amparo na norma constitucional, disciplinada no art. 5.º, XXX, da Lei Maior, qual seja, o direito fundamental à herança.

O Código Civil Brasileiro divide o Direito das Sucessões em quatro partes: sucessão em geral, sucessão legítima, sucessão testamentária e inventários e partilhas.

Na Parte Geral, o Código Civil traz as normas referentes à sucessão legítima e à sucessão testamentária, indicativos da transmissão, da aceitação, da renúncia, da petição da herança e dos excluídos da herança, admitindo a inclusão do(a) companheiro(a) supérstite na sucessão do falecido, quanto aos bens adquiridos na vigência da união estável.

A sucessão legítima é aquela atinente à transmissão da herança às pessoas constantes da ordem de vocação hereditária em concorrência com o cônjuge sobrevivente, dependente do regime patrimonial de bens. Dá-se por direito próprio ou por representação, na linha reta ou na linha colateral, primeiro aos descendentes, em segundo aos ascendentes, em terceiro ao cônjuge sobrevivente e, por último, aos colaterais, com o grau mais próximo excluindo o mais remoto.

Por seu turno, a sucessão testamentária traz as regras atinentes à transmissão de bens, *causa mortis*, por ato de última vontade, respeitando-se a legítima. Por último, as normas sobre o processo judicial não contencioso, inventário e partilha, por meio do qual se efetua a divisão dos bens entre os herdeiros, além de normas sobre as colações e os bens sonegados.

A sucessão pressupõe a morte que, natural ou presumida, põe fim à existência da pessoa natural. Implica, ainda, a vocação hereditária que pode ter sido instituída pelo autor da herança, por meio de testamento, conforme reza o art. 1.786 do Código Civil: "a sucessão dá-se por lei ou por disposição de última vontade". Presentes estes pressupostos, morte e vocação hereditária, a sucessão estará legitimada.

José Luiz Gavião de Almeida assevera que "a fonte de onde deriva a sucessão é a vontade do falecido, quer ela tenha sido declarada de forma expressa, por via de testamento ou codicilo, ou esteja presumida pela lei".[69] Desse modo, na ausência de testamento, opera-se a sucessão legítima em conformidade com o art. 1.788 do Código Civil, e, também, a dos bens não compreendidos no testamento. A sucessão legítima é subsidiária da testamentária, até o montante que resguarde a parte indisponível, e subsiste ela, se caduco for o testamento.

O percentual do patrimônio disponível pelo testador encontra regulamento no art. 1.789, isto é, na hipótese de o testador possuir herdeiros necessários – ascendente, descendente e cônjuge sobrevivente – pode este, por meio do testamento, dispor somente de metade de seu patrimônio. Os cinquenta por cento restantes do patrimônio líquido do testador pertencem aos seus herdeiros necessários e constituem a legítima.

A regra para apurar a legítima vem delimitada no art. 1.847 do Código Civil. Assim, há que se averiguar, em primeiro lugar, o montante dos bens transmissíveis. Em segundo, deve-se verificar se o falecido deixou cônjuge ou companheiro (a), pois, diante do regime de bens ou contrato de convivência, cabe aos sobreviventes o direito da meação. Em terceiro, pagam-se as dívidas deixadas pelo *de cujus* e as despesas em seu favor, como os gastos com o funeral. Analisadas e findas as três etapas, encontra-se o patrimônio líquido do falecido, metade deste constituindo a legítima.

Dentre todas as regras do Direito Sucessório, a primordial para o presente estudo diz respeito à vocação hereditária e aos legitimados a suceder. O art. 1.798 do Código Civil dispõe que, "Legitimam-se a suceder as pessoas nascidas ou já concebidas no momento da abertura da sucessão".[70]

Não pairam dúvidas sobre as pessoas nascidas, uma vez que a ordem sucessória seguirá o disposto no art. 1.829 do Código Civil; no entanto, a expressão "já concebidas" merece destaque. Ao buscar a definição de "concebidos" na Língua Portuguesa, encontrar-se-á *gerados*, que no contexto da lei são os nascituros, os embriões excedentários e os criopreservados.

---

[69] ALMEIDA, José Luiz Gavião de. *Código Civil comentado*: direito das sucessões, sucessão em geral, sucessão legítima: arts. 1.784 a 1.856. Coordenação de Álvaro Villaça Azevedo. São Paulo: Atlas, 2003. v. XVIII, p. 43.

[70] BRASIL. Planalto. Código Civil. Disponível em: <http://www.planalto.gov.br/ccivil_03/Leis/2002/L10406.htm>. Acesso em: 12 jul. 2014.

Caio Mário da Silva Pereira coloca como pressuposto para receber a herança, a "existência", eis que "O chamado à sucessão deve existir no momento da delação da herança".[71] O autor se utiliza do vocábulo "coexistência", mas se reporta à exceção, citando como exemplo a "morte da mãe no trabalho de parto, ou quando o filho é retirado das entranhas da genitora falecida com consequência de acidente ou colapso. Não se nega ao filho a legitimação para suceder, embora não haja coexistência com a sua mãe".[72]

No que se refere à legitimidade sucessória daqueles já concebidos, estejam ou não implantados no útero, há divergência doutrinária em reconhecê--los como herdeiros.

Mário Luiz Delgado não admite que o embrião congelado seja considerado nascituro, ainda que se reconheça a filiação, nos termos do art. 1.597 do Código Civil. Portanto, para o jurista, seria incabível ter esse embrião como herdeiro sucessório. O autor conclui:

> Em suma, o art. 1798 refere-se ao nascituro, e embrião pré-implantatório nascituro não é. Sendo assim, filhos havidos por quaisquer das técnicas de reprodução assistida, desde que a implantação do embrião no ventre materno ou a fecundação do óvulo tenha se dado após a morte do autor da herança, não obstante o estado de filiação legalmente assegurado (art. 1.597), direito sucessório algum terão.[73]

No Direito Brasileiro, a capacidade sucessória do nascituro, para alguns doutrinadores, depende do nascimento com vida, em uma forma condicional, ou seja, o nascituro só herdará se nascer com vida. Assim pensam, por exemplo, Paulo Nader,[74] Maria Helena Diniz,[75] Osni de Souza[76] e Carlos Roberto Gonçalves.[77]

---

[71] PEREIRA, Caio Mário da Silva. *Instituições de direito civil*: direito das sucessões. Rio de Janeiro: Forense, 2005. v. VI, p. 30.

[72] Ibidem, p. 31.

[73] DELGADO, Mário Luiz. Filhos diferidos no tempo. Ausência de legitimação sucessória. In: DIAS, Maria Berenice (org.). *Direito das famílias*, p. 641.

[74] A propósito, Paulo Nader afirma: "Estes sucedem quando nascem com vida, hipótese em que os seus direitos retroagem ao momento da abertura da sucessão [...] Não é o nascituro quem sucede, mas a pessoa ao nascer" (NADER, Paulo. *Curso de direito civil*: direito das sucessões. Rio de Janeiro: Forense, 2007. p. 68).

[75] Maria Helena Diniz sustenta que "A capacidade sucessória do nascituro (CC, art. 1.798) é excepcional, já que só sucederá se nascer com vida, havendo um estado de pendência da transmissão de herança, recolhendo seu representante legal a herança sob condição resolutiva" (DINIZ, Maria Helena. *Curso de direito civil brasileiro*:

A propósito, Giselda Maria Fernandes Novaes Hironaka relata:

> O assunto da sucessão do nascituro já não levanta grandes questões doutrinárias e jurisprudenciais quanto à sua legitimidade para herdar, se houver sido concebido no ventre materno e se, mais tarde, ao final da gestação, nascer com vida. Diante desse quadro, o nascituro encontra-se legitimado à sucessão legítima, e este seu direito à herança se concretiza ao nascer.[78]

Por se alinhar com o posicionamento de que embrião herda, este trabalho apresenta o conceito teórico de Silmara Juny de A. Chinellato. A autora considera o embrião ainda não implantado como nascituro, portanto, o embrião excedentário ou criopreservado é herdeiro sucessório. Com relação à discussão doutrinária, Silmara Juny de A. Chinellato assim menciona:

> Mesmo não se entenda que o conceito de nascituro abranja o embrião pré-implantório, isto é, o que já está concebido e apenas aguardando – *in vitro* ou na criopreservação – a implantação *in vivo*, no ventre materno, ainda assim deve-se considerar que o artigo 1798 admite a suceder os que já estão *concebidos* no momento da abertura da sucessão.[79]

---

direito das sucessões. 22. ed. rev., atual. e ampl. de acordo com a reforma do CPC e com Projeto de Lei n. 276/2007. São Paulo: Saraiva, 2008. v. 6, p. 49).

[76] De acordo com Osni de Souza, "O direito à herança é atribuído, portanto, condicionalmente ao nascituro, pois, para que se caracterize a transmissão dos bens o concebido precisa nascer com vida" (SOUZA, Osni. Comentários do Código Civil, arts. 1.784 a 1856. In: MACHADO, Antonio Claudio da Costa; CHINELLATO, Silmara Juny de Abreu (coords.). *Código Civil interpretado*: artigo por artigo, parágrafo por parágrafo. 6. ed. Barueri: Manole, 2013. p. 1.511).

[77] Carlos Roberto Gonçalves assevera: "Os *nascituros* podem ser, assim, chamados a suceder tanto na sucessão legítima como na testamentária, ficando a eficácia da vocação dependente do seu nascimento. Podem, com efeito, ser indicados para receber deixa testamentária [...] Nascendo com vida, a existência do nascituro, no tocante aos seus interesses, retroage ao momento de sua concepção, como já proclama Digesto (Livro I, Tít. V. frag. 7)" (GONÇALVES, Carlos Roberto. *Direito civil brasileiro*: direito das sucessões. 4. ed. São Paulo: Saraiva, 2010. v. 7, p. 70).

[78] HIRONAKA, Giselda Maria Fernandes Novaes. *Suceder e morrer*: passado e presente da transmissão sucessória concorrente. 2. ed. rev. São Paulo: RT, 2014. p. 321.

[79] CHINELLATO, Silmara Juny de A. Estatuto jurídico do nascituro: a evolução dos direitos brasileiro. In: CAMPOS, Diogo Leite de; CHINELLATO, Silmara Juny de Abreu. *Pessoa humana e direito*, p. 452.

Silmara Juny de Abreu Chinellato também afirma que, desde a vigência do Código Civil de 1916, o nascituro possuía capacidade passiva para suceder, "Ainda que o Código Civil não contenha dispositivo expresso sobre a capacidade passiva para a sucessão legítima do nascituro, reconhecem-na sem divergir a doutrina e a jurisprudência".[80]

Nessa conjuntura, não se pode afastar o conceito de nascituro do conceito de embrião. A propósito, retoma-se a doutrina de Giselda Maria Fernandes Novaes Hironaka, segundo a qual,

> O conceito de nascituro abarca, portanto, o conceito de embrião, sendo desastroso a separação jurídica ou legislada dos termos, pois que pode trazer mais confusão do que solução, pela interpretação (errada) de que sejam diferentes casos. Embrião, afinal, é singularmente um dos estágios de evolução do ovo, que se fará nascituro. Ainda que não implantado, o embrião está concebido e, desde que identificado com os doadores de gametas, a ele será possível conferir herança, assim como ao nascituro, eis que o art. 1798 do Código Civil admite estarem legitimados a suceder não apenas as pessoas nascidas, mas também aquelas concebidas ao tempo da abertura da sucessão.[81]

Os nascituros possuem os direitos resguardados desde a concepção, e, segundo a teoria concepcionista, a qual se adota nesta obra, são considerados pessoas. Eles possuem personalidade desde a concepção, como já apresentado em momento anterior. De tal modo, Diogo Leite de Campos admite ser "difícil negar que esse reconhecimento da vida se opera a partir da concepção".[82] A história do homem se dá com o início de sua vida, e o início é a concepção. "Reconhece, consequentemente, o mesmo início da 'história' de qualquer outro ser humano, da sua personalidade humana (biológica)", conclui o autor.[83]

---

[80] ALMEIDA, Silmara Juny de Abreu Chinellato. *Tutela civil do nascituro*, p. 234.

[81] HIRONAKA, Giselda Maria Fernandes Novaes. *As inovações biotecnológicas e o direito das sucessões*. Disponível em: <http://www.ibdfam.org.br/artigos/290/As+i nova%C3%A7%C3%B5es+biotecnol%C3% B3gicas+e+o+direito+das+sucess%C3 %B5es%2A>. Acesso em: 24 fev. 2015.

[82] CAMPOS, Diogo Leite. A capacidade sucessória do nascituro (ou a crise do positivismo legalista). In: CAMPOS, Diogo Leite de; CHINELLATO, Silmara Juny de Abreu. Op. cit., p. 50.

[83] Ibidem, loc. cit.

Pretender que o nascituro seja "algo de diferente de um ser humano, é recuar para uma época em que os conhecimentos de biologia eram inexistentes ou quase", adverte Diogo Leite de Campos.[84]

O doutrinador explica que, hoje, com as técnicas modernas de reconhecimento da vida intrauterina, é possível conhecer os movimentos, as reações a estímulos sonoros, e acompanhar a vida do nascituro. Aliás, os psicólogos não só afirmam "que a fase da vida intrauterina é fundamental para o desenvolvimento psicológico do ser humano" como descrevem "o inter-relacionamento do filho com a mãe".[85]

A vida do ser humano inicia-se desde a concepção, fase em que ele já está formado com o seu genótipo, os seus caracteres físicos, intelectuais e morais. Sobre a vida, Diogo Leite de Campos infere que,

> Nesta matéria há que ter um discurso realista. Realista por se tratar, não de um problema de consciência, de uma noção, de uma palavra, mas de um ser, de uma vida. A vida e o ser humano não mudam conforme as épocas, as vontades e os interesses. O ser humano é a referência da nossa civilização.
>
> *Assente na biologia, na essência do homem que é a vida, o Direito reconhece o início da personalidade jurídica no começo da personalidade humana – na concepção.*[86]

Exatamente pelo fato de o ser humano ter personalidade desde a concepção, Diogo Leite de Campos questiona "Porque motivo Autores há que entendem que tal capacidade sucessória está sujeita à condição do nascimento com vida? Ou que há direitos sem sujeitos?".[87] Os comentários do Professor português, expostos a seguir, vão de encontro ao pensamento defendido neste trabalho:

> [...] a vida humana do nascituro, cria Direito, o direito à personalidade e à capacidade jurídica em termos de igualdade com qualquer outro ser humano (também "nascituro").
>
> *O nascituro tem plena capacidade sucessória, como qualquer ser humano.* Ao ser chamado a suceder, o nascituro é-o como pessoa já existente (plenamente) com todas as consequências que daqui derivam.

---

[84] CAMPOS, Diogo Leite. A capacidade sucessória do nascituro (ou a crise do positivismo legalista). In: CAMPOS, Diogo Leite de; CHINELLATO, Silmara Juny de Abreu. *Pessoa humana e direito*, p. 50.

[85] Ibidem, loc. cit., grifou-se.

[86] Ibidem, p. 53.

[87] Ibidem, p. 54.

Se falecer antes do nascimento, os bens adquiridos transmitem-se aos seus herdeiros.[88]

Desse modo, tende-se a apoiar esse entendimento de "que ao nascituro devem ser reconhecidos direitos sucessórios desde a concepção", como aponta Flávio Tartuce.[89] Sobre esse contexto, o doutrinador explica:

> Seguindo a nova proposta, o direito sucessório do nascituro deve levar em conta a sua concepção, e não o nascimento com vida. Se nascer morto, os bens já recebidos serão atribuídos aos herdeiros do nascituro, e não aos herdeiros daquele que faleceu originalmente. Se nascer com vida, haverá apenas uma confirmação da transmissão anterior, do que era reconhecido naquele momento anterior.[90]

Flávio Tartuce complementa:

> [...] acreditava, reafirme-se, que o embrião, a exemplo do nascituro, apesar de ter *personalidade jurídica formal* (direitos da personalidade), não teria a *personalidade jurídica material* (direitos patrimoniais) e só seria herdeiro por força de disposição testamentária.[91]

Para esse autor, não há dúvida, que se deve reconhecer a personalidade civil plena ao embrião, concedendo, tanto a ele como ao nascituro, a tutela sucessória. A dúvida, segundo Flávio Tartuce, está no "momento da concepção do embrião, ou seja, quando há vida para a tutela sucessória. Cabe anotar que a dúvida diz respeito a dois momentos: a fecundação na clínica de reprodução assistida ou a implantação do embrião na mulher".[92]

Maria Berenice Dias adota posição parcial, ao admitir que o nascituro possui personalidade desde a concepção, podendo receber os frutos da herança desde a data da abertura da sucessão. A autora explica:

> [...] o nascituro adquire personalidade jurídica desde a concepção, e a partir desta data é considerada pessoa. A titularidade diz com os direitos da personalidade e não com direitos de cunho patrimonial, que estão

---

[88] CAMPOS, Diogo Leite. *A capacidade sucessória do nascituro (ou a crise do positivismo legalista)*. p. 54, grifou-se.

[89] TARTUCE, Flávio. *Direito civil*: sucessões. 8. ed. rev., atual. e ampl. Rio de Janeiro: Forense; São Paulo: Método, 2015. v. 6, p. 72.

[90] Ibidem, p. 72-73.

[91] Ibidem, p. 73-74.

[92] Ibidem, p. 74.

sujeitos ao nascimento com vida. Quando tal ocorre torna-se imediato titular da herança, fazendo jus aos seus frutos e rendimentos desde a abertura da sucessão.[93]

Para corroborar com a tese dos doutrinadores que admitem a teoria concepcionista, traz se a lume o fragmento do acórdão no qual Maria Berenice Dias atuou em defesa do nascituro,[94] fixando a obrigação alimentar a partir da concepção:

> Todos esses elementos levam ao consequente e inexorável reconhecimento de que o apelante tinha conhecimento prévio da gravidez, antes mesmo de ser citado para responder à presente demanda, do que resulta seu dever de pagar alimentos em favor do filho a partir da concepção deste, ou seja, desde o mês de agosto de 1988, período que antecede em nove meses ao nascimento do apelado, ocorrido em 16-4-1989. [...] *O termo inicial da obrigação alimentar deve ser o da data da concepção quando o genitor tinha ciência da gravidez e recusou-se a reconhecer o filho.*[95]

Em outra situação, ainda que no referido acórdão não se trate de direito sucessório, o nascituro é reconhecido como pessoa desde a concepção. Na hipótese da perda da vida do nascituro, portanto, à gestante é devido o seguro DPVAT, como bem salienta o Superior Tribunal de Justiça, haja vista o Direito Brasileiro conferir ao nascituro a condição de pessoa, titular de direitos.[96]

---

[93] DIAS, Maria Berenice. *Manual das sucessões*. São Paulo: RT, 2008. p. 115.

[94] Em ação de investigação de paternidade na qual a jurista presidiu e atuou como relatora no processo de Apelação Cível 70012915062, da Sétima Câmara Cível, Comarca de Cruz Alta, no Rio Grande do Sul.

[95] INSTITUTO BRASILEIRO DE DIREITO DE FAMÍLIA – IBDFAM. Jurisprudência. Disponível em: <http://www.ibdfam.org.br/jurisprudencia/210/INVESTIGA%C3%87%C3%83O%20DE%20PATERNIDADE.%20RECUSA%20EM%20SUBMETER%20AO%20EXAME%20DE%20DNA.%20ALIMENTOS.%20FIXA%C3%87%C3%83O%20E%20TERMO%20INICIAL%20%C3%80%20DATA%20DA%20CONCEP%C3%87%C3%83O>. Acesso em: 24 fev. 2015, grifou-se.

[96] Veja-se ementa: "Direito civil. Acidente automobilístico. Aborto. Ação de cobrança. Seguro obrigatório. DPVAT. Procedência do pedido. Enquadramento jurídico do nascituro. Art. 2.º do Código Civil de 2002. Exegese sistemática. Ordenamento jurídico que acentua a condição de pessoa do nascituro. Vida intrauterina. Perecimento. Indenização devida. Art. 3.º, inciso I, da Lei n. 6.194/1974. Incidência. 1. A despeito da literalidade do art. 2.º do Código Civil que condiciona a aquisição de personalidade jurídica ao nascimento, o ordenamento jurídico pátrio aponta sinais de que não há essa indissolúvel vinculação entre o nascimento com vida e o conceito de pessoa, de personalidade jurídica e de titularização de direitos, como pode aparentar a leitura

O nascituro e o embrião podem ser considerados herdeiros legítimos ou herdeiros testamentários. Se considerado herdeiro legítimo, integrará a ordem da vocação hereditária descrita no art. 1.829 do Código Civil, por se tratar de descendente do falecido. No caso de herdeiro testamentário, assim será considerado por ter sido nomeado em vida pelo *de cujus*, por meio de testamento. Nas duas hipóteses, pelo princípio da *saisine* (art. 1.784 do CC), a transferência é imediata ao herdeiro.

Outra hipótese a ser analisada é a referente à capacidade sucessória nos termos do art. 1.597 do Código Civil, pois a lei não distingue se a concepção

---

mais simplificada da lei. 2. Entre outros, registram-se como indicativos de que o direito brasileiro confere ao nascituro a condição de pessoa, titular de direitos: exegese sistemática dos arts. 1.º, 2.º, 6.º e 45, *caput*, do Código Civil; direito do nascituro de receber doação, herança e de ser curatelado (arts. 542, 1.779 e 1.798 do Código Civil); a especial proteção conferida à gestante, assegurando-se-lhe atendimento pré-natal (art. 8.º do ECA, o qual, ao fim e ao cabo, visa a garantir o direito à vida e à saúde do nascituro); alimentos gravídicos, cuja titularidade é, na verdade, do nascituro e não da mãe (Lei n. 11.804/2008); no direito penal a condição de pessoa viva do nascituro – embora não nascida – é afirmada sem a menor cerimônia, pois o crime de aborto (arts. 124 a 127 do CP) sempre esteve alocado no título referente a 'crimes contra a pessoa' e especificamente no capítulo 'dos crimes contra a vida' – tutela da vida humana em formação, a chamada vida intrauterina (MIRABETE, Julio Fabbrini. Manual de direito penal, volume II. 25 ed. São Paulo: Atlas, 2007, p. 62-63; NUCCI, Guilherme de Souza. Manual de direito penal. 8 ed. São Paulo: Revista dos Tribunais, 2012, p. 658). 3. As teorias mais restritivas dos direitos do nascituro natalista e da personalidade condicional fincam raízes na ordem jurídica superada pela Constituição Federal de 1988 e pelo Código Civil de 2002. O paradigma no qual foram edificadas transitava, essencialmente, dentro da órbita dos direitos patrimoniais. Porém, atualmente isso não mais se sustenta. Reconhecem-se, corriqueiramente, amplos catálogos de direitos não patrimoniais ou de bens imateriais da pessoa – como a honra, o nome, imagem, integridade moral e psíquica, entre outros. 4. Ademais, hoje, mesmo que se adote qualquer das outras duas teorias restritivas, há de se reconhecer a titularidade de direitos da personalidade ao nascituro, dos quais o direito à vida é o mais importante. Garantir ao nascituro expectativas de direitos, ou mesmo direitos condicionados ao nascimento, só faz sentido se lhe for garantido também o direito de nascer, o direito à vida, que é direito pressuposto a todos os demais. 5. Portanto, é procedente o pedido de indenização referente ao seguro DPVAT, com base no que dispõe o art. 3.º da Lei n. 6.194/1974. Se o preceito legal garante indenização por morte, o aborto causado pelo acidente subsume-se à perfeição ao comando normativo, haja vista que outra coisa não ocorreu, senão a morte do nascituro, ou o perecimento de uma vida intrauterina. 6. Recurso especial provido" (BRASIL. Superior Tribunal de Justiça. *REsp 1.415.727/SC (2013/0360491-3)*, Quarta Turma, Rel. Min. Luis Felipe Salomão, j. 04.09.2014. Disponível em: <www.stj.jus.br>. Acesso em: 15 dez. 2014).

Cap. 5 • DAS CONSEQUÊNCIAS DA ADOÇÃO DE EMBRIÕES EXCEDENTÁRIOS | **201**

é de forma natural ou de forma artificial, no caso desta última, por meio da reprodução assistida. Importa ao Direito Sucessório tão somente já ter sido concebido, ou seja, ser embrião no momento da abertura da sucessão, sendo essa a correta interpretação do art. 1.798 do Código Civil, conforme se depreende do Enunciado 267, aprovado na *III Jornada de Direito Civil*:

> A regra do art. 1798 do Código Civil deve ser estendida aos embriões formados mediante o uso de técnicas de reprodução assistida, abrangendo, assim, a vocação hereditária da pessoa humana a nascer cujos efeitos patrimoniais se submetem às regras previstas para a petição de herança.[97]

Fábio Ulhoa Coelho chama a atenção sobre a concepção artificial em duas situações distintas, em se tratando de *embrião criopreservado* ou *sêmen congelado*. O doutrinador admite aplicar o Direito Sucessório para o embrião concebido com o material genético fornecido pelo autor da herança, ainda que possa demorar a implantação no útero, ou seja, na hipótese de inseminação homóloga. Com o nascimento, o filho pode pleitear sua quota-parte por meio do instituto da petição de herança. Entretanto, se o material congelado for apenas o sêmen do autor da herança, como não há embrião, e esse material, por não se tratar de ser já concebido, poder ser doado a outrem, não há direito sucessório.[98]

É assertivo o posicionamento do autor, no que concerne à petição de herança, pois, conforme se depreende do art. 1.824 do Código Civil, o herdeiro interessado pode propor ação judicial em face do herdeiro aparente ou do possuidor da herança, após ter concluído a partilha, reclamando pelo seu direito sucessório.[99-100]

---

[97] Disponível em: <http://www.cjf.jus.br/cjf/CEJ-Coedi/jornadas-cej/enunciados-aprovados-da-i-iii-iv-e-v-jornada-de-direito-civil/jornadas-de-direito-civil-enunciados--aprovados>. Acesso em: 14 dez. 2014.

[98] COELHO, Fábio Ulhoa. *Curso de direito civil*: família, sucessões. 2. ed. rev. e atual. São Paulo: Saraiva, 2009. p. 279.

[99] COELHO, Fábio Ulhoa. *Curso de direito civil*: família, sucessões, p. 279.

[100] Sobre petição de herança, a qual não é objeto de profundo estudo neste trabalho, ficam os ensinamentos de Cristiano Chaves de Faria, nos seguintes termos: "a petição de herança é dirigida a dois diferentes pedidos: o reconhecimento da qualidade de herdeiro e a obtenção da herança que se encontra em poder de terceiro" (FARIAS, Cristiano Chaves. Incidentes à transmissão de herança. In: HIRONAKA, Giselda Maria Fernandes Novaes; PEREIRA, Rodrigo da Cunha. *Direito das sucessões*. Belo Horizonte: Del Rey, 2007. p. 70). O questionamento que pode surgir é a respeito da prescritibilidade da ação, por haver divergência doutrinária. Cristiano Chaves de

O inciso III do art. 1.597 do Código Civil dispõe que se presumem filhos, aqueles havidos por fecundação homóloga, mesmo que falecido o marido, ou seja, são filhos por ato de vontade do pai, que deixou seu material genético – o "sêmen"– disponível à mulher, para fecundação depois da sua morte. No inciso IV, há previsão dos filhos advindos de embriões excedentários decorrentes da concepção artificial homóloga. E, no inciso V do referido artigo, a lei presume como filhos aqueles provenientes da inseminação heteróloga, desde que haja consentimento do pai.

Três são as situações dos filhos para análise na esfera do Direito Sucessório. Por se considerar que a ordem da vocação hereditária legitima para receber herança os já nascidos ou os já concebidos, não se entende como possível que o filho advindo da filiação homóloga *post mortem* receba a herança, se no momento da abertura da sucessão não era um embrião. O "sêmen" congelado, que posteriormente à abertura da sucessão se torna filho, não recebe a herança, pois a concepção só ocorreu após o falecimento do pai.

Assim, na hipótese de presunção de filiação homóloga *post mortem*, o filho apenas participará na sucessão relativa aos bens deixados pelo pai se já tiver sido concebido antes da morte deste. O filho é herdeiro consanguíneo, e desde a concepção. A esse filho, cabe reclamar seus direitos por meio da ação de petição de herança, "demanda que visa incluir um herdeiro na herança mesmo após sua divisão", conforme ensina Flávio Tartuce.[101]

Sobre o disposto no art. 1.824 do Código Civil,[102] que trata da petição de herança, Nelson Nery Junior e Rosa Maria de Andrade Nery explicam:

> O herdeiro pode se ver em situação de fazer valer sua qualidade de sucessor e exigir daquele que esteja na posse da herança, ou de parte dela, a entrega dos bens correspondentes. O direito de petição de herança é

Faria opina que, por se tratar de ação condenatória, o prazo prescricional é de dez anos. Flávio Tartuce e Giselda Maria Fernandes Novaes Hironaka admitem que o direito à herança é imprescritível, por se tratar de direito fundamental, protegido pela Constituição Federal. A propósito, vejam-se as seguintes doutrinas: TARTUCE, Flávio. *Manual de direito civil*, p. 1.375; e FARIAS, Cristiano Chaves. Incidentes à transmissão de herança. In: HIRONAKA, Giselda Maria Fernandes Novaes; PEREIRA, Rodrigo da Cunha. Op. cit., p. 75.

[101] TARTUCE, Flávio. *Direito civil*: sucessões, p. 123.

[102] O teor do dispositivo é o que se segue: "Art. 1.824. O herdeiro pode, em ação de petição de herança, demandar o reconhecimento de seu direito sucessório, para obter a restituição da herança, ou parte dela, contra quem, na qualidade de herdeiro, ou mesmo sem título, a possua".

Cap. 5 · DAS CONSEQUÊNCIAS DA ADOÇÃO DE EMBRIÕES EXCEDENTÁRIOS | **203**

exercido por ação dirigida contra quem possui ilegalmente a herança ou parte dela. Por ela busca o herdeiro, não contemplado na partilha, obter sua quota-parte na herança.[103]

Na filiação heteróloga – art. 1.597, IV, do Código Civil –, embora a relação de parentesco seja civil e não consanguínea, também se aplicam as regras do Direito Sucessório, diante do consentimento do pai em assumir a paternidade. Ressalta-se o mesmo direito ao filho havido por inseminação artificial homóloga, desde que se trate de embrião no momento da abertura da sucessão. Em caráter complementar, cabe citar o Enunciado nº106, aprovado na *I Jornada de Direito Civil*, que traz a seguinte premissa:

> [...] para que seja presumida a paternidade do marido falecido, será obrigatório que a mulher, ao se submeter a uma das técnicas de reprodução assistida com o material genético do falecido, esteja na condição de viúva, sendo obrigatório, ainda, que haja autorização escrita do marido para que se utilize seu material genético após sua morte.[104]

Pelo Enunciado transcrito, a mulher tem que estar na condição de viúva e o marido, antes do falecimento, ter autorizado a utilização do material genético. Sobre a manifestação de a "mulher estar na condição de viúva", entende-se desnecessária sua formulação, pois, se diverso fosse o estado matrimonial da mulher no momento da participação em técnica de reprodução assistida, a regra atinente ao direito de filiação seria outra.

A necessidade do consentimento do marido para utilização do sêmen depois de sua morte advém do consentimento informado e obrigatório para todos os pacientes submetidos às técnicas de reprodução assistida, conforme dispõe a Resolução CFM 2.013/2013: "O documento de consentimento informado será elaborado em formulário especial e estará completo com a concordância, por escrito, das pessoas a serem submetidas às técnicas de reprodução assistida".[105]

---

[103] NERY JUNIOR, Nelson; NERY, Rosa Maria de Andrade. *Código Civil comentado*, p. 2.086.

[104] BRASIL. Justiça Federal; Conselho de Justiça Federal. Enunciado 106. Disponível em: <http://www.cjf.jus.br/cjf/CEJ-Coedi/jornadas-cej/enunciados-aprovados-da-i-iii--iv-e-v-jornada-de-direito-civil/jornadas-de-direito-civil-enunciados-aprovados>. Acesso em: 24 fev. 2015.

[105] BRASIL. Conselho Federal de Medicina. Resolução 2.013. Adota as normas éticas para a utilização das técnicas de reprodução assistida, anexas à presente Resolução, como dispositivo deontológico a ser seguido pelos médicos, e revoga a Resolução CFM 1.957/2010. Disponível em: <http://www.portal.cfm.org.br>. Acesso em: 20 abr. 2015.

No entanto, é o elemento volitivo (anuência) do pai que faz gerar a presunção de paternidade, seja na utilização de sêmen, seja na implantação de embrião. O consentimento e a autorização do cônjuge/companheiro em permitir a inseminação – frise-se, já se iniciou o processo de reprodução assistida, e o resultado é o embrião –, representam um gesto de adoção do pai, no momento em que participa no procedimento biotecnológico, participação essa que no Direito Brasileiro é irretratável.

Assim, com o consentimento do pai pelo procedimento da reprodução e que resultou no embrião, já existe um filho desde a concepção. Nesse sentido, independe de quem era o sêmen, a paternidade está consumada. Todavia, se no procedimento biotecnológico o material utilizado foi o do marido/companheiro, trata-se de inseminação homóloga, portanto, a paternidade é genética. Se no procedimento de reprodução o sêmen utilizado foi de terceiro, por meio de doação de gameta, a inseminação é heteróloga, e a paternidade decorre do consentimento expresso.

Portanto, conclui-se que, em se tratando de filiação por fecundação artificial homóloga *post mortem* ou heteróloga com prévia autorização do marido, os filhos são herdeiros desde a concepção, contanto que no momento da abertura da sucessão já fossem embriões. Têm, pois, legitimidade para peticionar a herança.

Não obstante a questão da filiação presumida, no que tange à filiação *post mortem*, é necessário cotejar a existência ou não de embrião, independentemente de a técnica utilizada ser homóloga ou heteróloga, para se deferir ou não a legitimidade sucessória.

Por sua vez, Maria Berenice Dias acrescenta que "Não só a pessoa nascida e ao nascituro é assegurado direito sucessório. A pessoa ainda não concebida tem legitimidade para ser herdeiro testamentário (CC 1.799 I). É o que ainda se chama de prole eventual".[106]

Por força do art. 1799, I, do Código Civil, serão chamados a suceder, por meio de testamento, *os filhos* ainda não concebidos, *de pessoas indicadas pelo testador*, desde que estejam vivas ao abrir-se a sucessão. Conforme explica Flávio Tartuce, "A norma trata de *prole eventual ou concepturo*, não se confundindo com o nascituro".[107]

Os filhos ainda não concebidos, citados no artigo mencionado, referem-se não aos embriões excedentários, mas a uma pessoa que possa vir a nascer,

---

[106] DIAS, Maria Berenice. *Manual das sucessões*, p. 112.
[107] TARTUCE, Flávio. *Direito civil*: sucessões, p. 74.

independentemente de ser ou não filho do testador. O testador pode querer beneficiar "um neto", por exemplo, sem que ele exista no momento da confecção do testamento, sabendo que o testamento irá gerar efeito posterior à sua morte. Relembra-se que não se trata de sucessão legítima, mas testamentária, a qual envolve a parte disponível do patrimônio do testador. Basta cumprir as condições que o legislador expõe no art. 1.800 do Código Civil.[108] Sobre o tema, Ana Cláudia S. Scalquette expõe que "A condição, porém, para que a previsão do testador se confirme, é a de que os beneficiados a serem concebidos, sejam filhos de pessoas vivas no momento da abertura da sucessão".[109]

No exemplo citado, estando viva a filha do testador no momento da abertura da sucessão, o *neto* do testador será beneficiado se nascer até dois anos após a abertura da sucessão. Nesse período a filha do testador poderá ser nomeada curadora, e ele será o beneficiado.

Observa-se que não importa se a filha do testador gerou o filho de forma natural ou por meio da procriação assistida homóloga ou heteróloga. A lei permite que o testador beneficie um neto que possa vir a nascer, desde que sua filha esteja presente na abertura da sucessão.

É de relevância pensar na hipótese de a filha conceber o neto do testador – *prole eventual* –, mas ele não nascer com vida. O art. 1.800 do Código Civil expõe, no § 3.º, que será deferida a sucessão se o herdeiro esperado nascer com vida. Giselda Maria Fernandes Novaes Hironaka arrazoa a seguinte solução:

> Pode ser, entretanto, que o futuro herdeiro, imaginado pelo testado, tenha efetivamente sido concebido, mas não tenha vindo ao mundo com vida.

---

[108] O dispositivo tem o seguinte teor: "Art. 1.800. No caso do inciso I do artigo antecedente, os bens da herança serão confiados, após a liquidação ou partilha, a curador nomeado pelo juiz.

§ 1.º Salvo disposição testamentária em contrário, a curatela caberá à pessoa cujo filho o testador esperava ter por herdeiro, e, sucessivamente, às pessoas indicadas no art. 1.775.

§ 2.º Os poderes, deveres e responsabilidades do curador, assim nomeado, regem-se pelas disposições concernentes à curatela dos incapazes, no que couber.

§ 3.º Nascendo com vida o herdeiro esperado, ser-lhe-á deferida a sucessão, com os frutos e rendimentos relativos à deixa, a partir da morte do testador.

§ 4.º Se, decorridos dois anos após a abertura da sucessão, não for concebido o herdeiro esperado, os bens reservados, salvo disposição em contrário do testador, caberão aos herdeiros legítimos" (BRASIL. Planalto. Código Civil. Disponível em: <http://www.planalto.gov.br/ccivil_03/Leis/2002/L10406.htm>. Acesso em: 12 jul. 2014).

[109] SCALQUETTE, Ana Cláudia S. *Estatuto da reprodução assistida*, p. 216.

Dessa derradeira hipótese não tratou expressamente o legislador, mas sua solução é facilmente encontrada no sistema. Se concebido, adquire o feto a propriedade e a posse indireta dos bens, operando na lei a ficção de que tal aquisição se deu no exato momento do falecimento do testador. A lei põe a salvo os direitos do nascituro, a quem atribui personalidade desde a concepção, por meio do reconhecimento e *status* desde então. Quanto aos direitos patrimoniais, como a doação e a herança, se o nascituro sucumbe antes de respirar automaticamente, entende a lei que os direitos que lhe eram resguardados resolvem-se *ex tunc*, embora não se possa desconhecer a legitimidade da posse exercida sobre esses bens, segunda nossas recentes reflexões.[110]

Em complemento, Flávio Tartuce ressalta a divergência contida na lei, entre o art. 1.798 e o § 3.º do art. 1.800, ambos do Código Civil. Seguem suas palavras:

Percebe-se que a norma condiciona a atribuição patrimonial ao nascimento com vida, parecendo seguir aquele entendimento majoritário, antes exposto, no sentido de que a aquisição patrimonial do nascituro depende do seu nascimento com vida. Existe, assim, certa contradição em relação ao art. 1798 do próprio Código Civil, que reconhece a legitimação sucessória ao nascituro sem qualquer ressalva ou menção ao nascimento.[111]

A disposição legal que impõe a condição da prole eventual nascer com vida para ser legitimada no direito sucessório fere a teoria concepcionista, defendida no desenvolvimento de todo este trabalho.

Entretanto, sopesando-se os direitos da prole eventual já concebida – portanto, embrião – e o direito fundamental de receber herança de outros herdeiros legítimos, opina-se que o embrião, desde a concepção, encontra-se legitimado a receber herança, mas se o seu nascimento suplantar o limite imposto pelo art. 1.800 do Código Civil, o seu direito fundamental poderá ser pleiteado por meio da petição de herança.

Conclui-se, pois, que as consequências do testador em beneficiar prole eventual estão não apenas no princípio da *saisine*, que importa na transmissão da herança a partir da sucessão do *de cujus*, ou, na teoria da concepção, que reconhece o embrião como pessoa, mas sim no ato de liberalidade e vontade do testador que deverá ser cumprido para depois da sua morte.

---

[110] HIRONAKA, Giselda Maria Fernandes Novaes. *Suceder e morrer*: passado e presente da transmissão sucessória concorrente, p. 329.

[111] TARTUCE, Flávio. *Direito civil*: sucessões, p. 74.

Elencadas as pessoas legitimadas à vocação hereditária, verificar-se-á a situação do filho nascido por meio da adoção de embrião excedentário.

Inicialmente, o direito desse filho nascido de embrião excedentário poderia confundir-se com os direitos sucessórios dos filhos nascidos por meio da inseminação artificial heteróloga. Isso, porém, não se concretiza, pois, ao ser apresentada a hipótese do direito sucessório para esses filhos, vislumbra-se a relação de parentesco civil entre o pai que, em vida, anuiu com a mãe em participar da procriação assistida. Obviamente, o consentimento do pai caracterizou a paternidade civil e, por conseguinte, o direito sucessório.

Discute-se, agora, a possibilidade, ou não, de a pessoa proveniente da adoção de embrião excedentário requerer direito patrimonial do doador genético.

Salienta-se que em capítulo anterior o presente estudo já se posicionou pela impossibilidade de esse adotado pleitear o reconhecimento da filiação do doador genético, bem como pleitear alimentos a esse doador. Agora, firma-se o posicionamento de que não se estende a essa pessoa o direito sucessório, nem mesmo por petição de herança.

O adotado passou a ter nova família pelo ato de doação e de liberalidade do(s) doador(es) do gameta ou do embrião. Admite-se que, com a doação do embrião, encerrou-se o vínculo de parentesco do embrião fecundado com os doadores, permanecendo tão somente com a nova família.

Assim acontece na adoção de pessoa. A adoção é irretratável e definitiva; e a morte do adotante não restabelece o poder familiar dos pais naturais. Nesse sentido, são as palavras de Flávio Tartuce: "O art. 41 do ECA determina que a adoção atribui a condição de filho ao adotado, com os mesmos direitos e deveres, inclusive sucessórios, desligando-o de qualquer vínculo com os pais e parentes".[112]

De toda sorte, para encerrar o tema, ainda que evidente a impossibilidade da transmissão de herança em face do(s) doador(es) de material genético, o inverso é permitido, ou seja, nada obsta que o doador genético, por meio do testamento – ato de disposição de última vontade –, beneficie o filho genético, tratando-se, no caso, não de sucessão legítima, mas testamentária, conforme assinalado linhas atrás.

---

[112] TARTUCE, Flávio. *Direito civil*: direito de família, p. 379.

CONCLUSÃO

A presente obra teve por objetivo analisar a possibilidade da adoção de embrião excedentário, uma vez que a Constituição Federal garante o direito à vida. *Pari-passu*, e também inserido nos preceitos constitucionais, examinou-se o direito à gestação, com base no princípio da dignidade da pessoa humana. Por sua peculiaridade, o estudo do tema possui caráter multidisciplinar, resguardando a colaboração de áreas como a Bioética, o Direito Constitucional e o Direito Civil.

O direito de a mulher gestar uma criança por meio da adoção de embriões excedentários fundamenta-se nos direitos da personalidade e do princípio da dignidade da pessoa humana, os quais emanam da evolução histórica.

O princípio da dignidade da pessoa humana pautou-se pela evolução do pensamento jurídico do filósofo Immanuel Kant em face da grande preocupação desse estudioso com os problemas que envolviam a ação humana. Esse assunto foi analisado em face do direito da pessoa na evolução histórica.

No período das culturas ágrafas, o Direito era transmitido diretamente entre as pessoas do grupo, sendo passado de geração a geração, pelo chefe tribal. E como religião, moral e direito se confundiam, a obediência ao costume como fonte do Direito era assegurada pelo medo da opinião pública. A relação entre as pessoas no matrimônio era de poligamia, pois se dava entre um homem e uma mulher, ou várias mulheres.

Na Antiguidade, observaram-se os direitos da pessoa na relação familiar em três civilizações. No Egito, marido e mulher eram colocados em pé de igualdade, assim como todos os filhos, sem direito de primogenitura nem privilégio de masculinidade. Para os hebreus, a família possuía estrutura patriarcal, em que o pátrio poder era vitalício, e o pai respondia pelos atos ilícitos que os filhos porventura praticassem. E, na Mesopotâmia, o sistema familiar era patriarcal e monogâmico, embora admitido o concubinato.

Essas três civilizações importaram para a história do Direito, assim como Grécia e Roma. Duas cidades-estados gregas são relevantes no tocante ao Direito: Esparta e Atenas.

Na sociedade espartana, imperava a educação militar, rígida e extrema, por isso, desde a infância, o espartiata era educado com a finalidade de viver para o Estado. Se uma criança nascia saudável, ficava sob supervisão pública; se não fosse saudável, era enjeitada e acabava morrendo.

Em Atenas, o Direito Privado foi conhecido como individualista, permitindo ao cidadão dispor livremente da sua pessoa e dos seus bens. Na época clássica, o estado de racionalidade consagra no sistema jurídico a estruturação e a sistematização do Direito, e os cidadãos atenienses passam a ser considerados pessoas com capacidade de direito, participando nas relações jurídicas entre cidadãos, e nas relações entre pessoas de outra cidade-estado.

Na história do Direito Romano, que também teve o costume e a jurisprudência como origem da norma, pode-se observar o direito da pessoa em três períodos: o Arcaico, o Clássico e o Pós-clássico. O período Clássico foi considerado o auge do desenvolvimento do Direito Romano (do século II a.C. até o século III d.C.) diante da modificação nas regras existentes pelos pretores e pelos jurisconsultos.

Nesse período, a personalidade jurídica não decorria da lei, pois bastava o nascimento para o ser humano adquirir personalidade, independentemente de se nascido com vida. No entanto, a personalidade não se confundia com a pessoa. O homem, para ser pessoa, precisava ter forma humana e não estar na condição de escravo. Já a personalidade derivava da posição (*status*) que o indivíduo ocupava no seio dos diferentes grupos aos quais pertencia.

No âmbito do Direito de Família, o pátrio poder (*patria potestas*) dos romanos era exclusivo do *pater familias*. Um poder absoluto e amplo sobre a família, que englobava poderes sobre os filhos, a esposa e os escravos. Esse poder permitia ao *pater familias* decidir sobre a vida dos filhos recém-nascidos, se deixá-los morrer ou serem vendidos.

Percebeu-se que em cada marco histórico encontravam-se presentes os direitos da pessoa, entretanto, a dignidade da pessoa foi ressaltada na tradição judaico-cristã, depois no Iluminismo e no período imediatamente posterior ao fim da Segunda Guerra Mundial.

Em razão disso, afirmou-se que o conceito da dignidade humana ganhou sentido com as ideias de Immanuel Kant. O imperativo categórico de Kant como fórmula da lei universal prega que o valor absoluto em si é a humanidade do homem, sendo a dignidade um fim em si mesmo. Esse filósofo defendia a teoria transcendental no âmbito do Direito Natural, no qual a pessoa humana é o valor primordial. Valor este, intrínseco e absoluto do homem, que se dá o nome de dignidade. Esse pensamento filosófico, político e jurídico, portanto, valor fundamental da ordem jurídica, é que faz que o

CONCLUSÃO | **211**

Estado respeite e reconheça o homem como titular de direitos, fundados no Princípio da Dignidade da Pessoa Humana.

Esse princípio fundamental foi analisado sob a égide do Direito Civil Constitucional. Direito esse compreendido, hoje, à luz de importantes princípios, pois interage com o Texto Maior, portanto, adjetivado como *constitucionalizado*, *socializado* e *despatrimonializado*.

Foi necessário compreender a diferença qualitativa entre o conceito de princípio, de norma e de regra, dando maior valor aos princípios constitucionais, como o mandamento de otimização e a eficácia horizontal dos direitos fundamentais.

Os princípios são fontes do Direito, portanto, exprimem valores supremos do sistema jurídico. Eles devem pautar-se pela eficácia horizontal dos direitos fundamentais, isto é, preponderam os princípios constitucionais. E, sendo a pessoa humana objeto de proteção do ordenamento jurídico, detentora de direitos que lhe permitem uma existência digna, própria de um ser humano, na hipótese de existência de conflito entre Princípios Fundamentais e Direitos Fundamentais, a técnica interpretativa deve ser a ponderação.

O princípio da dignidade da pessoa humana é considerado um superprincípio, por se tratar de norma fundamental na ordem jurídica constitucional. Consiste no principal fundamento da personalização do Direito Civil, pois protege a dignidade humana como valorização da pessoa em detrimento do patrimônio.

É por meio do princípio da dignidade da pessoa humana e pelos direitos fundamentais que se tutela a dignidade no direito da pessoa humana.

A pessoa é valorizada no direito como um "ser", com dignidade e proteção dos direitos da personalidade.

Os direitos da personalidade são atributos inseparáveis do homem na ordem jurídica. Trata-se de direitos subjetivos, essenciais, intransmissíveis, absolutos, inatos à pessoa e garantidos desde a concepção, portanto, estende-se ao nascituro e ao embrião.

Na tese de doutoramento conceitua o nascituro como o ser já concebido e nidado. E o embrião o ser vivo e concebido. Ambos possuem carga genética própria, tendo a proteção dos direitos da personalidade em razão de serem pessoas humanas, independente de o conceito de nascituro "ser nidado" e o conceito de embrião "ser ainda não nidado", nessa acepção ambos são pessoas para este estudo. Não se procurou discutir a melhor denominação para cada fase da vida, como ocorre na medicina ou na biologia. Simplesmente, o embrião tem vida, por ser pessoa, bastando para a sua completa formação possuir meios para desenvolver-se. Em complemento, para as deduções apontadas, alude-se à aplicabilidade do princípio da dignidade da pessoa humana, cláusula geral constitucional que garante e efetiva todos os direitos da personalidade.

Dentre os direitos da personalidade, tem-se o direito à vida. E, para esta obra, que defende a teoria concepcionista, os embriões devem ter resguardado o direito à vida, como um direito fundamental e da personalidade. Como o início da vida se dá desde a concepção, deve-se conceder ao nascituro e ao embrião o direito à vida; ao respeito à sua dignidade; e à filiação, o que, por consequência, garante o direito ao não abandono.

Uma solução para garantir o direito à vida e o direito à filiação é permitir que os embriões sejam adotados em vez de serem descartados como se um nada fossem, além de se beneficiar aquelas pessoas que desejem ter filhos. A adoção de embrião excedentário é defendida no quarto capítulo pelo fato de entender que a proteção do nascituro também alcança o embrião.

A lei não é precisa a respeito da possibilidade de o embrião ser adotado, contudo, a sua prática acontece em conformidade com a Resolução 2.013/2013 do Conselho Federal de Medicina, a qual permite o uso de técnicas de reprodução assistida para a mulher implantar embriões ou somente receber a doação de material genético.

Dessa forma, opina-se pelo acréscimo de *lege ferenda*, com nova redação do art. 1.618 do Código Civil. A adoção dos nascituros busca fundamento na disposição do parágrafo único do art. 13 do Estatuto da Criança e do Adolescente (ECA); e a adoção de embrião, no regulamento por uma lei especial.

A "Lei da Adoção de Embrião" a ser criada resguardaria os direitos dos embriões excedentes pautados pelo princípio da dignidade da pessoa humana e pelos direitos fundamentais, a exemplo da não manipulação genética, e, ainda, normatizaria as consequências da adoção para os doadores e para os filhos provenientes do uso da biotecnologia.

Fez-se, neste trabalho, uma reflexão sobre o Direito de Família e o Direito Sucessório diante da adoção de embrião.

Sabe-se que a maternidade compete tão somente à mulher. Nesse caso, apenas ela deve decidir se quer ou não gerar outro ser. O fato de a mulher optar por uma gestação unilateral não fere o princípio da paternidade responsável. Trata-se, pois, de direitos distintos.

Propugna-se que um filho gerado por meio da doação de gametas ou embriões possa conhecer o(s) pai(s) biológico(s). Salientou-se que o ser humano tem como inatos os direitos da personalidade, e o conhecimento da sua identidade genética é um deles, constituindo elemento de sua identificação, independentemente de se criar ou não vínculo de parentesco. Os institutos da filiação e da investigação de paternidade na hipótese de adoção de embrião excedentário se contradizem, pela sua própria essência.

A conclusão pela possibilidade de os filhos advindos da adoção de embrião conhecerem os pais biológicos sem gerar a relação de parentesco traz como consequência a impossibilidade desse filho pleitear alimentos ao doador do material genético.

Cabe anotar que, no futuro, e diante da evolução do Direito e da mudança de comportamento social, há probabilidade de os próprios doadores passarem a escolher as famílias que receberão o embrião ou sêmen. E, sendo positiva a escolha, um novo elemento volitivo aparece, seja no tocante à possibilidade dos alimentos, seja para reconhecimento de vínculo parental, assunto esse que permitirá novas conclusões.

No que se refere ao Direito Sucessório, encontram-se legitimados à vocação hereditária os nascidos e os já concebidos no momento da abertura da sucessão. Dessa forma, nascituro e embrião possuem direitos sucessórios desde a concepção.

Traçou-se um paralelo entre os filhos provenientes das técnicas de reprodução assistida. Os direitos dos filhos nascidos da adoção de embrião excedentário, com os filhos nascidos da inseminação artificial homóloga *post mortem*, com os nascidos da inseminação artificial heteróloga.

Os filhos nascidos da inseminação artificial homóloga *post mortem* possuem direitos sucessórios do pai em razão da consanguinidade, se eram embriões no momento da abertura da sucessão. Os filhos nascidos da inseminação artificial heteróloga também estão legitimados a receber herança do pai, em razão de a paternidade ser decorrente do consentimento expresso do marido. Nas duas hipóteses, se o patrimônio do ascendente se partilhou entre outros herdeiros, cabe ao filho nascido posterior pleitear seu quinhão hereditário por meio da ação de petição de herança.

Os filhos nascidos da adoção de embrião excedentário não são os da filiação presumida, consoante as regras do art. 1.597 do Código Civil. Esses filhos adquiriram nova família em decorrência da adoção, e não haverá vínculo algum de parentesco com os doadores do material genético, motivo pelo qual, o Direito de Família e o Direito Sucessório prevalecem, em razão do parentesco civil, tão somente para com os pais adotantes. Dessa forma, não cabe a esses filhos pleitearem direitos sucessórios dos doadores do material genético.

Feitas essas considerações, registra-se que as reflexões apresentadas neste estudo estão alinhadas com o movimento da sociedade contemporânea, qual seja, a busca da felicidade. A proposta apresentada justifica-se, pois contempla dois direitos fundamentais: a vida e a gestação.

REFERÊNCIAS

AGUIAR, Renan. *História do direito*. Coordenação de José Fabio Rodrigues Maciel. 4. ed. São Paulo: Saraiva, 2010. (Coleção Roteiros jurídicos).

ALEXY, Robert. *Teoria dos direitos fundamentais*. Trad. Virgílio Afonso da Silva. São Paulo: Malheiros, 2012.

ALMEIDA, José Luiz Gavião de. *Código Civil comentado*: direito das sucessões, sucessão em geral, sucessão legítima: arts. 1.784 a 1.856. Coordenação de Álvaro Villaça Azevedo. São Paulo: Atlas, 2003. v. XVIII.

ALMEIDA, Silmara Juny de Abreu Chinellato e. Adoção de nascituro e a quarta era dos direitos: razões para se alterar o *caput* do artigo 1.621 do novo Código Civil. In: DELGADO, Mário Luiz; ALVES, Jones Figueirêdo (coord.). *Questões controvertidas no novo Código Civil*. São Paulo: Método, 2003. v. 1.

_____. *Tutela civil do nascituro*. São Paulo: Saraiva, 2000.

ALVES, Jones Figueirêdo. *Maternidade celebrada*. Disponível em: <http://ibdfam.org.br/artigos/964/Maternidade+celebrada%22>. Acesso em: 15 nov. 2014.

ALVES, José Carlos Moreira. *Direito romano*. Rio de Janeiro: Forense, 1998.

AMARAL, Francisco. *Direito civil* – introdução. 5. ed. Rio de Janeiro: Renovar, 2003.

_____. *Direito civil* – introdução. 6. ed. rev., atual. e aum. Rio de Janeiro: Renovar, 2006.

_____. O dano à pessoa no direito civil brasileiro. In: CAMPOS, Diogo Leite de; CHINELLATO, Silmara Juny de Abreu. *Pessoa humana e direito*. Coimbra: Almedina, 2009.

ARANHA, Maria Lúcia de Aranha; MARINS, Maria Helena Pires. *Filosofando*: introdução à filosofia. 4. ed. rev. São Paulo: Moderna, 2009.

ARAÚJO, Fernando. *A procriação assistida e o problema da santidade da vida*. Coimbra: Almedina, 1999.

ASCENSÃO, José de Oliveira. Pessoa, direitos fundamentais e direito da personalidade. *Revista Mestrado em Direito*, Osasco, ano 6, n. 1, p. 145-168, 2006.

_____. Procriação medicamente assistida e relação de paternidade. In: HIRONAKA, Giselda Maria Fernandes Novaes; TARTUCE, Flávio; SIMÃO, José Fernando (coords.). *Direito de família e das sucessões* – temas atuais. São Paulo: Método, 2009.

ATLAN, Henri. *O útero artificial.* Trad. Irene Ernest Dias. Rio de Janeiro: Fiocruz, 2006.

AZEVEDO, Alvaro Villaça. Direito e deveres dos avós. In: CAMPOS, Diogo Leite de; CHINELLATO, Silmara Juny de Abreu. *Pessoa humana e direito.* Coimbra: Almedina, 2009.

_____. Ética, direito e reprodução humana assistida. *Revistas dos Tribunais,* ano 85, v. 729, p. 43-51, jul. 1996.

BARBOZA, Heloísa Helena. Direito dos transexuais à reprodução. In: DIAS, Maria Berenice (org.). *Direito das famílias.* São Paulo: RT, 2009.

BARCHIFONTAINE, Christian de Paul de. Bioética e início da vida. In: MIGLIORE, Alfredo Domingues Barbosa *et al. Dignidade da vida humana.* São Paulo: LTr, 2010.

BARROS, Guilherme Freire de Melo. *Estatuto da criança e do adolescente.* 43. ed. Salvador: JusPodivm, 2010.

BARROS, Sérgio Resende de; ZILVETI, Fernando Aurélio. *Direito constitucional*: estudos em homenagem a Manoel Gonçalves Ferreira Filho. São Paulo: Dialética, 1999.

BARROSO, Luís Roberto. *A dignidade da pessoa humana no direito constitucional contemporâneo*: a construção de um conceito jurídico à luz da jurisprudência mundial. 2. ed. Belo Horizonte: Fórum, 2013.

BEIGUEL, B. *Genética de populações.* Cap. 5 O efeito da consanguinidade. Disponível em: <http://lineu.icb.usp.br/~bbeiguel/Genetica%20Populacoes/Cap.5.pdf>. Acesso em: 21 abr. 2015.

BITTAR, Carlos Alberto. *Os direitos da personalidade.* 5. ed. atual. por Eduardo Carlos Bianca Bittar. Rio de Janeiro: Forense, 2001.

BITTAR FILHO, Carlos Alberto. Tutela da personalidade no direito atual brasileiro. *Revista de Informação Legislativa,* Brasília, v. 32, n. 125, p. 45-57, jan.-mar. 1995.

BOBBIO, Norberto. *A era dos direitos.* Trad. Carlos Nelson Coutinho. 9. ed. Rio de Janeiro: Elsevier, 2004.

_____. *Direito e estado no pensamento de Emanuel Kant.* Trad. Alfredo Fait. 4. ed. Brasília: Editora Universidade de Brasília, 1997.

_____. *Teoria da norma jurídica.* Trad. Fernando Pavan Baptista e Ariani Bueno Sudatti. 3. ed. rev. Bauru: Edipro, 2005.

_____. *Teoria do ordenamento jurídico.* Trad. Maria Celeste C. J. Santos. 10. ed. Brasília: Editora Universidade de Brasília, 1999.

BONADIVES, Paulo. *Curso de direito constitucional*. 15. ed. São Paulo: Malheiros, 2004.

BORGES, Roxana Cardoso Brasileiro. *Direitos de personalidade e autonomia provada*. 2. ed. rev. São Paulo: Saraiva, 2007. (Coleção Prof. Agostinho Alvim/Coordenação Renan Lotufo).

BRANCO, Paulo Gustavo Gonet Branco. Aspectos de teoria geral dos direitos fundamentais. In: MENDES, Gilmar Ferreira; COELHO, Inocêncio Mártires; BRANCO, Paulo Gustavo Gonet. *Hermenêutica constitucional e direitos fundamentais*. Brasília: Brasília Jurídica, 2000.

BRUNHARI, Andréa de Almeida; ZULIANI, Ênio Santarelli. Princípios constitucionais e direito de imagem. *Revista Magister de Direito Civil e Processual Civil*, n. 51, p. 46-79, nov.-dez. 2012. Disponível em: <https://www.magisteronline.com.br>. Acesso em: 28 ago. 2013.

BULOS, Uadi Lammêgo. *Constituição Federal anotada*. 8. ed. rev. e atual. até a Emenda Constitucional 56/2007. São Paulo: Saraiva, 2008.

CABRAL, Hildeliza Lacerda Tinoco Boechat. Eutanásia: dignidade da pessoa humana como fundamento ético e jurídico do direito à morte digna. *Revista Magister de Direito Penal e Processual Penal*, n. 43, ago.-set. 2011. Disponível em: <https://www.magisteronline.com.br/mgstrnet/lpext.dll/Dout/12a6?f=templates&fn=doc>. Acesso em: 28 ago. 2013.

_____; CAMARDA, Dayane Ferreira. *Intimidade* versus *origem genética: a ponderação de interesses aplicada à reprodução assistida heteróloga*. Disponível em: <http://www.ibdfam.org.br/_img/artigos/Pondera%C3%A7%C3%A3o%20de%20interesses%20aplicada%20%C3%A0%20reprodu%C3%A7%C3%A3o%20assisitida%2010_02_2012.pdf>. Acesso em: 7 nov. 2014.

CAHALI, Francisco José; PEREIRA, Rodrigo da Cunha. *Alimentos no Código Civil*. São Paulo: Saraiva, 2005.

CAMPOS, Diogo Leite de. A capacidade sucessória do nascituro (ou a crise do positivismo legalista). In: CAMPOS, Diogo Leite de; CHINELLATO, Silmara Juny de Abreu. *Pessoa humana e direito*. Coimbra: Almedina, 2009.

_____; CHINELLATO, Silmara Juny de Abreu. O estatuto jurídico do nascituro. *Revista do Instituto dos Advogados de Minas Gerais – Nova Fase*, Belo Horizonte, n. 5, p. 219-226, 1999.

_____; _____. *Pessoa humana e direito*. Coimbra: Almedina, 2009.

CANARIS, Claus. *Direitos fundamentais e direito privado*. Almedina Brasil, 2009.

CANOTILHO, José Joaquim Gomes. *Direito constitucional e teoria da Constituição*. 7. ed. 11. reimpr. Coimbra: Almedina, 2003.

CÁRDENAS, Héctor A. Mendoza; GARCÍA, M. C. Sonia López. Inicio y fin de la vida: "aspectos biojurídicos". *Revista de Bioética y Derecho*, n. 22, p. 15-23, mayo 2011.

CARVALHO, José Maurício. *O homem e a filosofia*: pequenas meditações sobre existência e cultura. Porto Alegre: EDIPUCRS, 1998. (Coleção Filosofia).

CASTRO, Flávia Lages de. *História do direito*: geral e Brasil. 5. ed. Rio de Janeiro: Lumen Juris, 2007.

CAVALCANTI FILHO, João Trindade. *Teoria geral dos direitos fundamentais.* Disponível em: <http://www.stf.jus.br/repositorio/cms/portalTvJustica/portalTvJusticaNoticia/anexo/Joao_Trindadade__Teoria_Geral_dos_direitos_fundamentais.pdf>. Acesso em: 9 nov. 2013.

CHAVES, Adalgisa Wiedemann. A tripla parentalidade (biológica, registral e socioafetiva). *Revista Brasileira de Direito de Família – IBDFAM*, Porto Alegre, v. 7, n. 31, ago.-set. 2005.

CHAVES, Antônio. *Tratado de direito civil*: parte geral. São Paulo: RT, 1982. t. 1, v. 1.

CHINELLATO, Silmara Juny de Abreu. Bioética e direitos da personalidade do nascituro. *Revista Scientia Iuris*. p. 87.104. Disponível em: <http://www.uel.br/revistas/uel/index.php/iuris/article/view/11105/9819>. Acesso em: 14 jul. 2014.

_____. Direito da personalidade do nascituro. *Revista do Advogado*, n. 38, p. 21-22, 1992.

_____. *Do nome da mulher casada*: direito de família e direitos da personalidade. Rio de Janeiro: Forense Universitária, 2001.

_____. Estatuto jurídico do nascituro: a evolução do direito brasileiro. In: CAMPOS, Diogo Leite de; CHINELLATO, Silmara Juny de Abreu. *Pessoa humana e direito*. Coimbra: Almedina, 2009.

_____. O nascituro perante os tribunais. A recente decisão do Tribunal de Justiça de São Paulo. Evolução e tendências. *Revista do Instituto dos Advogados de São Paulo*, v. 20, jul. 2007.

CHORÃO, Mário Emílio Forte Bigotte. *Bioética, pessoa e direito (Para uma recapitulação do estatuto do embrião humano)*. Lisboa, 2005. Disponível em: <http://www.ucp.pt/site/resources/documents/SCUCP/destaques--bioetica.pdf>. Acesso em: 6 jan. 2015.

CICCO, Cláudio de. *História do pensamento jurídico e da filosofia do direito*. 6. ed. São Paulo: Saraiva, 2012.

_____. Introdução à "doutrina do direito" de Immanuel Kant. In: KANT, Immanuel. *Doutrina de direito*. Trad. Edson Bini. 4. ed. rev. e atual. São Paulo: Ícone, 2013.

COELHO, Fábio Ulhoa. *Curso de direito civil*: família, sucessões. 2. ed. rev. e atual. São Paulo: Saraiva, 2009.

CORRÊA, Elídia Ap. de Andrade; GIACOIA, Gilberto; CONRADO, Marcelo (coords.). *Biodireito e dignidade da pessoa humana*. 2. reimpr. Curitiba: Juruá, 2009.

CORREIA, Alexandre; SCIASCIA, Gaetano. *Manual de direito romano*. 5. ed. Rio de Janeiro: Sadegra/Livros Cadernos, 1996.

COSTA, Elder Lisbôa Ferreira da. *História do direito*: de Roma à história do povo hebreu muçulmano: a evolução do direito antigo à compreensão do pensamento jurídico contemporânea. Belém: Unama, 2007.

CRETELLA JUNIOR, José. *Curso de direito romano*. Rio de Janeiro: Forense, 2000.

CUPIS, Adriano de. *Os direitos da personalidade*. Lisboa: Livraria Moraes, 1961.

DELGADO, Mário Luiz. Filhos diferidos no tempo. Ausência de legitimação sucessória. In: DIAS, Maria Berenice (org.). *Direito das famílias*. São Paulo: RT, 2009.

_____; ALVES, Jones Figueirêdo (coord.). *Questões controvertidas no novo Código Civil*. São Paulo: Método, 2003.

DELPÉRÉE, Francis. O direito à dignidade humana. Trad. Ana Marta Cattani de Barros Zilvetti. In: BARROS, Sérgio Resende de; ZILVETI, Fernando Aurélio. *Direito constitucional*: estudos em homenagem a Manoel Gonçalves Ferreira Filho. São Paulo: Dialética, 1999.

DIAS, Maria Berenice. *Manual das sucessões*. São Paulo: RT, 2008.

_____. *Manual de direito das famílias*. 4. ed. rev., atual. e ampl. São Paulo: RT, 2007.

_____. Um direito: direito homoafetivo. In: DIAS, Maria Berenice (org.). *Direito das famílias*. São Paulo: RT, 2009.

DIMOULIS, Dimitri. *Manual de introdução ao estudo do direito*. São Paulo: RT, 2011.

DINIZ, Maria Helena. *Código Civil anotado*. 7. ed. atual. São Paulo: Saraiva, 2001.

_____. *Compêndio de introdução à ciência do direito*. 20. ed. rev. e atual. São Paulo: Saraiva, 2009.

_____. *Conceito de norma jurídica como problema de essência*. 4. ed. São Paulo: Saraiva, 2003.

_____. *Curso de direito civil brasileiro*: direito das sucessões. 22. ed. rev., atual. e ampl. de acordo com a reforma do CPC e com Projeto de Lei n. 276/2007. São Paulo: Saraiva, 2008. v. 6.

_____. *Curso de direito civil brasileiro*: teoria geral do direito civil. 25. ed. rev., atual. e ampl. de acordo com a reforma do CPC e com Projeto de Lei n. 276/2007. São Paulo: Saraiva, 2008. v. 1.

_____. *Dicionário jurídico*. São Paulo: Saraiva, 1998.

_____. *O estado atual do biodireito*. 4. ed. rev. e atual. conforme a Lei n. 11.105/2005. São Paulo: Saraiva, 2007.

_____. *O estado atual do biodireito*. 7. ed. rev., aum. e atual. São Paulo: Saraiva, 2010.

DWORKIN, Ronald. *Levando os direitos a sério*. Trad. Nelson Boeira. 3. ed. São Paulo: WMF Martins Fontes, 2010.

FACHIN, Luiz Edson. *Análise crítica, construtiva e de índole constitucional da disciplina dos direitos da personalidade no Código Civil brasileiro: fundamentos, limites e transmissibilidade*. Disponível em: <http://www.aprimorar. com/~abdc/wp-content/uploads/2013/07/An%C3%A1lise-Cr%C3%ADtica--Construtiva-e-de-%C3%8Dndole-Constitucional-da-Disciplina-dos-Direitos-da-Personalidade-no-C%C3%B3digo-Civil-Brasileiro-Fundamentos--Limites-e-Transmissibilidade.pdf>. Acesso em: 19 maio 2014.

_____; MATOS, Ana Carla Harmatiuk. Filiação socioafetiva e alimentos. In: DELGADO, Mário Luiz; ALVES, Jones Figueirêdo (coord.). *Questões controvertidas no novo Código Civil*. São Paulo: Método, 2003.

FARIAS, Cristiano Chaves. Incidentes à transmissão de herança. In: HIRONAKA, Giselda Maria Fernandes Novaes; PEREIRA, Rodrigo da Cunha. *Direito das sucessões*. Belo Horizonte: Del Rey, 2007.

_____; ROSENVALD, Nelson. *Direito civil*: teoria geral. 9. ed. Rio de Janeiro: Lumen Juris, 2011.

FAZOLI, Carlos Eduardo de Freitas. *Introdução ao estudo do direito*: técnica, decisão, dominação. 4. ed. São Paulo: Atlas, 2003.

_____. Princípios jurídicos. *Revista Uniara*, n. 20, p. 13-29, 2007.

FERRAZ JUNIOR, Tércio Sampaio. *Introdução ao estudo do direito*: técnica, decisão, dominação. 6. ed. 4. reimpr. São Paulo: Atlas, 2012.

FERREIRA, Aurélio Buarque de Holanda. *Pequeno dicionário brasileiro da Língua Portuguesa*. Rio de Janeiro: Editora Nacional, 1979.

FIUZA, César. *Direito civil*: curso completo. 12. ed. rev. e ampl. Belo Horizonte: Del Rey, 2008.

FRANCA, Genival Veloso de. *Medicina legal*. 8. ed. Rio de Janeiro: Guanabara Koogan, 2008.

FRANÇA, R. Limongi. Direitos da personalidade: coordenadas fundamentais. *Revista dos Tribunais*, n. 567, p. 10-11, jan. 1983.

_____. *Princípios gerais de direito*. 3. ed. atual. por Antonio de S. Limongi França e Flávio Tartuce. São Paulo: RT, 2010.

GAGLIANO, Pablo Stolze; PAMPLONA FILHO, Rodolfo. *Novo curso de direito civil*: direito das famílias. São Paulo: Saraiva, 2011. v. 6.

_____. *Novo curso de direito civil*: parte geral. 8. ed. rev. atual. e reform. São Paulo: Saraiva, 2006. v. I.

GALVANI, Leonardo. *Personalidade jurídica da pessoa humana*: uma visão do conceito de pessoa no direito público e privado. Curitiba: Juruá, 2010.

GAMA, Guilherme Calmon Nogueira da. *Direito civil*: família. São Paulo: Atlas, 2008.

GARCIA, Eloi S. *Genes*: fatos e fantasias. Rio de Janeiro: Fiocruz, 2006.

GIAMPICOLO, Giorgio. La tutela giuridica della persona umana e ilc. d. diritto alla riservatezza. *Riv. Trimestrale di Diritto e Procedura Civile*, 1958, p. 458. In: TEPEDINO, Gustavo. *Temas de direito civil*. 4. ed. rev. e atual. Rio de Janeiro: Renovar, 2008.

GILISSEN, John. *Introdução histórica ao direito*. Lisboa: Fundação Calouste Gulbenkian, 1995.

GIORGIS, José Carlos Teixeira. *A adoção de nascituro*. Disponível em: <http://www.ibdfam.org.br/artigos/306/A+ado%C3%A7%C3%A3o+do+nascituro%22>. Acesso em: 16 nov. 2014.

GOMES, Orlando. *Introdução ao direito civil*. Rio de Janeiro: Forense, 2002.

GONÇALVES, Carlos Roberto. *Direito civil brasileiro*: direito das sucessões. 4. ed. São Paulo: Saraiva, 2010. v. 7.

_____. *Direito civil brasileiro*: direito de família. 8. ed. rev. e atual. São Paulo: Saraiva, 2011.

GOZZO, Débora. O direito fundamental à intimidade *x* o direito fundamental à identidade genética. In: DIAS, Maria Berenice (org.). *Direito das famílias*. São Paulo: RT, 2009.

GRISARD FILHO, Waldyr. Os alimentos nas famílias reconstituídas. In: DELGADO, Mário Luiz; ALVES, Jones Figueirêdo (coord.). *Questões controvertidas no novo Código Civil*. São Paulo: Método, 2003.

GUSMÃO, Paulo Dourado de. *Introdução ao estudo do direito*. 47. ed. Rio de Janeiro: Forense, 2014.

HIRONAKA, Giselda Maria Fernandes Novaes. *As inovações biotecnológicas e o direito das sucessões*. Disponível em: <http://www.ibdfam.org.br/artigos/290/As+inova%C3%A7%C3%B5es+biotecnol%C3% B3gicas+e+o+direito+das+sucess%C3%B5es%2A>. Acesso em: 24 fev. 2015.

_____. *Responsabilidade pressuposta*. Belo Horizonte: Del Rey, 2005.

_____. *Suceder e morrer*: passado e presente da transmissão sucessória concorrente. 2. ed. rev. São Paulo: RT, 2014.

_____; MONACO, Gustavo Ferraz de Campos. Síndrome de alienação parental. In: DELGADO, Mário Luiz; ALVES, Jones Figueirêdo (coord.). *Questões controvertidas no novo Código Civil*. São Paulo: Método, 2003.

HOLTHE, Leo van. *Direito constitucional*. Salvador: JusPodivm, 2009.

HOUAISS, Antonio (org.). *Dicionário Houaiss de sinônimos e antônimos da língua portuguesa*. Rio de Janeiro: Objetiva, 2003.

ISHIDA, Valter Kenji. *Estatuto da Criança e do Adolescente*: doutrina e jurisprudência. 2. ed. São Paulo: Atlas, 2010.

KANT, Immanuel. *Doutrina de direito*. Trad. Edson Bini. São Paulo: Ícone, 1993. (Fundamentos de Direito).

_____. *Fundamentação da metafísica dos costumes*. Lisboa: Cambridge University Press, 1997.

KASER, Max. *Direito privado romano*. Trad. Samuel Rodrigues e Ferdinand Hämmerle. Lisboa: Fundação Calouste Gulbenkian, 1999.

LEITE, Eduardo de Oliveira. *Procriações artificiais e o direito*: aspectos médicos, religiosos, psicológicos, éticos e jurídicos. São Paulo: RT, 1995.

LEWICKI, Bruno. *O direito civil-constitucional e as convergências no estudo do direito privado brasileiro*. Disponível em: <http://www.iad-df.com.br/artigos/especificacao-do-artigo.php?acao=leia-mais&publicacao_ artigo=3>. Acesso em: 14 abr. 2014.

LIMA, Beatriz Dolabela de. A produção de insulina humana por pesquisa engenharia genética. *Biotecnologia Ciência & Desenvolvimento*, n. 23, p. 28-33, nov.-dez. 2001.

LÔBO, Paulo Luiz Netto. Direito ao estado de filiação e direito à origem genética: uma distinção necessária. *Revista CEJ*, v. 8, n. 27, p. 47-56, 2004.

_____. *Direito civil*: famílias. 4. ed. São Paulo: Saraiva, 2011.

LOPES, Miguel Maria de Serpa. *Curso de direito civil*: introdução, parte geral e teoria dos negócios jurídicos. 9. ed. rev. e atual. pelo Prof. José Serpa de Santa Maria. Rio de Janeiro: Freitas Bastos, 2000. v. I.

MACHADO, Antonio Cláudio da Costa; CHINELLATO, Silmara Juny (coords.). *Código Civil interpretado*: artigo por artigo, parágrafo por parágrafo. 6. ed. Barueri: Manole, 2013.

MACHADO, Carlos Augusto Alcântara. *Direito constitucional*. Coordenação Geral de Luiz Flávio Gomes. São Paulo: RT, 2004. v. 5.

MADEIRA, Hélcio Maciel França. *O nascituro no direito romano justinianeu: fontes, terminologia e princípios*. 2002. Tese (Doutorado em Direito Civil) – Faculdade de Direito, Universidade de São Paulo, São Paulo, 2002.

MAXIMILIANO, Carlos. *Hermenêutica e aplicação do direito*. Rio de Janeiro: Forense, 2003.

MEIRELLES, Jussara Maria Leal de. *A vida humana embrionária e sua proteção jurídica*. Rio de Janeiro: Renovar, 2004.

_____. *Reprodução assistida e exame de DNA*: implicações jurídicas. Curitiba: Genesis, 2004.

MENDES, Gilmar Ferreira; COELHO, Inocêncio Mártires; BRANCO, Paulo Gustavo Gonet. *Hermenêutica constitucional e direitos fundamentais*. Brasília: Brasília Jurídica, 2000.

MIGLIORE, Alfredo Domingues Barbosa *et al.* (coords.). *Dignidade da vida humana*. São Paulo: LTr, 2010.

MIRANDA, Adriana Augusta Telles de. A legitimidade ativa da adoção. *Revista Âmbito Jurídico*, Rio Grande, XI, n. 51, mar. 2008. Disponível em: <http://www.ambitojuridico.com.br/site/index.php?n_link=revista_artigos_leitura&artigo_id=2450>. Acesso em: 15 out. 2014.

MONTEIRO, Washington de Barros. *Curso de direito civil*: direito de família. Atual. por Ana Cristina de Barros Monteiro França Pinto. São Paulo: Saraiva, 2001. v. 2.

_____. *Curso de direito civil*: parte geral. Atual. por Ana Cristina de Barros Monteiro França. São Paulo: Saraiva, 2000. v. 1.

MOORE, Keith L. *Embriologia básica*. Trad. Ariovaldo Vulcano. Rio de Janeiro: Guanabara, 1988.

MORAES, Alexandre de. *Direito constitucional*. São Paulo: Atlas, 2008.

MORAES, Maria Celina Bodin de. A caminho do direito civil constitucional. *Revista Estado, Direito e Sociedade*, Departamento de Ciências Jurídicas da PUC-Rio, Rio de Janeiro, v. I, 1991. Disponível em: <http://egov.ufsc.br/portal/sites/default/files/anexos/15528-15529-1-PB.pdf>. Acesso em: 3 nov. 2013.

_____. Vulnerabilidade nas relações de família: o problema da desigualdade de gênero. In: DIAS, Maria Berenice (org.). *Direito das famílias*. São Paulo: RT, 2009.

_____; KONDER, Carlos Nelson. *Dilemas de direito civil-constitucional*. Rio de Janeiro: Renovar, 2012.

MOREIRA, Márcio Martins. *A teoria personalíssima do nascituro*. São Paulo: Livraria Paulista, 2003.

MOTTA FILHO, Sylvio Clemente da; SANTOS, William Douglas Resinente dos. *Direito constitucional*: teoria, jurisprudência e 1000 questões. 14. ed. rev., ampl. e atual. até a Emenda Constitucional 42/2003. Rio de Janeiro: Impetus, 2004.

MOURA, Laércio Dias de. *A dignidade da pessoa e os direitos humanos*: o ser humano num mundo em transformação. Bauru: EDUSC; São Paulo: Loiola; Rio de Janeiro: PUC, 2002.

NADER, Paulo. *Curso de direito civil*: direito das sucessões. Rio de Janeiro: Forense, 2007.

NASCIMENTO, Walter Vieira do. *Lições de história do direito*. Rio de Janeiro: Forense, 1990.

NERY, Rosa Maria de Andrade. *Introdução ao pensamento jurídico e à teoria geral do direito privado*. São Paulo: RT, 2008.

NERY JUNIOR, Nelson; NERY, Rosa Maria de Andrade. *Código Civil comentado*. 11. ed. rev., ampl. e atual. São Paulo: RT, 2014.

NÓBREGA, Vandick L. *Compêndio de direito romano*. 5. ed. São Paulo: Freitas Bastos, 1969. v. I.

NUNES, Luiz Antonio Rizzatto. *Curso de direito do consumidor*: com exercícios. 2. ed. rev., modif. e atual. 4. tir. São Paulo: Saraiva, 2007.

_____. *O princípio constitucional da dignidade da pessoa humana*: doutrina e jurisprudência. São Paulo: Saraiva, 2002.

OTERO, Paulo. *A pessoa humana e a Constituição*: contributo para uma concepção personalista do direito constitucional. Coimbra: Almedina, 2009.

PACCHIONI, Giovanni. Corso di diritto civile – Delle leggini generale. Torino, 1933. In: FRANÇA, R. Limongi. *Princípios gerais de direito*. 3. ed. atual. por Antonio de S. Limongi França e Flávio Tartuce. São Paulo: RT, 2010.

PAMPLONA FILHO, Rodolfo; ARAÚJO, Ana Thereza Meirelles. Tutela jurídica do nascituro à luz da Constituição Federal. *Revista Magister de Direito Civil e Processual Civil*, n. 18, p. 33-48, maio-jun. 2007.

PEREIRA, Caio Mário da Silva. *Direito civil*: alguns aspectos de sua evolução. Rio de Janeiro: Forense, 2001. v. I.

_____. *Instituições de direito civil*. Rio de Janeiro: Forense, 2004.

_____. *Instituições de direito civil*: direito das sucessões. Rio de Janeiro: Forense, 2005. v. VI.

PEREIRA, Gerson Odilon; PACIFICO, Andrea Pacheco. Doação e adoção como políticas para salvar os embriões humanos excedentes e congelados. *Rev. Bras. Saude Mater. Infant.* [*on-line*], 2010, v. 10, suppl. 2, p. s391-s397. Disponível em: <http://dx.doi.org/10.1590/S1519-38292010000600018>. Acesso em: 7 nov. 2014.

PEREIRA, Rodrigo da Cunha; MADALENO, Rolf (coords.). *Direito de família*: processo teoria e prática. Rio de Janeiro: Forense, 2008.

PEREIRA, Tânia da Silva. Adoção. In: PEREIRA, Rodrigo da Cunha; MADALENO, Rolf (coords.). *Direito de família*: processo teoria e prática. Rio de Janeiro: Forense, 2008.

PERLINGIERI, Pietro. *O direito civil na legalidade constitucional*. Trad. Maria Cristina de Cicco. Rio de Janeiro: Renovar, 2008.

PIOVESAN, Flávia. *Direitos reprodutivos como direitos humanos*. Disponível em: <siteantigo.mppe.mp.br/.../Artigo_Direitos_reprodutivos_como_direitos_humanos_Flv.doc>. Acesso em: 30 nov. 2014.

_____. *Temas de direitos humanos*. São Paulo: Saraiva, 2009.

PONTES DE MIRANDA, Francisco Cavalcanti. *Tratado de direito de família*. Atual. por Vilson Rodrigues Alves. Campinas: Bookseller, 2001.

POSSAMAI, Fábio Valenti. Autonomia e dignidade em Kant e a eutanásia voluntária. *Kínesis, Revista de Estudos dos Pós-Graduandos em Filosofia*, v. I, n. 2, p. 64-72, 2009.

RAMÍREZ-GÁLVEZ, Martha. Razões técnicas e efeitos simbólicos da incorporação do "progresso tecnocientífico": reprodução assistida e adoção de crianças. *Revista Sociedade e Estado*, v. 26, n. 3, set.-dez. 2011, p. 577. Disponível em: <http://dx.doi.org/10.1590/S0102-69922011000300008>. Acesso em: 7 jun. 2014.

REALE, Miguel. *Introdução à filosofia*. São Paulo: Saraiva, 2002.

_____. *Lições preliminares do direito*. 4. ed. ajustada ao novo Código civil. São Paulo: Saraiva, 2002.

_____. *Lições preliminares do direito*. 24. ed. São Paulo: Saraiva, 1999.

_____. *Lições preliminares do direito*. 27. ed. São Paulo: Saraiva, 2009.

REIS, Clayton. A dignidade do nascituro. In: CORRÊA, Elídia Ap. de Andrade; GIACOIA, Gilberto; CONRADO, Marcelo (coords.). *Biodireito e dignidade da pessoa humana*. 2. reimpr. Curitiba: Juruá, 2009.

RELATÓRIO DE CAIRO. Disponível em: <http://www.unfpa.org.br/Arquivos/relatorio-cairo.pdf>. Acesso em: 6 jan. 2015.

REVISTA INSTITUTO BRASILEIRO DO DIREITO DE FAMÍLIA – IBDFAM, dez. 2014.

RODRIGUES, Silvio. *Direito civil*: parte geral. 32. ed. São Paulo: Saraiva, 2002. v. 1.

ROTHENBURG, Walter Claudius. *Princípios constitucionais*. Porto Alegre: Sérgio Antonio Fabris, 1999.

SANDEL, Michael J. *Justiça* – o que é fazer a coisa certa. Trad. Heloisa Matias e Maria Alice Máximo. 10. ed. Rio de Janeiro: Civilização Brasileira, 2013.

SANTOS, Fernando Ferreira. *Princípio constitucional da dignidade da pessoa humana*. São Paulo: CB Editor/IBDC, 1999.

SARLET, Ingo Wolfgang. *Dignidade da pessoa humana e direitos fundamentais*. Porto Alegre: Livraria do Advogado, 2012.

_____. *Dignidade da pessoa humana e direitos fundamentais na Constituição Federal de 1988*. 9. ed. rev. e atual. 2. tir. Porto Alegre: Livraria do Advogado, 2012.

SAVIGNY, Friedrich Carl von. *Sistema do direito romano atual*. Trad. Ciro Mioranza. Ijuí: Unijuí, 2004.

SCALQUETTE, Ana Cláudia S. *Estatuto da reprodução assistida*. São Paulo: Saraiva, 2010.

SCHMITT, Cristiano Heineck. Breve análise da dignidade da pessoa humana sob a ótica kantiana. *Revista da Faculdade de Direito UniRitter*, Rio Grande do Sul, n. 10, p. 29-40, 2009.

SCHREIBER, Anderson. *Direitos da personalidade*. 2. ed. São Paulo: Atlas, 2013.

SEMIÃO, Sérgio Abdalla. *Os direitos do nascituro*: aspectos cíveis, criminais e do biodireito. 2. ed. rev., atual. e ampl. Belo Horizonte: Del Rey, 2000.

SGRECCIA, Elio. *Manual de bioética*: fundamentos e ética biomédica. São Paulo: Loyola, 1996.

SILVA, José Afonso da. *A constitucionalização do direito*: os direitos fundamentais nas relações entre particulares. São Paulo: Malheiros, 2011.

_____. *Curso de direito constitucional positivo*. São Paulo: Malheiros, 2005.

SILVA, Virgílio Afonso da. *A constitucionalização do direito*: os direitos fundamentais nas relações entre particulares. São Paulo: Malheiros, 2011.

SILVA NETO, Manoel Jorge. *Curso de direito constitucional*. 22. ed. Rio de Janeiro: Lumen Juris, 2006.

SILVEIRA, Fernando Lang da. A teoria do conhecimento de Kant: o idealismo transcendental. *Cad. Cat. Ens. Fís.*, v. 19, n. especial: p. 28-51, mar. 2002. Disponível em: <https://periodicos.ufsc.br/index.php/fisica/article/view/10053/0>. Acesso em: 8 nov. 2013.

SIMÕES, Fernanda Martins; FERREIRA, Carlos Mauricio. *Alimentos gravídicos*: a evolução do direito a alimentos em respeito à vida e ao princípio da dignidade humana. Curitiba: Juruá, 2013.

SIQUEIRA JUNIOR, Paulo Hamilton; OLIVEIRA, Miguel Augusto Machado de. *Direitos humanos e cidadania*. 3. ed. rev. e atual. São Paulo: RT, 2010.

SOUZA, Osni. Comentários do Código Civil, arts. 1.784 a 1856. In: MACHADO, Costa (org.); CHINELLATO, Silmara Juny de Abreu (coord.). *Código Civil interpretado*. 6. ed. Barueri: Manole, 2013.

STRECK, Lenio Luiz. Ponderação de normas no novo CPC? É o caos. Dilma, por favor, veta! *Conjur.* Disponível em: <http://www.conjur.com.br/2015--jan-08/senso-incomum-ponderacao-normas-cpc-caos-dilma-favor--veta?imprimir=1>. Acesso em: 27 fev. 2015.

SZANIAWSKI, Elimar. *Direitos da personalidade e sua tutela.* São Paulo: RT, 1993.

TARTUCE, Flávio. A revisão do contrato pelo novo código civil. Crítica e proposta de alteração do art. 317 da Lei 10.406/02. In: DELGADO, Mário Luiz; ALVES, Jones Figueirêdo (coord.). *Questões controvertidas no novo Código Civil.* São Paulo: Método, 2003. v. 1.

_____. *A situação jurídica do nascituro: uma página a ser virada no direito brasileiro.* Disponível em: <http://www.flaviotartuce.adv.br/artigos/Tartuce_princfam.doc>. Acesso em: 24 fev. 2014.

_____. *Direito civil*: família. 10. ed. rev., atual. e ampl. Rio de Janeiro: Forense; São Paulo: Método, 2015. v. 5.

_____. *Direito civil*: sucessões. 8. ed. rev., atual. e ampl. Rio de Janeiro: Forense; São Paulo: Método, 2015. v. 6.

_____. *Direito civil, 1*: lei de introdução e parte geral. 9. ed. Rio de Janeiro: Forense; São Paulo: Método, 2013.

_____. *Manual de direito civil.* 3. ed. rev., atual. e ampl. Rio de Janeiro: Forense; São Paulo: Método, 2013.

_____. *Novos princípios do direito de família brasileiro.* Disponível em: <http://www.flaviotartuce.adv.br/artigos/Tartuce_princfam.doc>. Acesso em: 24 fev. 2014.

_____. *Responsabilidade civil objetiva e risco*: a teoria do risco concorrente. Rio de Janeiro: Forense; São Paulo: Método, 2011.

TAVARES, André Ramos. *Curso de direito constitucional.* São Paulo: Saraiva, 2002.

TEPEDINO, Gustavo. A tutela da personalidade no ordenamento civil--constitucional brasileiro. In: TEPEDINO, Gustavo. *Temas de direito civil.* 4. ed. rev. e atual. Rio de Janeiro: Renovar, 2008.

_____. *Normas constitucionais e relações de direito civil na experiência brasileira.* Disponível em: <http://www.iad-df.com.br/artigos/especificacao-do-artigo.php?acao=leia-mais&publicacao_artigo=5>. Acesso em: 2 abr. 2014.

_____. *Premissas metodológicas para a constitucionalização do direito civil.* 3. ed. Rio de Janeiro: Renovar, 2008.

_____. *Temas de direito civil.* 4. ed. rev. e atual. Rio de Janeiro: Renovar, 2008.

VENOSA, Silvio de Salvo. *Direito civil*: direito de família. 9. ed. São Paulo: Atlas, 2009.

_____. *Direito civil*: parte geral. 9. ed. São Paulo: Atlas, 2009.

VILLELA, João Baptista. *Desbiologização da paternidade*. Disponível em. <http://www.direito.ufmg.br/revista/index.php/revista/article/view/1156>. Acesso em: 2 fev. 2015.

_____. Procriação, paternidade e alimentos. In: CAHALI, Francisco José; PEREIRA, Rodrigo da Cunha. *Alimentos no Código Civil*. São Paulo: Saraiva, 2005.

WALDRON, Jeremy. *A dignidade da legislação*. Trad. Luis Carlos Borges. São Paulo: Martins Fontes, 2003.

WELTER, Belmiro Pedro Marxs. Teoria tridimensional do direito de família. *Revista do Ministério Público do RS*, Porto Alegre, n. 71, p. 127-148, jan.-abr. 2012. Disponível em: <http://www.amprs.org.br/arquivos/revista_artigo/arquivo_1342124687.pdf>. Acesso em: 15 out. 2014.

Sites

CÂMARA DOS DEPUTADOS – www.camara.gov.br.

CLÍNICA OBSTETRÍCIA DE CRESCIMENTO EMBRIONÁRIO (CLINICAFGO) – http://www.clinicafgo.com.br/obstetricia/crescimentoembrionario/#/obstetricia/crescimentoembrionario.

COMISSÃO TÉCNICA DE BIOSSEGURANÇA (CNTBIO) – www.ctnbio.gov.br.

CONSELHO DA JUSTIÇA FEDERAL (CJF) – www.cjf.jus.br.

CONSELHO FEDERAL DE MEDICINA (CFM) – portal.cfm.org.br.

CONSELHO NACIONAL DE JUSTIÇA (CNJ) – www.cnj.jus.br.

CONSELHO NACIONAL DE SAÚDE – http://conselho.saude.gov.br.

DICIONÁRIO DE LATIM – http://www.dicionariodelatim.com.br.

INFERT – Clínica de Reprodução Assistida – http://www.infert.com.br.

INSTITUTO BRASILEIRO DE DIREITO DE FAMÍLIA (IBDFAM) – http://www.ibdfam.org.br.

JUSBRASIL – *Site* de notícias e legislação – http://stf.jusbrasil.com.br.

LEXML – Portal unificado para pesquisa e referência sobre Legislação, Jurisprudência e proposições legislativas disponíveis na rede – http://www.lexml.gov.br.

NIGHTLIGHT CHRISTIAN ADOPTIONS – Programa de Adoção de Embriões – https://www.nightlight.org.

PLANALTO (Governo Federal) –http://www.planalto.gov.br.

PROJETO MEMÓRIA – Site de difusão de obras de personalidades que contribuíram para a transformação social, a formação da identidade cultural brasileira e o desenvolvimento do Brasil –http://www.projetomemoria.art.br.

SUPERIOR TRIBUNAL DE JUSTIÇA – www.stj.jus.br.

Legislação

BRASIL. Câmara dos Deputados. PL 115, de 2015. Institui o Estatuto da Reprodução Assistida, para regular a aplicação e utilização das técnicas de reprodução humana assistida e seus efeitos no âmbito das relações civis sociais. Disponível em: <http://www.camara.gov.br/proposicoesWeb/fic hadetramitacao?idProposicao=945504>. Acesso em: 4 jul. 2015.

_____. Justiça Federal. Conselho de Justiça Federal. Enunciado 106. Disponível em: <http://www.cjf.jus.br/cjf/CEJ-Coedi/jornadas-cej/enunciados-aprovados-da-i-iii-iv-e-v-jornada-de-direito-civil/jornadas-de-direito-civil-enunciados-aprovados>. Acesso em: 24 fev. 2015.

_____. Planalto. Alimentos gravídicos. Lei 11.804, de 05.11.2008. Disponível em: <http://www.planalto.gov.br/ccivil_03/_ato2007-2010/2008/lei/l11804.htm>. Acesso em: 2012-2015.

_____. Planalto. Código Civil. Disponível em: <http://www.planalto.gov.br/ccivil_03/leis/2002/l10406.htm>. Acesso em: 2012-2015.

_____. Planalto. Constituição Federal. Disponível em: <http://www.planalto.gov.br/ccivil_03/Constituicao/ConstituicaoCompilado.htm>. Acesso em: 8 nov. 2013.

_____. Planalto. Constituição Federal. Disponível em: <http://www.planalto.gov.br/ccivil_03/Constituicao/ConstituicaoCompilado.htm>. Acesso em: 8 nov. 2013.

_____. Planalto. Estatuto da Criança e do Adolescente (Lei 8.069). Disponível em: <http://www.planalto.gov.br/ccivil_03/Leis/L8069.htm>. Acesso em: 27 nov. 2014.

_____. Planalto. Lei 4.655/1965. Disponível em: <http://www.planalto.gov.br/ccivil_03/leis/1950-1969/L4655.htm>. Acesso em: 27 nov. 2014.

_____. Planalto. Novo Código de Processo Civil. Disponível em: <planalto.gov.br/ccivil_03/_Ato2015-2018/2015/Lei/L13105.htm>. Acesso em: 27 fev. 2015.

_____. Senado Federal. PLS 470/2013. Disponível em: <www.senado.gov.br/atividade/materia/getPDF.asp?t=140057&tp=1>. Acesso em: 14 maio 2015.

_____. Superior Tribunal de Justiça. ADIn 4.277/DF, Rel. Min. Ayres Britto, j. 05.05.2011, *DJe*-198, Divulg. 13.10.2011, Public. 14.10.2011. Disponível em: www.stf.jus.br>. Acesso em: 18 abr. 2014.

_____. Superior Tribunal de Justiça. AgRg no REsp 1.099.959/DF, Rel. Min. Paulo de Tarso Sanseverino, Terceira Turma, j. 15.05.2012, *DJe* 21.05.2012. Disponível em: <www.stj.jus.br>. Acesso em: 5 jan. 2015.

_____. Superior Tribunal de Justiça. REsp 399.028-SP, Rel. Min. Sálvio de Figueiredo Teixeira, Quarta Turma, v.u., j. 26.02.2002, *DJU* 15.04.2002. Disponível em: <www.stj.jus.br>. Acesso em: 18 ago. 2014.

_____. Superior Tribunal de Justiça. REsp 833.712-RS (2006/0070609-4), Rel. Min. Nancy Andrighi, j. 17.05.2007, DJ 04.06.2007. Disponível em: <www.stj.jus.br>. Acesso em: 18 ago. 2014.

_____. Superior Tribunal de Justiça. REsp 1.120.676-SC (2009/0017595-0), Rel. Min. Massami Uyeda, Rel. p/ acórdão Min. Paulo de Tarso Sanseverino. Disponível em: <https://ww2.stj.jus.br/processo/revista/inteiroteor/?num_registro=200900175950&dt_publicacao=04/02/2011>. Acesso em: 17 abr. 2015.

_____. Superior Tribunal de Justiça. REsp 1.256.025 (Proc. 2011/0118853-4/RS), Rel. Min. João Otávio de Noronha, Terceira Turma, DJe 19.03.2014. Disponível em: <www.stj.jus.br>. Acesso em: 18 abr. 2014.

_____. Superior Tribunal de Justiça. REsp 1.281.093/SP, Rel. Min. Nancy Andrighi, j. 18.02.2012, DJe 04.02.2013. Disponível em: <www.stj.jus.br>. Acesso em: 5 jan. 2015.

_____. Superior Tribunal de Justiça. REsp 1.337.961-RJ (2011/0228795-5), Rel. Min. Nancy Andrighi, j. 03.06.2.014. Disponível em: <www.stj.jus.br>. Acesso em: 18 abr. 2014.

_____. Superior Tribunal de Justiça. REsp 1.415.727/SC (2013/0360491-3), Quarta Turma, Rel. Min. Luis Felipe Salomão, j. 04.09.2014. Disponível em: <www.stj.jus.br>. Acesso em: 15 dez. 2014.

_____. Superior Tribunal de Justiça. REsp 1.458.696-SP (2014/0127998-5), Rel. Min. Moura Ribeiro, Terceira Turma, j. 16.12.2014, DJe 20.02.2015. Disponível em: <http://www.ibdfam.org.br/jurisprudencia>. Acesso em: 28 abr. 2015.

_____. Supremo Tribunal Federal. ADIn 3.510, Rel. Min. Ayres Britto, Plenário, j. 29.05.2008, DJe 28.05.2010. Disponível em: <www.stf.jus.br>. Acesso em: 15 ago. 2014.

_____. Supremo Tribunal Federal. ADIn 4.277/DF. Disponível em: <http://www.stf.jus.br/portal/processo/verProcessoTexto.asp?id=2987495&tipoApp=R.>. Acesso em: 15 mar. 2015.

_____. Supremo Tribunal Federal. Recurso Extraordinário 349.703-1/RS, Rel. Min. Carlos Britto, Rel. p/ acórdão Min. Gilmar Mendes, j. 03.12.2008, DJe-104, Divulg. 04.06.2009, Public. 05.06.2009. Disponível em: <www.gilmarmendes.org.br/index.php?option=com_phoca download&view=....>. Acesso em: 18 abr. 2014.

_____. Tribunal de Justiça de Minas Gerais. AC 10080080130604003, Rel. Teresa Cristina da Cunha Peixoto, Oitava Câmara Cível, j. 27.03.2014. Disponível em: <http://www.ibdfam.org.br/jurisprudencia>. Acesso em: 12 abr. 2015.

_____. Tribunal de Justiça de Minas Gerais. Apelação Cível 1.0624.06.010781-7/001, Rel. Des. Vanessa Verdolim Hudson Andrade, Primeira Câmara Cível, publ. 23.09.2011. Disponível em: <http://www.ibdfam.org.br/jurisprudencia>. Acesso em: 12 abr. 2015.

_____. Tribunal de Justiça de Santa Catarina. AI 2013.059330-9 – Mafra, Rel. Juiz Saul Steil, Terceira Câmara de Direito Civil, j. 08.04.2014, *DJSC* 11.04.2014, p. 188. Disponível em: <www.tjsc. jus.br>. Acesso em: 18 abr. 2014.

_____. Tribunal de Justiça de Santa Catarina. REsp 1.448.969-SC (2014/0086446-1), Rel. Min. Moura Ribeiro, j. 03.11.2014. Disponível em: <http://www.ibdfam.org.br/jurisprudencia>. Acesso em: 12 abr. 2015.

_____. Tribunal de Justiça do Espírito Santo. APL 0052671-91.2012.8.08.0030, Rel. Des. William Couto Gonçalves, Primeira Câmara Cível, j. 08.04.2014, *DJES* 16.04.2014. Disponível em: <www.tjes.jus.br>. Acesso em: 18 abr. 2014.

_____. Tribunal de Justiça do Rio Grande do Sul. AC 0017795-52.2012.8.19.0209, Rel. Des. Luciano Silva Barreto, Vigésima Câmara Cível, j. 07.08.2013. Disponível em: <http://www.ibdfam.org.br/jurisprudencia/2312/Declara%C3%A7%C3%A3o%20de%20dupla%20maternidade.%20Parcerias%20do%20mesmo%20sexo%20que%20objetivam%20declara%C3%A7%C3%A3o%20para%20serem%20genitoras%20de%20filho.%20Reprodu%C3%A7%C3%A3o%20assistida>. Acesso em: 7 maio 2015.

_____. Tribunal de Justiça do Rio Grande do Sul. AC 70058658790, Rel. Sérgio Fernando de Vasconcellos Chaves, Sétima Câmara Cível, j. 16.04.2014. Disponível em: <http://www.ibdfam.org.br/jurisprudencia>. Acesso em: 28 abr. 2015.

_____. Tribunal de Justiça do Rio Grande do Sul. Agravo de Instrumento 70058670852, Rel. Ricardo Moreira Lins Pastl, Oitava Câmara Cível, j. 10.04.2014. Disponível em: <www.tjrs.jus.br>. Acesso em: 15 ago. 2014.

_____. Tribunal de Justiça do Rio Grande do Sul. Agravo de Instrumento 70059824334, Rel. Ricardo Moreira Lins Pastl, Oitava Câmara Cível, j. 22.05.2014. Disponível em: <www.tjrs.jus.br>. Acesso em: 15 ago. 2014.

_____. Tribunal de Justiça do Rio Grande do Sul. AI 70058752916, Rel. Ricardo Moreira Lins Pastl, Oitava Câmara Cível, j. 05.03.2014. Disponível em: <http://www.ibdfam.org.br/jurisprudencia>. Acesso em: 10 dez. 2014.

_____. Tribunal de Justiça do Rio Grande do Sul. Apelação Cível 70037901493, Rel. Ney Wiedemann Neto, Sexta Câmara Cível, j. 26.08.2010. Disponível em: <www.tjrs.jus.br>. Acesso em: 15 ago. 2014.

_____. Tribunal de Justiça do Rio Grande do Sul. Apelação Cível 70053268694, Rel. Sandra Brisolara Medeiros, Sétima Câmara Cível, j. 08.05.2013. Disponível em: <www.tjrs.jus.br>. Acesso em: 15 ago. 2014.

_____. Tribunal de Justiça do Rio Grande do Sul. Apelação Cível 70058408626, Rel. Sérgio Fernando de Vasconcellos Chaves, Sétima Câmara Cível, j. 26.03.2014. Disponível em: <www.tjrs.jus.br>. Acesso em: 15 ago. 2014.

_____. Tribunal de Justiça do Rio Grande do Sul. Apelação Cível 70046906129, Rel. Des. Ricardo Moreira Lins Pastl, Oitava Câmara Cível, j. 16.02.2012. Disponível em: <www.tjrs.jus.br>. Acesso em: 6 jan. 2015.

_____. Tribunal de Justiça do Rio Grande do Sul. Câmara Cível, Rel. José Ataídes Siqueira Trindade, j. 22.06.2006. Disponível em: <www.tjrs.jus. br>. Acesso em: 15 ago. 2014.

_____. Tribunal de Justiça do Rio Grande do Sul. Recurso Cível 71000854430, Rel. Eugênio Facchini Neto, Terceira Turma Recursal Cível, j. 24.01.2006. Disponível em: <www.tjrs.jus.br>. Acesso em: 15 ago. 2014.

_____. Tribunal Regional Federal da 4.ª Região. EDcl-AC 2006.71.10.001807-0/RS, Rel. Des. Fed. Carlos Eduardo Thompson Flores Lenz, Terceira Turma, j. 09.10.2013, *DEJF* 17.10.2013, p. 166. Disponível em: <http://www.jusbrasil.com.br/diarios/38868751/trf-4-judicial-23-07-2012-pg-71>. Acesso em: 14 abr. 2015.

_____. Tribunal Superior do Trabalho. AIRR 0000557-03.2011.5.03.0063, Rel. Min. Cláudio Mascarenhas Brandão, Sétima Turma, *DEJT* 11.10.2013, p. 1.524. Disponível em: <http://www.tst.jus.br/jurisprudencia>. Acesso em: 10 dez. 2013.

CONSELHO FEDERAL DE MEDICINA – CFM. Código de Ética Médica – Resolução 2.013/2013. Disponível em: <ww.portalmedico.org.br/resolucoes/CFM/2013/2013_2013.pdf>. Acesso em: 20 abr. 2015.

INSTITUTO BRASILEIRO DE DIREITO DE FAMÍLIA – IBDFAM. Jurisprudência. Disponível em: <http://www.ibdfam.org.br/jurisprudencia/210/INVESTIGA%C3% 87%C3%83O%20DE%20PATERNIDADE.%20RECUSA%20EM%20SUBMETER%20AO%20EXAME%20DE%20DNA.%20ALIMENTOS.%20FIXA%C3%87%C3%83O%20E%20TERMO%20INICIAL%20%C3%80%20DATA%20DA%20CONCEP%C3%87%C3%83O>. Acesso em: 24 fev. 2015.